Die Zisterzienser und ihre Klöster in Brandenburg

ZISTERZIENSERKLÖSTER IN BRANDENBURG
MECKLENBURG-VORPOMMERN
SACHSEN-ANHALT
BRANDENBURG
BERLIN
POLEN
SACHSEN
Schwerin
Neubrandenburg
Waren
Parchim
Ludwigslust
Neustrelitz
Pasewalk
Szczecin
Prenzlau
Drense
Seelübbe
Stepenitz
Meyenburg
Boitzenburg
Lychen
Gramzow
Seehausen
Himmelpfort
Templin
Schwedt
Pritzwalk
Wittstock
Heiligengrabe
Perleberg
Wittenberge
Kyritz
Neuruppin
Lindow
Zehdenick
Angermünde
Chorin
Eberswalde-Finow
Oranienburg
Bad Freienwalde
Bernau
Hennigsdorf
Falkensee
Nauen
Rathenow
Stendal
Havelberg
Strausberg
Altfriedland
Kostrzyn
Brandenburg
Werder
Potsdam
Genthin
Königs Wusterhausen
Fürstenwalde
Frankfurt (Oder)
Haldensleben
Burg
Ziesar
Lehnin
Ludwigsfelde
Magdeburg
Eisenhüttenstadt
Neuzelle
Luckenwalde
Kloster Zinna
Jüterbog
Schönebeck
Zerbst
Lübben
Guben
Lübbenau
Staßfurt
Calbe
Bernburg
Roßlau
Coswig
Dessau
Lutherstadt Wittenberg
Cottbus
Forst
Aschersleben
Köthen
Hettstedt
Wolfen
Bitterfeld
Finsterwalde
Doberlug-Kirchhain
Großräschen
Spremberg
Torgau
Lauchhammer
Senftenberg
Halle
Delitzsch
Lutherstadt Eisleben
Weißwasser
Eilenburg
Mühlberg
Elsterwerda
Gröditz
Hoyerswerda
Schkeuditz
Taucha
Wurzen
Leipzig
Oschatz
Riesa
Großenhain
Kamenz
N
0
20 km

H. Jürgen Feuerstake, Oliver H. Schmidt (Hg.)

# Die Zisterzienser und ihre Klöster in Brandenburg

## Ein kulturhistorisch-touristischer Führer

Zweite, völlig überarbeitete und erweiterte Auflage

Lukas Verlag

Wesentliche Teile des Inhalts der 1998 erschienenen Erstauflage dieses Titels (»Zisterzienserklöster in Brandenburg«) wurden aus einem vom MWMT Brandenburg in den 1990er Jahren geförderten Entwicklungsprojekt abgeleitet. Beim vorliegenden Buch handelt es sich um eine vollkommen überarbeitete und in mehreren Abschnitten deutlich erweiterte Neuauflage.
Sofern nicht anders angegeben, stammen die Bilder von Peter Oehlmann, den Autoren der jeweiligen Textbeiträge oder aus den Archiven von Museum Kloster Zinna sowie des Lukas Verlags. Wir danken dem Kulturhistorischen Museum Prenzlau für die Aufnahme der Sachfunde aus Seehausen, dem Museum Perleberg für die Photoplatten mit dem Heiligengraber Hungertuch, dem Brandenburgischen Landesamt für Denkmalpflege in Wünsdorf für Photographien aus Kloster Zinna sowie Luftbild Heye, Coppenbrügge, für die Aufnahme von Lehnin. Die Übersichtskarte auf Seite 2 verfertigten Elsner & Schichor, Karlsruhe.


Erstausgabe, überarbeitete und erweiterte 2. Auflage 2005


**Lukas Verlag für Kunst- und Geistesgeschichte**
Kollwitzstraße 57
D 10405 Berlin
*www.lukasverlag.com*

Reprographie, Umschlag, Layout und Satz: Verlag
Belichtung und Druck: Elbe Druckerei Wittenberg
Bindung: Stein + Lehmann, Berlin
Printed in Germany
ISBN 3–936872–23–6

# Inhalt

# Geschichte und Organisation des Zisterzienserordens

*Oliver H. Schmidt, Stephan Worch*

Unsere Lebensart ist ein Leben der Demut, des Verzichts und der freiwilligen Armut, des Gehorsams und der Freude im Heiligen Geiste.
Unsere Lebensart bedeutet Unterwerfung unter einen Lehrer, einen Abt, eine Regel, eine Disziplin.
Unsere Lebensart heißt, sich üben im Schweigen und Fasten, im Wachen und Beten, in körperlicher Arbeit.
Vor allem aber sollen wir dem erhabenen Weg der Liebe folgen.
*Bernhard von Clairvaux über das Leben der Zisterzienser*

## Von der Faszination des Mittelalters

Der heutige Mensch, zumal in Nordostdeutschland, begegnet Mönchen üblicherweise nicht in Klöstern, sondern im Supermarkt. Ob Bier, Käse, Marmelade, alles scheint sich besser zu verkaufen, wenn ein oder zwei zufrieden lächelnde Mönchsgestalten von durchaus massiger Gestalt dem Kunden bedeuten, daß dieses Produkt auch von ihnen geschätzt wird. Dieser Trend ist nicht neu: Bereits die Genremalerei des letzten Jahrhunderts hat zechende Mönche in wuchtigen Kellergewölben zu einem Standardthema erhoben. Dieses Bild hat mit der Realität klösterlichen Lebens, zumal im Mittelalter, ungefähr soviel zu tun wie Donald Duck mit dem Leben der Ente.

Solche Vorstellungen sind selten der Boshaftigkeit ihrer Urheber geschuldet, vielmehr sind sie einzuordnen in unser Bild vom Mittelalter als dem mythischen Zeitalter, in dem Ritter um edle Jungfrauen buhlten, es noch Straßenräuberei gab und die Menschen Kometen für die Vorzeichen kommenden Unglücks hielten. Das Leben damals erscheint aus heutiger Sicht weniger komplex als das unsere. Helden waren noch Helden, Gut und Böse, Bauern und Herren klar geschieden. Eine merkwürdige Faszination geht von dieser Zeit aus, auch wenn wir häufig das Gefühl haben, die damaligen Menschen nicht verstehen zu können.

Unser Bild vom Mittelalter ist durch Märchen und Sagen weit mehr geprägt als durch Arbeiten von Historikern. Dies ist beileibe kein deutsches Problem, das man mit einem »die deutschen Wissenschaftler können eben nicht interessant schreiben« abtun könnte. Der erfolgreichste Mediävist unseres Jahrhunderts ist wohl J.R.R. Tolkien als Autor der Fantasy-Romane »Der kleine Hobbit« und »Der Herr der Ringe«, die die Legenden des Mittelalters spiegeln. Seine ernsthaften Übersetzungen mittelenglischer Texte und seine sprachgeschichtlichen Arbeiten werden demgegenüber von gewiß 99,9% seiner Leser nicht zur Kenntnis genommen. Das wiederholt sich natürlich in anderen Medien. Ob im Comic über Prinz Eisenherz, ob im Film über König Artus und seine Tafelrunde, stets gewinnt der Mythos die Oberhand über unser Tatsachenwissen. Auch die seit Anfang der 1970er Jahre insbesondere im

Kino einsetzende Gegenbewegung, die nunmehr die im wahrsten Sinne des Wortes »schmutzigen« Seiten des Mittelalters betont und sich in einer breiten Palette von Filmen – von Monty Pythons »Ritter der Kokosnuß« und »Jabberwocky« bis hin zu Mel Gibsons »Braveheart« oder Kenneth Branaghs Shakespeare-Adaption »Henry V.« – ausdrückt, scheint wiederum nicht geeignet, der Realität näher zu kommen.

Die Verklärung dieser Epoche ist ein gesamteuropäisches Phänomen, dessen Wurzeln weit in der Vergangenheit liegen: Bereits die Menschen des Mittelalters selbst haben falsche Fährten gelegt. Ihre Gesellschaft, in der Lesen und Schreiben Herrschaftswissen war, hat wenig schriftliche Spuren hinterlassen. Rechnungsbücher von Kaufleuten, die uns Aufschluß über ihr Tun geben können, oder historische Chroniken aus klösterlichem Umfeld zählen zu den Seltenheiten. Statt dessen wird die ritterliche Gesellschaft des Mittelalters in höfischen Romanepen verklärt, und auch die Gemälde jener Zeit bilden oftmals nicht die Realität, sondern das angestrebte Ideal ab. Wo aber beginnt die Verklärung, der Mythos, und wo endet die Wahrheit? Diese Entscheidung ist oft nicht mit Sicherheit zu treffen. Sie ist Gegenstand und Grundlage heutiger Forschung. Und selbst wenn wir schriftliche Überlieferungen besitzen: Mittelalterliche Urkunden strotzen häufig von unwahren Behauptungen, um althergebrachte Rechte bewahren oder neue gewinnen zu können. Die Dichte der Quellen aber ist oft spärlich. Im Falle Kloster Zinnas beispielsweise gibt es mehrere Phasen, in denen wir über dreißig oder vierzig Jahre keinen einzigen Beleg für die Existenz des Klosters besitzen – und doch war es da, wie die Bauten uns belegen, und es lebten Menschen dort, und es fanden täglich acht Gottesdienste statt.

## Christliches Mönchtum

Die mönchische Lebensform entstand im 3. und 4. Jahrhundert im östlichen Mittelmeerraum. Ihre Ziele sind seither gleichgeblieben: restlose Hinwendung zu Gott, Rückzug aus der Welt mit ihren Verlockungen, Gehorsam, Keuschheit und Armut. Mönchsein bedeutet, sein Leben ganz der Nachfolge Christi zu widmen.

Die ersten christlichen Mönche lebten allein (griech. *monachos* = alleinlebend). In den Wüsten Ägyptens führten seit dem 3. Jahrhundert Eremiten (griechisch für Wüstenbewohner) ein Leben der Einsamkeit und Mühsal. Ihr großes Vorbild war der als Einsiedler lebende heilige Antonius (um 270–356).

Das gemeinschaftliche Leben der Mönche in einem Kloster (lat. claustrum Käfig, Gewahrsam) unter einem Vorsteher und nach festen Regeln entwickelte sich im 4. Jahrhundert. Die Heiligen Pachomius (um 323) und Basilius († 357) bestimmten die Normen dieser Lebensform. Die Mönche der orthodoxen Kirchen Osteuropas lebten und leben fast alle nach der Basilius-Regel.

Der als Einsiedler lebende heilige Antonius erhält Besuch vom heiligen Paulus. Der Antonius versorgende Rabe bringt Brot für beide. (Albrecht Dürer)

## Benedikt von Nursia

Benedikt von Nursia (um 480 – 547) gilt als der »Vater des abendländischen Mönchtums«. Im Kloster Monte Cassino (zwischen Rom und Neapel), das Benedikt um 529 gründete, legte er die Vorschriften fest, die das Leben der Mönche regelten. Die Grundgedanken entnahm er der Bibel, Werken der Kirchenväter sowie älteren Mönchsregeln. In 73 Kapiteln beschreibt die Benediktregel den Aufbau und das Leben einer monastischen Gemeinschaft. Auf seinen Gedanken fußt die Gebäudeanordnung der Klöster. Der Klosterplan von St. Gallen (um 830) ist eine fast ideale Umsetzung der Anforderungen, die sich aus der Regel ergaben.

Die Regel fordert vom Mönch Gehorsam gegenüber dem Abt, Armut, Keuschheit und verbietet ihm, sein Kloster zu verlassen. Durch Schweigsamkeit, Disziplin und Demut wird die Vollkommenheit erreicht. Übertriebene Askese wird zugunsten der ausgewogenen Verbindung von Gebet, körperlicher Arbeit, Entsagung, Gehorsam und brüderlicher Liebe abgelehnt. Als Grundsatz gilt: ora et labora – bete und arbeite! Was die Klostergemeinschaft zum Leben braucht, soll sie innerhalb der Klostermauern finden: »So brauchen die Mönche nicht draußen herumlaufen, was ihren Seelen ja durchaus nicht zuträglich wäre«.

Papst Gregor der Große (540–604) empfahl die Regel des hl. Benedikt, da sie sich durch »weise Mäßigung und verständliche Darstellung« auszeichne. Unter Kaiser Karl dem Großen (768–814) wurde die Benediktregel im Jahr 802 für alle Klöster im karolingischen Reich als verbindlich erklärt.

## Reformen des Mönchtums vor 1100

Seit dem 10. Jahrhundert mehrten sich Bestrebungen, das benediktinische Mönchtum, das an vielen Stellen in eine Krise geraten war, zu reformieren. Klöster schlossen sich zusammen oder wurden neu gegründet, um sich auf die ursprünglichen Formen und Regeln zu besinnen und Mißständen entgegenzuwirken. Das burgundische Kloster Cluny war seit seiner Gründung im Jahr 910 zu einem Zentrum der Reformbewegung geworden. Es stand an der Spitze eines Großverbandes

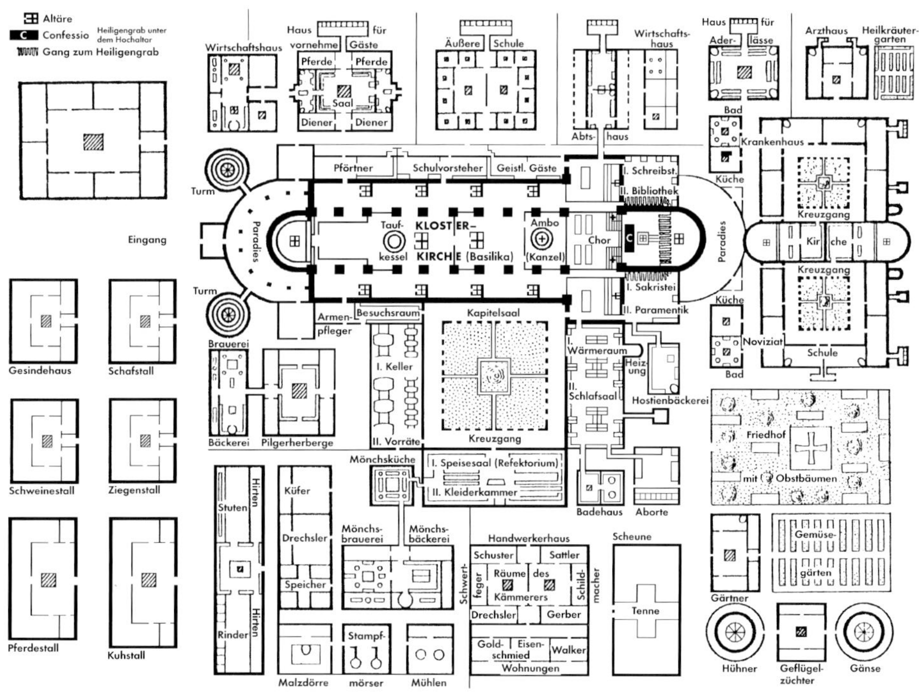


Plan des Benediktinerklosters St. Gallen (Schema). Er ist einer der ältesten Belege für die Umsetzung der Benediktregel in Architektur.

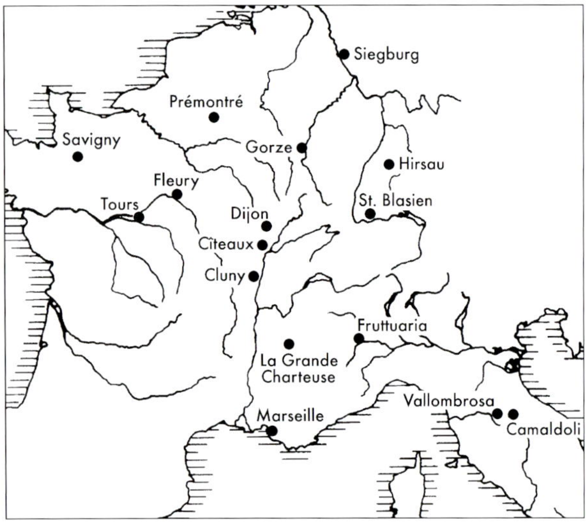


Reformklöster im Europa des 11. Jahrhunderts

Klosterkirche von Cluny vor der Zerstörung während der Französischen Revolution

von Hunderten von Mönchsgemeinschaften, die ihre Selbständigkeit aufgegeben hatten und den Großabt von Cluny als Oberhaupt anerkannten. Mit dem Wachstum von Cluny waren jedoch Machtstreben, Reichtum und weltlicher Einfluß gekommen. Eine Reform der Reform wurde notwendig.

Um die Jahrtausendwende begann man sich außerhalb von Burgund auf die Anfänge des Mönchtums zu besinnen. Erneut wurden der Rückzug aus der Welt, Armut, Entbehrung und Handarbeit, aber auch der politische Einsatz für eine Kirchenreform gefordert.

Der Mönch Romuald (um 952–1027) verließ sein Kloster in Ravenna und gründete in Camaldoli bei Florenz eine neue Ordensgemeinschaft, die Kamaldulenser, deren Vorbild die frühen eremitischen Gemeinschaften waren. Auch in West- und Mitteleuropa, im Kernland der hochmittelalterlichen Christenheit, waren diese Strömungen erfolgreich. Auf Bruno von Köln (um 1030–1101) wirkte die Bischofsstadt Reims wie ein Babylon, das man verlassen mußte. Sein Vorbild wurden ebenfalls die »Höhlen in der Wüste«. Er zog sich in das französische Voralpenland zurück, errichtete dort das Kloster La Grande Chartreuse und legte den Grund für den Kartäuserorden.

Besonders in Frankreich entfernte man sich von den traditionellen Formen des Ordenslebens. Männer wie Stephan von Muret (um 1045–1124), Robert von Arbrissel (um 1055–1117), Bernhard von Tiron (um 1046–1117) und Vitalis von Savigny (um 1060–1122) zogen nach anfänglicher Zurückgezogenheit als Wanderprediger durch die Orte. Im rauhen Gewand aus ungefärbter Wolle, ohne Schuhe und Kopfbedekkung forderten sie nicht nur die Bekehrung des Einzelnen, sondern übten heftige Kritik an der Kirche und ihren Priestern und Mönchen. Sie warfen ihnen vor, sich weit von dem Vorbild Christi und seiner Apostel entfernt zu haben. Frauen und Männer, Adlige, Bauern und Handwerker folgten ihnen und brachen mit ihrem bisherigen Leben. Die Radikalität ihrer Forderungen wirkte auf viele ihrer Zeitgenossen ketzerisch, auf andere aber anregend.

## Europa im Jahr 1098

Die Gründung des Zisterzienserordens geschah in der Zeit einer tiefen Krise Europas.

Die nominelle Einheit der Christenheit war 1054 zerbrochen. Während der überwiegende Teil West- und Mitteleuropas der römisch-katholischen Kirche anhing, war in Ost- und Südosteuropa die griechisch-orthodoxe Kirche unter dem Patriarchen und dem Kaiser von Konstantinopel führend.

Im Mittelmeerraum gab es schon seit 300 Jahren Zusammenstöße mit dem Islam. Weite Teile der Iberischen Halbinsel waren Teil des ganz Nordafrika umfassenden Reiches der Almoraviden. 1063 begannen die christlichen Königreiche von Aragon, Kastilien und Leon die Rückeroberung (Reconquista), die bis 1492 dauern sollte. – Normannen hatten zwischen 1061 und 1091 nicht nur das sarazenische Sizilien erobert, sondern auch das christliche byzantinische Festland Süditaliens. England war bereits seit 1066 ein normannisches Königreich.

1073 brach ein lange schwelender Machtkampf zwischen Papsttum und römisch-deutschem Kaisertum offen aus, der unter dem Namen Investiturstreit in die Geschichte eingehen sollte. Die Kirche erstritt sich größere Unabhängigkeit, die Stellung des Papstes war schließlich machtvoller denn je zuvor.

Doch die größte Veränderung ging vom Osten aus: Turkvölker bedrohten das byzantinische Kaiserreich. Byzanz wandte sich um Hilfe an die christlichen Glaubensbrüder im Westen. Was als Bitte um Unterstützung begann, wurde durch eine öffentliche Rede des Papstes Urban II. in Clermont am 27. November 1095 zu einer Massenbewegung: Er rief die Völker Europas auf, die Waffen zu ergreifen und das seit dem Jahr 638 islamische Jerusalem für die Christenheit zurückzuerobern. Der Erste Kreuzzug war geboren, der 1099 zur Eroberung Jerusalems führen sollte.

Das Jahr 1098 stand in Europa ganz im Zeichen des religiösen Erwachens. Unter dem zunehmenden Druck weltlicher Kräfte entschlossen sich Mönche, neue Wege der Reform zu gehen. Einige gründeten in Frankreich einen Orden, der unter dem Namen Zisterzienser Berühmtheit erlangen sollte.

## Die ersten Äbte von Cîteaux

1098 bezog eine Schar von zwanzig Brüdern einen Ort, der ihnen vom Herzog von Burgund und dem Vizegrafen von Beaune in der Diözese Chalons-sur-Saône zur Verfügung gestellt worden war. Entgegen der bisherigen Siedlungsgewohnheit mitteleuropäischer Klöster lag er in der unwirtlichsten Landschaft, die der mittelalterliche Mensch überhaupt kannte: im Sumpf. Hier, wohin zu kommen die Angst vor Krankheiten viele Menschen abhalten würde, hofften die Brüder Ruhe und Weltabgeschiedenheit zu finden. Sie wollten die Benediktregel wieder buchstabengetreu leben.

Der Ort trug, vielleicht nach einem alten Meilenstein der Römerstraße zwischen Langres und Chalons (Cistercium lapidem miliarium), den Namen Cistercium (franz.: Cîteaux) und wurde der Namensgeber des Klosters und bald eines neuen Ordens – der Zisterzienser.

Abt Robert, Prior Alberich und der Mönch Stephan Harding sind aus jener Schar namentlich überliefert. Sie hatten das Benediktinerkloster Molesme verlassen, um der unruhigen Welt zu entfliehen und ihre Vorstellungen vom strengen und regeltreuen Leben in der Einsamkeit ungestört zu verwirklichen. Doch trotz der Förderung durch den Adel der Umgebung und den bischöflichen Schutz waren die Anfangsjahre sehr mühselig.

Stephan Harding

Bereits 1099 wurde Abt Robert vom Papst nach Molesme zurückbeordert: In dem novum monasterium (Neuen Kloster), wie Cîteaux zunächst absichtsvoll benannt wurde, blieben nur acht Mönche zurück, um das Werk fortzuführen.

Die drei Pfeiler zisterziensischen Lebens: Gottesdienst, Handarbeit und geistliche Lesung. Buchillustration eines Franziskaners, 2. Hälfte des 13. Jahrhunderts

Alberich wurde Roberts Nachfolger in Cîteaux. Er widmete sich dem inneren Aufbau. Erst unter dem dritten Abt Stephan Harding begann die Blüte des Ordens. Er schuf die Grundlage für den Ausbau des Reformwerks: die Charta caritatis (Gesetz der Liebe). Sie wurde zur Verfassung des neuen Ordens und 1119 von Papst Calixt II. bestätigt.

Wir können heute nur erahnen, unter welchen Bedingungen die Gemeinschaft damals lebte. Jedoch entstanden einige hervorragend ausgeschmückte Handschriften. Die Bilder zeigen unter anderem auch Mönche beim Baumfällen. Offenbar war diese Arbeit den Gründern von Cîteaux nicht fremd. Die aus der Wahl des Ortes notwendig erwachsene Arbeitsmoral und technische Fertigkeit begründete den Mythos von den Zisterziensern als »Orden der Kolonisation«. Er wird dadurch gerechtfertigt, daß der Orden durch seine europaweite Verbreitung technische Innovation in kürzester Zeit in jeden Winkel des Kontinents transferieren konnten.

## Bernhard von Clairvaux

Bernhard von Clairvaux (um 1090–1153) ist die zentrale Gestalt des Zisterzienserordens. Seine Persönlichkeit überstrahlte die der Ordensgründer. Der kometenhafte Aufstieg des Ordens während des 12. Jahrhunderts war zu weiten Teilen sein Verdienst.

Bernhards asketische Neigungen beeinflußten die strengen Ordensvorschriften. Seine Frömmigkeit und Mystik fanden nicht nur im Orden Nachfolger, sondern wurden zu einer der Grundlagen der späteren abendländischen Mystik. Die dichterische Kraft seiner Predigten und Schriften trug ihm im Spätmittelalter die Bezeichnung doctor mellifluus (honigfließender Lehrer) ein.

Bernhard war immer nur Abt von Clairvaux, doch auf sein Wort hörten Päpste und Könige. Seine Meinung gab den Ausschlag in kirchenpolitischen Fragen von höchster Wichtigkeit. Als der wohl einflußreichste Schriftsteller seiner Zeit gab er dem Christentum bedeutende neue Impulse. Das zweite Viertel des 12. Jahrhunderts wird nach ihm das »Bernhardinische Zeitalter« genannt.

Bernhard von Clairvaux, Schutzpatron der Zisterzienser, Fresko in Kloster Zinna, 15. Jahrhundert

Schon zu Lebzeiten stand der Abt von Clairvaux im Rufe der Heiligkeit. 1174 wurde er offiziell heiliggesprochen und zum Patron seines Ordens erhoben.

Bernhard wurde um 1090 auf der Burg Fontaines bei Dijon (Burgund) als drittes Kind von sechs Geschwistern geboren. Unter dem frommen Einfluß seiner Mutter erhielt er eine sorgfältige Erziehung und besuchte später eine Schule in Châtillon-sur-Seine. Sein vorgezeichneter Weg war es, das Waffenhandwerk zu erlernen und Ritter zu werden. Auf dem Weg zur Belagerung der Burg Grancey jedoch beschloß er, »Mönch werde ich sein, gewiß will ich Gott

Bernhard unterweist junge Mönche, englische Buchmalerei, 2. Viertel des 13. Jahrhunderts

dienen«. Seinem Entschluß schlossen sich 1112 alle seine erwachsenen Geschwister, zahlreiche Freunde und Verwandte, insgesamt etwa dreißig Gefährten, an.

Bereits 1115 wurde der fünfundzwanzigjährige Bernhard von Abt Stephan von Cîteaux in ein nahegelegenes Tal in der Diözese Langres gesandt, um dort ein weiteres Kloster zu errichten. Es erhielt den Namen Clara Vallis, Clairvaux. Bernhard war dort Abt bis zu seinem Tod im Jahre 1153.

Die ersten fünfzehn Jahre widmete er sich dem mühseligen Aufbau der neuen Niederlassung. Die freie Zeit nutzte er unermüdlich zum Schreiben von Traktaten und Briefen. Die Achtung seiner Zeitgenossen führte zu Schenkungen und Zuwendungen, die Klostereintritte nahmen zu. Äußeres Zeichen dieses Erfolgs war die schnelle Ausbreitung des Ordens zu Lebzeiten Bernhards. Während seiner fast vierzigjährigen Abtszeit hat Clairvaux mit 166 Tochter- und Enkelklöstern fast die Hälfte der bei seinem Tode überhaupt bestehenden Zisterzienserklöster gegründet.

Als Schriftsteller beschäftigte er sich schon bald mit dem Problem der Mönche, die sich von den Zisterziensern anderen Orden zuwandten. Er schrieb eine Abhandlung über »die Stufen der Demut und des Hochmuts«. 1124/25 griff er in den Kampf zwischen den Zisterziensern und den Cluniazensern um das richtige Verständnis der Regel Benedikts ein. Er kritisierte die reiche Speisekarte der cluniazensischen Klöster, die herrliche Architektur ihrer Kirchen und ihre kostbare Ausstattung mit Kunstwerken.

Der gekreuzigte Christus neigt sich zu Bernhard hinab, Buchmalerei aus Wonnental, 1. Viertel des 14. Jahrhunderts

Durch die Doppelpapstwahl von 1130 kamen kirchenpolitische Aufgaben auf ihn zu. Bernhard wurde gleichsam zum Schiedsrichter berufen und ergriff Partei für Innozenz II., der von den jüngeren Reformkreisen unter den Kardinälen gewählt worden war.

Sein unermüdlicher Einsatz für die Sache der Kirche machte ganz Europa auf Bernhard aufmerksam. Fünf Städte und Domkapitel trugen ihm zwischen 1133 und 1139 die Bischofswürde an: Genua und Mailand, Chalons, Langres und Reims. Bernhard lehnte alle diese Bitten ab. Er blieb, seinem Gelübde treu, Abt von Clairvaux.

Als mit Eugen III. 1145 ein Zisterziensermönch aus Clairvaux Papst wurde, schien der äußere Einfluß Bernhards seinen Höhepunkt zu erreichen.

Ich habe mich dieser Tage mit dem heiligen Bernhard beschäftigt und mich sehr über diese Bekanntschaft gefreut, es möchte schwer sein, in der Geschichte einen zweiten so weltklugen geistlichen Schuft aufzutreiben, der zugleich in einem so trefflichen Elemente sich befände, um eine würdige Rolle zu spielen. Er war das Orakel seiner Zeit und beherrschte sie, ob er gleich und eben darum, weil er bloß ein Privatmann blieb und andere auf dem ersten Posten stehen ließ. Päpste waren seine Schüler und Könige seine Kreaturen. Er haßte und unterdrückte nach Vermögen alles Strebende und beförderte die dickste Mönchsdummheit, auch war er selbst nur ein Mönchskopf und besaß nichts als Klugheit und Heuchelei; aber es ist eine Freude, ihn verherrlicht zu sehen.
*Friedrich Schiller an Johann Wolfgang Goethe, 1802*

Bernhard predigt dem deutschen König Konrad den Kreuzzug, Glasmalerei aus dem Kreuzgang Altenbergs, 1. Viertel des 16. Jahrhunderts

1144 wurde das christliche Königreich Jerusalem von den Arabern ernsthaft bedroht. Papst Eugen III. plante einen neuen Kreuzzug, fand aber bei Königen und Fürsten keine Bereitschaft dafür. Daraufhin übertrug der Papst die Kreuzzugspredigt an Bernhard, der die Könige Frankreichs und des Deutschen Reiches überzeugen konnte, das Kreuz zu nehmen. Dieser zweite Kreuzzug jedoch geriet vor Damaskus zu einem katastrophalen Fehlschlag, und Bernhards Ansehen litt unter diesem Ergebnis.

## Grundlagen des zisterziensischen Lebens

Die Zisterzienser lebten und leben nach der Benediktregel. Sie bestimmt die drei Grundpfeiler des täglichen Lebens:

Opus Dei – Gottesdienst,
Lectio Divina – Geistliche Lesung,
Labor Manuum – Handarbeit.

Von anderen Benediktinern unterscheiden sie sich durch die Ordensverfassung (Charta caritatis) mit dem Filiationsprinzip und die Gewohnheiten des Ordens (Consuetudines).

Die Charta caritatis regelte die Organisation des Klosterverbandes. Sie wurde 1114 durch Abt Stephan Harding von Cîteaux als Folge des zunehmenden Wachstums des Ordens erlassen und regelt das Abhängigkeitsverhältnis der einzelnen Abteien untereinander, ihre Stellung zum gemeinsamen Mutterkloster und die monastische und liturgische Ordnung.

Diese erste Charta, 1119 von Papst Kalixtus II. bestätigt, erhielt verschiedene Erweiterungen bis zur letzten Ergänzung durch Papst Klemens IV. 1265. Im Gegensatz zum zentralistischen Klosterverband von Cluny wurde den Zisterzienserklöstern eine weitgehende Selbständigkeit innerhalb eines hierarchischen Systems zugebilligt.

Abteien, die Neugründungen vornahmen, bildeten mit diesen eigene Kleinverbände (Filiationen), in denen der Abt des Gründungsklosters über die einheitliche Befolgung von Regeln und Statuten seiner Tochterklöster durch jährliche Kontrollbesuche (Visitationen) wachte. Dies führte zu einer Dezentralisierung der Befugnisse des gemeinsamen Stammklosters Cîteaux, dem zwar – ebenso wie seinen vier ersten Tochtergründungen (Primarabteien) La Ferté (1113), Pontigny (1114), Clairvaux und Morimond (1115) – eine rechtliche Vorrangstellung innerhalb des Gesamtordens zukam, das selbst aber nicht autonom, sondern der Aufsicht der Primarabteien unterstellt war.

Jedes weitere Kloster gehört zu einer der fünf Linien, die von Cîteaux und den Primarabteien ausgehen. Die direkten Töchter der Primarabteien wiederum galten als nominelles Haupt aller in der Folge von ihnen oder weiteren Tochtergenerationen gegründeten Klöster. Ein solcher Verband wird als familia bezeichnet. Später wurde die Bedeutung der familia durch die Bildung von provinciae geschmälert, also Ordensprovinzen von einander geographisch naheliegenden Klöstern.

In Cîteaux fanden sich alle Äbte des Ordens im September zum jährlichen Generalkapitel ein, das über die einheitliche Befolgung der Regel wachte, allgemeinverbindliche Vorschriften erließ und über

Streitigkeiten in letzter Instanz entschied. Die Beschlüsse der Generalkapitel wurden in den Libelli definitionum (Niederschrift von 1134 überliefert) gesammelt und zu bestimmten Zeiten in den Klöstern verlesen.

Die einheitliche Lebensweise des Verbandes wurde in den »Zisterziensergewohnheiten« (Consuetudines Ordina Cisterciensis, gewöhnlich Liber usuum genannt) um 1134 verbindlich niedergelegt. Auf die Einhaltung dieser Bestimmungen wurde streng geachtet. Die Consuetudines ergänzten die Benediktregel. Sie enthielten die Vorschriften für den Gottesdienst und die Bräuche für Mönche und Laienbrüder.

## Die Anziehungskraft der Zisterzienser

Das Weltbild des Mittelalters war religiös geprägt. Die Lehren der Kirche über das Gericht nach dem Tode, über Belohnung der guten und Ahndung der bösen Taten waren fest im Bewußtsein der Menschen verankert. Man glaubte, das Ende aller Tage stehe kurz bevor. Es galt vorzusorgen und an das Heil der Seele zu denken. Die Mönche boten Fürbitte zur Rettung der Sünder an.

Die Menschheit wurde in drei Stände geteilt: jenen des Gebets, jenen des Krieges und jenen der Arbeit – Geistlichkeit, Adel, Bauern. Unter den Geistlichen aber gebührte den Mönchen der erste Platz, da sie mit der Forderung Christi, alles hinter sich zu lassen und ihm nachzufolgen, Ernst machten. Mönche waren im 12. und 13. Jahrhundert eine selbstbewußte Elite von hohem gesellschaftlichen Ansehen.

Die drei Stände – du bete demütig, du schütze, du arbeite, Darstellung aus Johannes Lichtenbergers »Prognosticon«, 1492

Für die Söhne des Adels stellte der Mönchsberuf die einzige Alternative zum Waffenhandwerk dar. In einer Zeit rasch wachsender Bevölkerung drängten viele in die Klöster.

Adlige Familien sahen in der Gründung eines Klosters eine prestigeträchtige »Rückversicherung«. Für den Orden der Zisterzienser sprach in diesem Zusammenhang die geringe Güterausstattung, von der sich ein Konvent dank intensivster Eigenwirtschaft ernähren konnte – solch ein Kloster konnte auch von weniger begüterten Familien gegründet werden. Für sie sprach ferner der Schwung der Reform, der es ernst war mit der Nachfolge Christi, gepaart mit dem Bewußtsein, unter den Orden der Beste sein zu wollen. Und schließlich sprach für sie die imponierende Gestalt Bernhards von Clairvaux, der die Ideale des Gottesreiches predigte und eine Vielzahl von Menschen für den Orden gewann.

## Die Verbreitung des Ordens

Die Ausbreitung des Zisterzienserordens erfolgte aus den im vorigen Abschnitt erwähnten Gründen mit – nach mittelalterlichen Maßstäben – ungewöhnlicher Geschwindigkeit und Reichweite. 1113 gründete Cîteaux mit La Ferté das erste Tochterkloster. 1153, beim Tode des heiligen Bernhard, umfaßte der Orden bereits 344 Klöster. Auf dem Höhepunkt der Ausbreitung um 1500 bestanden etwa 700 Männer- und 900 Frauenklöster.

1120 gründete La Ferté das erste Kloster außerhalb Frankreichs, Tiglieto nordwestlich von Genua in Italien. 1123 entstand als filia Morimonds das erste Kloster in Deutschland, Kamp am Rhein. In kurzer Folge erschlossen die Mönche ganz Europa.

Die rasche Ausbreitung des Ordens und die damit verbundenen Schwierigkeiten für eine direkte straffe Organisation führten zu einer spürbaren Zurückhaltung bei Klosterneugründungen seit der Mitte des 12.

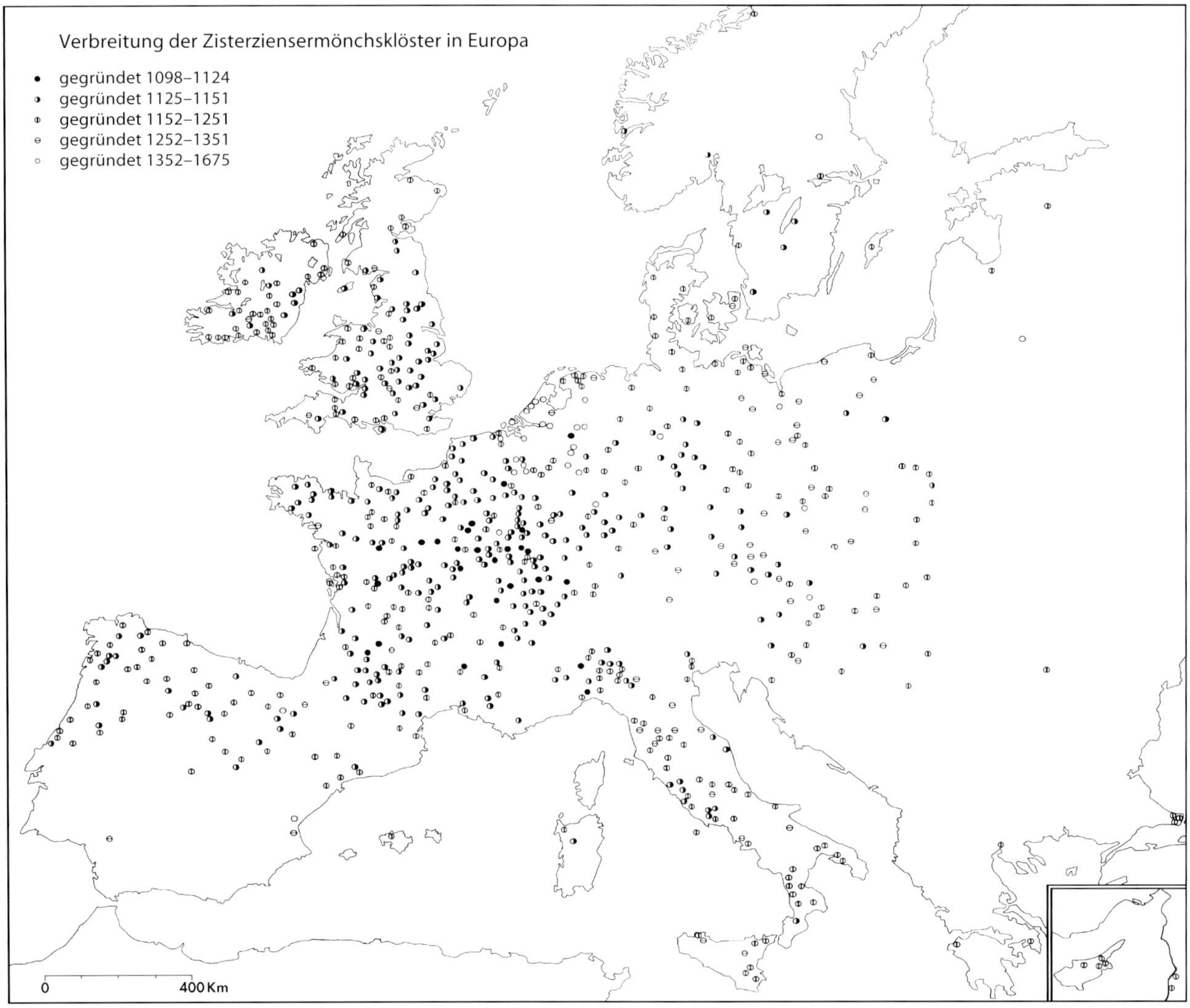


Jahrhunderts. 1152 wurde beschlossen, daß jede Klostergründung genehmigungspflichtig sei.

Doch bereits nach 1250 ließ die Anziehungskraft des Ordens nach. Die neuen Bettelorden, Dominikaner und Franziskaner, ersetzten das Ideal beschaulicher Weltabgeschiedenheit durch intensive Seelsorge innerhalb der aufblühenden Städte (beispielsweise in Brandenburg, Berlin, Prenzlau und Jüterbog).

Die Reformation brachte einen scharfen Einschnitt. In den protestantisch gewordenen Ländern lösten die Landesherren die meisten Klöster auf. In der Barockzeit blühten die verbliebenen Konvente zwar noch ein-mal auf, aber als Folge der Aufklärung wurden im Zuge der französischen Revolution und der napoleonischen Kriege auch fast alle Zisterzienserklöster aufgelöst.

In den wenigen verbliebenen Klöstern kam es im 19. Jahrhundert zu einem Neubeginn. Heute zählt der Zisterzienserorden weltweit wieder 62 Männer- und 56 Frauenklöster.

In Deutschland bestehen vier Männerklöster: Bochum-Stiepel im Ruhrgebiet, Himmerod in der Eifel, Langwaden in Nordrhein-Westfalen und Marienstatt im Westerwald, und sieben Frauenklöster: Lich-

Maulbronner Mönche beim Klosterbau, Stiftungstafel, 1450. »Libido Aedificani« (Baulust) wurde den Zisterziensern von den Zeitgenossen unterstellt, die das rasche Wachstum von Orden und Klöstern mit Staunen beobachteten.

tenthal bei Baden-Baden, Marienthal und Marienstern in der Oberlausitz, Oberschönenfeld bei Augsburg, Seligenthal bei Landshut, Thyrnau bei Passau und Waldsassen in der Oberpfalz. Dazu kommen ein Männer-Priorat in Birnau am Bodensee und ein Frauenpriorat in Rosenthal in der Lausitz.

Eine Reformbewegung innerhalb der Zisterzienser bildet seit 1892 einen eigenen Orden: die Zisterzienser der strengen Observanz oder Trappisten.

### Abt und Konvent

Aus mindestens zwölf Mönchen und einem Abt sollte ein Zisterzienserkloster bestehen, dem Vorbild von Christus und seinen zwölf Aposteln folgend. Daß jedoch ein Abt und zwölf Mönche ein Kloster gründeten, wie es heute oft kolportiert wird, ist unwahrscheinlich. Schon 1152 bestimmte das Generalkapitel, daß mindestens sechzig Brüder auszuziehen hätten, um eine filia zu besiedeln.

Die Mönche lebten gemeinsam nach den Ordensvorschriften. Die Gesamtheit der stimmberechtigten Klosterinsassen bezeichnet man als Konvent.

Der Abt (von aramäisch abbas = Vater) hatte die oberste Gewalt in seinem Kloster inne und vertrat es auch nach außen. Die Sorge um das Wohl der Gemeinschaft war ihm übertragen. Der Abt wurde auf Lebenszeit von den Mönchen seines Konventes gewählt, die ihm Gehorsam schuldig waren. Seine Aufgabe war es, sie in den Geboten Gottes zu unterrichten und ihnen den rechten Weg zu zeigen. Gegen Mißstände hatte er in aller Strenge einzuschreiten.

Zeichen seiner Würde ist der Abtsstab. Auf den einfachen Grabsteinen der ersten Äbte war er neben der Inschrift der einzige Schmuck.

Jedes Einzelkloster wurde alljährlich vom Abt des Mutterklosters visitiert. Der Vaterabt mußte, wenn in einem Tochterkloster noch kein Abt gewählt war, dort

links: Abtsstab
rechts: Grabstein des Bischofs und ehemaligen Abtes Nikolaus, Kloster Zinna

Aus der Geschichte des Klosters Schönau im Odenwald: Konversen bitten nach einer Klosterrevolte um ein Grab für den erschlagenen Anführer. »Der Abt will den Elenden im freien Feld begraben lassen. Schließlich erlangen sie durch ihr herzliches Bitten das Grab in geweihter Erde.« Der durch den Stab kenntliche Abt steht inmitten der durch die Tonsur kenntlichen Mönche des Konvents, ihnen gegenüber die bärtigen Konversen. Die Szene spielt auf dem Klosterfriedhof.

Kloster Schönau, Szene aus dem Leben der heiligen Hildegund: Links schneidet ein Laienbruder der neu in das Kloster Aufgenommenen die Tonsur, zwei Mönche halten Gewand und Stiefel bereit. Rechts unterweist ein Mönch die Novizin in der Lesung. Der Dämon der Versuchung schwebt noch über ihr und will sie zurück in die Welt ziehen.

das klösterliche Leben und die Verwaltung überwachen. Die Neuwahl des Abtes erfolgte nur mit seinem Rat und seiner Zustimmung, er setzte ihn auch in sein Amt ein.

Der Abt hatte alljährlich das im September in Cîteaux stattfindende Generalkapitel zu besuchen, für Äbte entfernter Klöster eine außerordentliche logistische, finanzielle und zeitliche Belastung. Im Spätmittelalter gab es daher periodische Befreiungen von dieser Pflicht für die Äbte einzelner Zisterzen.

Der ursprüngliche Gemeinschaftsgrundsatz sah den Abt als Ersten unter Gleichen. Dementsprechend war ihm kein besonderes Gebäude zugestanden. Jedoch begann schon am Beginn des 13. Jahrhunderts der Bau von Abteigebäuden. Die Abtei von Zinna wurde um 1435 fertiggestellt, ersetzte aber bereits einen Vorgängerbau an gleicher Stelle.

Gegenüber dem Abt gewann der Konvent mit der Zeit eine gewisse Eigenständigkeit. Seit 1335 hatte er das Recht, vom Abt ausgestellte Urkunden gegenzusiegeln und damit in gewisser Weise zu kontrollieren.

## Ämter und Organisation des Konventes

Ein Abt konnte sich nicht um alle Einzelheiten kümmern, die mit seinem Kloster im Zusammenhang standen. Er betraute daher geeignete Mönche mit Klosterämtern. An der Spitze des Konvents standen neben dem Abt der Prior und der Cellerar.

Der Prior war der Stellvertreter des Abtes, da dieser wegen der nötigen Reisen zu Generalkapiteln, Visitationen, aber auch zu politischen Zwecken häufig abwesend war. Er war die Vermittlungsebene zwischen Abt und Konvent und daneben zuständig für die geistlichen Abläufe des Klosters.

Der Cellerar war für die Wirtschaft zuständig. Er beaufsichtigte die Klosterwerkstätten, die Wirtschaftshöfe (Grangien) und die Stadthöfe, er sorgte für Nahrung und Kleidung der Mönche.

Cellerar, mittelalterliche Buchinitiale

Beiden Spitzenämtern waren eine Reihe von Spezialisten nachgeordnet. Der Kantor und sein Gehilfe waren jene Mönche, die den Chorgesang leiteten. Sie standen zu diesem Zweck auf beiden Seiten des Chors. Außerdem hatte der Kantor dafür zu sorgen, daß die Brüder die zur Verrichtung ihrer Aufgaben notwendigen Kleingegenstände wie Papier, Federn, Tinte zum Schreiben oder Nadel und Faden zum Nähen und Stopfen erhielten. Er verwaltete auch das armarium, die Klosterbibliothek, und leitete das scriptorium, den Schreibsaal. Schließlich führte er den Klosterkalender und verzeichnete die Neuaufnahmen und Verstorbenen.

Der für die äußere Ordnung des Gottesdienstes verantwortliche Mönch war der Sakristan. Er läutete die Glocke, hatte die Kirchenschlüssel, sorgte für Kerzen, die Altarbekleidung, die Gefäße, die Hostien, den Wein, kurz alles, was zum Gottesdienst gehört.

Der Bruder- oder Konversenmeister leitete die Konversen an, hielt mit ihnen auch eigene Gottesdienste und Kapitel ab und besorgte die Einteilung der Arbeiten der Laienbrüder.

Den Eingang des Klosters betreute der Pförtner. Er trat seinen Dienst im Sommer noch vor Sonnenaufgang, im Winter sobald es Tag war an. Kam ein Fremder, so fragte er ihn nach dem Gruß: wer er sei und was er wolle. Darauf empfing er ihn, hieß ihn bei seiner Zelle Platz nehmen und meldete ihn dem Abt. Erteilte dieser seine Erlaubnis, führte er ihn ins Kloster und sagte ihm, wie er sich zu verhalten habe. Mönche oder Laienbrüder des Ordens durften sofort eingelassen werden. Der Pförtner hatte in seiner Zelle Brot, um es den vorüberkommenden Armen zu geben und verteilte an der Pforte auch die Überreste der Mahlzeiten an die Armen. Frauen hatte er den Eintritt zu verwehren.

Der Infirmarius war der für die Versorgung der Kranken zuständige Bruder. Mönche durften keine ärztliche Ausbildung haben, daher mußte für die Betreuung schwerer Fälle ein weltlicher Arzt hinzugezogen werden. Der Infirmarius war häufig, auch in Kloster Zinna, gleichzeitig auch Hospitalarius, Leiter des Gästehauses, und für die Betreuung der im Kloster übernachtenden Reisenden zuständig. Dementspre-

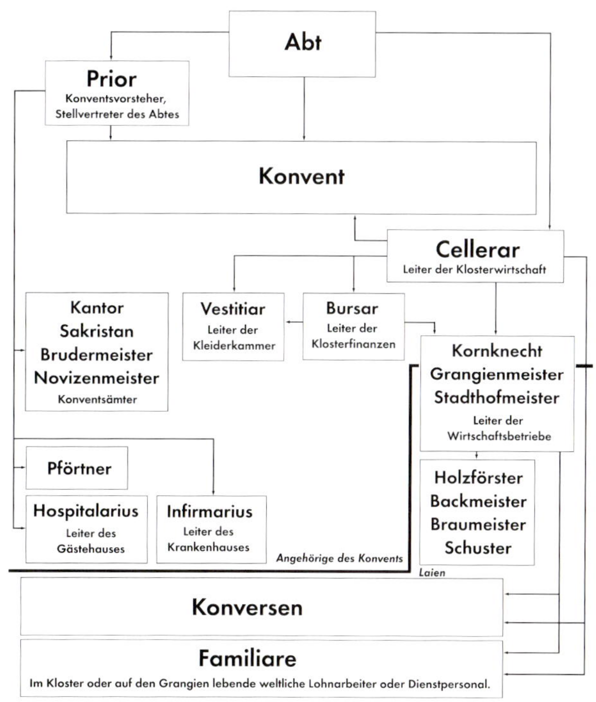


Organisationsschema eines Klosters

chend wurden diese Funktionen in einem Gebäude vereint.

Der Bursar entlastete den Cellerar, indem die Finanzverwaltung bei ihm konzentriert wurde.

Der Kleidermeister (Vestitiar) war der Leiter der Kleiderkammer, der für die Kleidung der Brüder zu sorgen hatte. Das schwarze Ordenskleid und das winterliche Pelzwerk der Cluniazenser wurden bei den Zisterziensern ersetzt durch weiße Schafwolle für Habit und Kukulle (Chorkleid); schwarzes Skapulier (Überwurf über beide Schultern, der in zwei breiten, schurzartigen Streifen vorn und hinten bis über die Knie herabfällt und eine Kapuze hat) und Arbeitshabit wie auch die Reisekukulle waren aus grauem Stoff. Jeder Mönch erhielt aus dem Eigentum des Klosters zwei Hemden, zwei Kukullen, ein Skapulier, Hausschuhe für die Nacht, Schnürschuhe für den Tag, ein Paar wollene Socken, ein paar lange Strümpfe oder Gamaschen aus Wolle, einen Gürtel, ferner Schreibtafel, Messer, Nadel und Handtuch. Alle Mönche waren bartlos und trugen die große Tonsur.

Der Backmeister leitete die Bäckerei und war verantwortlich für die Brotversorgung für Mönche und Gäste. Er war gleichzeitig der Leiter der Brauerei. Ihm unterstanden außerdem sämtliche dem Kloster gehörenden Mühlen.

Der Schuster, häufig ein Konverse, hatte im Jahr zweimal den gesamten Konvent mit Schuhen zu versorgen. Man trug im Mittelalter festes Lederschuhwerk, im Winter eine Art von Filzstiefeln.

Der Leiter der Lagerhäuser war der Kornknecht. Er war unter Anleitung des Cellerars für die Führung der Lagerlisten und die Eintreibung der Zinsen zuständig. Meist wurde dieses Amt von einem gebildeten Konversen versehen.

Der Oberholzknecht oder Holzförster war der Aufseher über die Wälder des Klosters. Er hatte den Bauern Holz für Küche und Heizung anzuweisen sowie die Öfen im Kloster zu versorgen. Vermutlich war er auch für die Bienenstöcke in den Wäldern ver-antwortlich. Die Bienen lieferten Wachs für Kerzen und Honig als Süßstoff, da man die Zuckerrübe noch nicht kannte. Er war neben dem Abt der einzige Klosterangehörige mit Anrecht auf ein Pferd. Der Gehilfe des Försters hieß Unterholzförster oder Holzknecht. Je nach Größe der Waldbesitzungen gab es davon unterschiedlich viele. Er war der direkte Ansprechpartner der Bauern. In Zinna leitete er außerdem die Vogelsteller an.

Neben diesen in allen Klöstern gleichen Ämtern bestand jede Klostergemeinschaft noch aus einer Reihe weiterer Spezialisten, insbesondere Müller, Bäcker, Brauer, Viehknechte und Hirten. Diese Tätigkeiten wurden häufig von bezahlten Arbeitern oder aber von Hörigen des Klosters ausgeführt. Alle diese Tätigkeiten blieben dauernd bei einer Person.

Dazu gab es noch eine Vielzahl an wochenweisen Funktionen, die im Wechsel von allen Brüdern ausgeführt wurden. Man nannte die damit Betrauten Wöchner. Zu diesen Tätigkeiten gehörten der Tisch- und Küchendienst, die Lesung im Kapitelsaal, das Halten von kanonischen Stunden und die rituelle Hand- und Fußwaschung der Gäste.

### Novize, Novizin

Novizen sind der Nachwuchs des Klosters. Das Noviziat bezeichnet die Probezeit von mindestens einem Jahr, die jeder Kandidat im Kloster leben mußte, bevor er die Profeß, das Ordensgelübde, ablegen durfte: Gehorsam, Armut, Keuschheit.

Die Novizen bewohnten einen eigenen Klostertrakt. Sie wurden angeleitet vom Novizenmeister, der ihnen die Regel und die Gewohnheiten erklärte und sie Psalmen und liturgische Bräuche ebenso lehrte wie Lesen, Schreiben und Latein. Nach der Probezeit stimmte der Konvent darüber ab, ob der Novize aufzunehmen war. Nach dem Ablegen der Profeß, nicht vor dem 16. Lebensjahr, wurde der Novize Vollmitglied der klösterlichen Gemeinschaft.

Nonnen brachten bei ihrem Eintritt regelmäßig eine Ausstattung mit. Anfangs galt sie als Geschenk, dessen Annahme nach der Benediktregel erlaubt war. Später wurde die Mitgift zur Voraussetzung. So gelangten die Frauenklöster in den Besitz von Liegenschaften, Hofgütern, Häusern, Wiesen, Äckern und Weinbergen, aber auch Zehnten, Zinsen, Bargeld, Rechten und Leibeigenen. In Männerklöstern hingegen waren solche Bedingungen unüblich.

## Konversen

Die Konversen (Laienbrüder) stellten eine eigenständige Gruppe zwischen den Mönchen und den Lohnarbeitern dar. Die Zisterzienser benötigten sie als Helfer, weil sie unabhängig von der Welt leben wollten, sich aber wegen der zeitlichen Inanspruchnahme durch

Maulbronn, Klosterkirche nach Osten, Chorgestühl der Mönche. Hier versammelte sich der Konvent zum Chorgebet.

Maulbronn, Klosterkirche nach Westen, Blick in den Konversenchor. Deutlich sind der die Kirche praktisch zweiteilende Lettner sowie der Konversenaltar im Vordergrund und der Hochaltar im Chor zu erkennen.

den Gottesdienst nicht vollständig selbst versorgen konnten.

Conversi (lat. = Gewandelte, der Welt Abgewandte) waren ursprünglich Menschen, die sich als Erwachsene an ein Kloster banden, ohne als Mönch einzutreten. Die Zisterzienser nahmen sie in die Klosterfamilie auf. Die Konversen legten die drei Mönchsgelübde ab und galten den Mönchen als Mitbrüder, »teilhaftig unserer geistlichen wie zeitlichen Güter«, besaßen jedoch keine klerikalen Weihen. Als Arbeitskräfte hatten sie geringere religiöse Pflichten, aber auch weniger Rechte. Der Standesunterschied wurde sorgsam aufrechterhalten: Ein Konverse konnte nicht zum Mönch aufsteigen.

Die Konversen lebten getrennt von den Mönchen. Ihre Schlaf- und Speiseräume lagen im Westen des Kreuzganges, dieser war für sie jedoch nicht zu betreten. Sie gelangten durch eine Konversengasse in die Kirche, wo sich im Westen, durch eine Wand (Lettner) von den Mönchen getrennt, ihr eigenes Chorgestühl befand, von dem aus sie den Gottesdiensten zuhören und – soweit möglich – auch aktiv daran teilnehmen konnten. Zu diesem Zweck wurden ihnen die allernötigsten Kenntnisse beigebracht. Wenn die Konversen überwiegend auch kein Latein verstanden, so mußten sie doch das Paternoster, Credo, Ave Maria und Miserere auswendig hersagen können. Sie waren wie die Mönche zum Schweigen, Beten, Singen und Fasten ver-

Konversen- und Mönchsrefektorium im Kloster Maulbronn

pflichtet, man ließ auch sie fünfmal im Jahr zur Ader, von Pfingsten bis Weihnachten und von Epiphanien bis Ostern erhielten sie jeden Freitag die Disziplin. Sie unterschieden sich durch eine kleinere Tonsur, Bart, ärmelloses Obergewand statt der Kukulle (häufig auch von brauner oder grauer Farbe) und das Fehlen des Skapuliers.

Die Konversen waren infolge ihres weltlichen Vorleben oft begehrte Spezialisten in der Landwirtschaft oder im Handwerk. Der wirtschaftliche Aufstieg des Ordens wäre ohne sie nicht denkbar gewesen. Anfangs überstieg ihre Zahl die der Mönche bei weitem, später ging sie zurück. Die aufblühenden Städte boten jungen Männern eine vielversprechende Alternative zum harten Klosterleben. Lohnarbeiter ersetzten die Konversen oder die Flächen wurden verpachtet. Der Orden mußte somit von der Eigenwirtschaft abgehen.

Im Spätmittelalter traten zunehmend Universitätsabsolventen als Konversen in die Klöster ein. Diese hochgeachteten Spezialisten dienten in der selbständigen Verwaltung von Wirtschafts- (Grangien) oder Stadthöfen, oder verwalteten die Klosterfinanzen.

In Frauenklöstern gab es Laienschwestern für körperliche Arbeiten in Küche, Wäscherei, Weberei und zur Bedienung der Nonnen. Daneben spielten auch männliche Konversen für die wirtschaftlichen Tätigkeiten außerhalb des Klosters eine bedeutende Rolle.

Beim Begräbnis wurden die Konversen wie die Mönche behandelt und hoher kirchlicher Ehren teilhaftig.

## Der zisterziensische Tagesablauf

Der Tageslauf der Mönche war grundsätzlich einheitlich geregelt. Abweichungen ergaben sich jedoch durch die Jahreszeiten und an Sonn- und Feiertagen. Die Mönche schliefen angekleidet, umgürtet und beschuht auf Strohsäcken im gemeinschaftlichen Schlafsaal, dem Dormitorium, mitten unter ihnen der Prior. Die ganze Nacht über brannte ein Licht. In der achten Stunde der Nacht, im Sommer ungefähr um 1.00 Uhr, im Winter etwa um 2.30 Uhr, weckte der Subprior durch ein Glockenzeichen die Brüder zur Vigilie, der nächtlichen Andachtsübung und Lobpreisung in dem von drei Kerzen spärlich erleuchteten Herrenchor. Die Sitze an der westlichen Querwand, die einen freien Blick über den ganzen Chor und zum Hochaltar gewähren, waren die vornehmsten; hier nahmen neben dem schmalen Durchgang südwärts der Abt, nordwärts der Prior, anschließend rechts und links die anderen Würdenträger des Klosters ihrem Status nach Platz. An den Langseiten saßen die Mönche nach dem Eintrittsalter, vor ihnen in der unteren Reihe die jüngeren und die Novizen. Auf das gemeinsam gesprochene Vaterunser und Glaubensbekenntnis folgten Psalmen und Lobgesänge, dann sprach der Abt (oder in seiner Abwesenheit der Prior) den Segen. Nach einem Wechselgesang setzte man sich zur Lesung aus der heiligen Schrift oder aus den Kirchenvätern. Auf die vierte Lektion folgte das Gloria, sodann wieder Psalmen, bis ein Spruchvers zum Schlußgebet überleitete. Dieses tägliche Programm wurde an Sonn- und Festtagen noch erweitert; häufig fand auch eine Nachfeier für die Seelen der Verstorbenen statt, und so konnte die Vigilie bis zu drei Stunden dauern, wenn nicht, wie im Sommer, die anbrechende Morgendämmerung zur Kürze mahnte. Blieb etwa im Winter noch Zeit übrig, so hatten sich die Mönche im Kapitelsaal mit geistlicher Lesung zu beschäftigen; zu diesem Zweck stand zwischen Kirchentür und Kapitelsaal ein beleuchteter Bücherschrank in einer Wandnische des Kreuzganges oder auch in einem kleinen Bibliotheksraum, woraus sich jeder bedienen konnte.

Bei Beginn der Morgendämmerung rief die Glocke zur Mette, in der hauptsächlich Lobpsalmen gesungen Sommer zogen viele der Brüder aufs Feld, im Winter trat dafür Hausarbeit oder das Lesen erbaulicher Schriften ein.

Der Beginn der dritten Stunde, genau in der Mitte zwischen Aufgang und Mittagsstand der Sonne, rief die im Kloster Weilenden zur Terz, dem vierten liturgischen Gottesdienst. Wer keine Arbeit hatte, beschäftigte sich dann wieder still mit Lesen frommer Bücher im Kreuzgang, bis um die sechste Stunde zur Sext, dem Mittagsgottesdienst, gerufen wurde. Hierauf läutete der Prior zum Mittagessen, das die Mönche im Speisesaal (Refektorium) erwartete. Die Brüder eilten zum Brunnenhaus, um die Hände zu waschen, dann trat jeder still an seinen Platz. Die Mönche besetzten die hufeisenförmig aufgestellten Tische nur auf der Außenseite, von der Innenseite wurde aufgetragen. Der Prior als Tischältester läutete zu Beginn, bis der 51. Psalm in der Stille gebetet war. Darauf sprach der ganze Chor das Benedicte, dann Halbchor gegen Halbchor

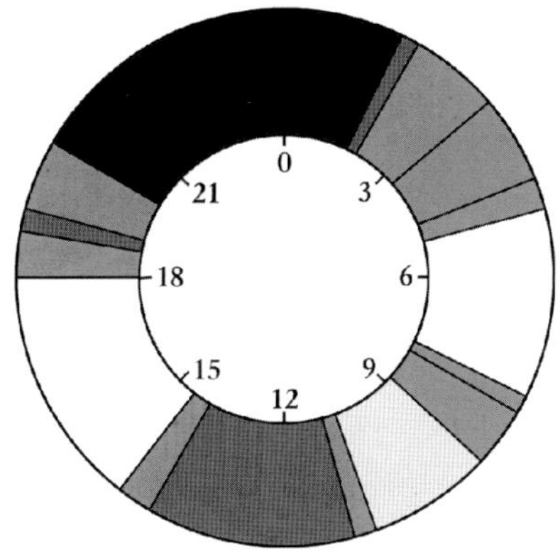


Tagesablauf der Mönche

| | |
|---|---|
| 1.45 Uhr: | Aufstehen |
| 2.00 Uhr: | Vigilien (Nachtgebet) |
| 3.15 Uhr: | Laudes (Lobgebet zur Morgendämmerung), anschließend: Matutinalmesse (Frühmesse), Privatmessen |
| 4.30 Uhr: | Prim (Gebet zur ersten Stunde), Kapitelsitzung |
| 5.00 Uhr: | Arbeit |
| 7.45 Uhr: | Terz (Gebet zur dritten Stunde) |
| 8.00 Uhr: | Konventamt (gesungene Messe für alle) |
| 8.50 Uhr: | Lectio Divina, Arbeit |
| 10.40 Uhr: | Sext (Gebet zur sechsten Stunde) |
| 11.00 Uhr: | Erste Mahlzeit, Mittagsruhe |
| 14.00 Uhr: | Non (Gebet zur neunten Stunde) |
| 14.30 Uhr: | Arbeit |
| 18.00 Uhr: | Vesper (Gebet am frühen Abend) |
| 18.40 Uhr: | Zweite Mahlzeit |
| 19.00 Uhr: | Komplet (Gebet zum Tagesschluß) |
| 20.00 Uhr: | Nachtruhe |

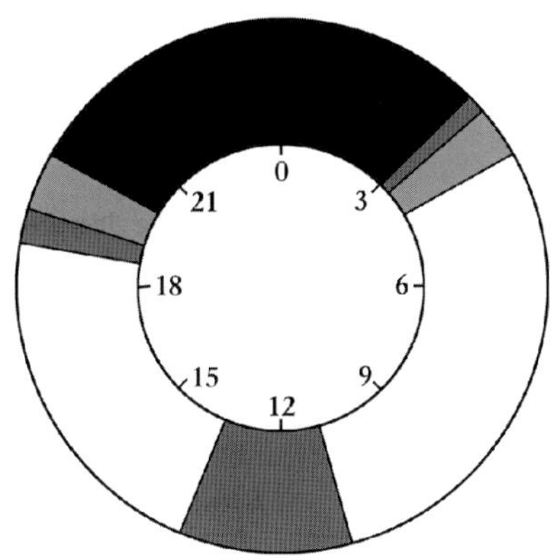


Tagesablauf der Konversen

| | |
|---|---|
| 3.00 Uhr: | Aufstehen |
| 3.15 Uhr: | Laudes (Lobgebet zur Morgendämmerung) |
| 4.00 Uhr: | Arbeit |
| 11.00 Uhr: | Erste Mahlzeit und Ruhepause |
| 13.30 Uhr: | Arbeit |
| 18.30 Uhr: | Zweite Mahlzeit |
| 19.00 Uhr | Komplet (Gebet zum Tagesschluß) |
| 20.00 Uhr: | Nachtruhe |

Rituelle Waschung am Brunnen

das Gloria und Kyrie; den Schluß bildete ein halblautes Vaterunser. Jetzt sprach der Wochenpriester: »Wir flehen, Herr, segne deine Gaben!«, worauf sich alle bekreuzigten und Platz nahmen. Man aß mit dem Löffel und verwendete das mitgebrachte eigene Messer. Das Mittagessen bestand nach der Benediktregel aus zwei gekochten Gerichten: »Gibt es Obst oder Gemüse, so mag noch ein dritter Gang hinzugefügt werden«. Brei und Hülsenfrüchte waren bevorzugt, von Fleischspeisen nur Fische und Geflügel gestattet. Außerdem erhielt jeder Mönch täglich ein Pfund rauhes Schwarzbrot und einen halben Schoppen (0,27 Liter) Wein, der mit Wasser vermischt getrunken wurde. Während des Essens war Stillschweigen zu wahren; es wurden auf der Kanzel von dem wöchentlich wechselnden Lektor Stücke aus der Bibel oder den Kirchenvätern, auch Teile einer Predigt, vorgelesen. Wer redete, war mit Entziehung des Weins oder der ganzen Mahlzeit, ja mit körperlicher Züchtigung bedroht. Zum Schluß gab der Prior ein Zeichen mit der Glocke, worauf sich alle erhoben und gemeinsam einen Dankvers sprachen. Unter Absingen eines Psalms zogen sie paarweise geordnet, die jüngsten voran, zu einem Dankgebet in die Kirche. Im Sommer durften sich anschließend die Mönche zu einer kurzen Bettruhe begeben; unter Vortritt des Priors zogen sie vom Herrenchor die Treppe zum Dormitorium hinauf. Nach dem Zeichen zum Aufstehen eilten die Mönche zur Brunnenhalle, um sich mit frischem Wasser die Augen auszuwaschen. Unterdessen war die neunte Stunde angebrochen, und genau in der Mitte zwischen Mittag und Sonnenuntergang rief die Glocke zur Non, die wieder in der Kirche mit Gebet, Hymnen, Psalmen und Vorlesungen gefeiert wurde. Im Sommer folgte dann erneut der Gang ins Refektorium, wo unter Zeremonien das sogenannte Bibere eingenommen wurde, ein Trunk Wasser, in den jeder nach Belieben auch etwas von seinem Wein gießen konnte.

Das Stundengebet versinnbildlicht gleichzeitig drei Themenkomplexe:

| **Themen** | **zur Nacht** | **am Morgen** | **Prim** | **Terz** | **Sext** | **Non** | **Vesper** | **Komplet** |
|---|---|---|---|---|---|---|---|---|
| **1. Urthema: Licht, Sonne, Dunkel** | aus der Nacht zum Licht | Aufgang des Lichtes | Tagwerk im Licht | volles Licht | Licht wird Hitze | Sinken des Lichts | Licht in den Abend | Nacht mit Licht |
| **2. Thema: Heilsereignisse um Christus, das Licht** | Ankunft: Weihnacht und Parusie | Auferstehung | (Nazareth) Der arbeitende Herr | Pfingsten | Thronbesteigung, Kreuz und Himmelfahrt | Tod Christi | Menschwerdung | (Kafarnaum) Der nächtens betende Herr |
| **3. Thema: Ereignisse des Heilstages (Karfreitag)** | Ölberg | Gottesbekenntnis vor dem hohen Rat | vor Pilatus | Geißel und Dornen | Kreuzweg | Öffnung des Herzens | Mater dolorosa (Vesperbild) | Grab |

Nun folgten wieder einige Stunden Arbeit bis zur Vesper, dem Abendgottesdienst, der mit dem Sonnenuntergang begann. An diesen vorletzten Gottesdienst schloß sich im Sommer ein kaltes Abendbrot an, dann die Abendlektion in dem an die Kirche angelehnten Kreuzgangflügel. Dabei wurde mit Vorliebe aus den Lebensgeschichten der heiligen Väter vorgelesen, auch aus Cassians Gesprächen mit ägyptischen Mönchen über das Klosterleben. Nachdem sich unterdessen auch alle außerhalb des Klosters beschäftigten Brüder eingefunden hatten, sprach der Leitende: »Unsere Hilfe ist im Namen des Herrn,« und der Chor antwortete: »der Himmel und Erde gemacht hat.« Dann zogen alle in die Kirche zur Schlußandacht des Tages, der Komplet, welche die Zahl der klösterlichen Horen voll macht. Zum Schluß der Komplet wurden wie zu Beginn der Vigilie Vaterunser und Glaubensbekenntnis gesprochen, dann verließen die Beter einzeln den Chor. Jeder wurde im Vorübergehen von Abt oder Prior mit Weihwasser besprengt und ging dann die Treppe zum Dormitorium hinauf, im Sommer gegen 20.00 Uhr, im Winter schon kurz nach 17.00 Uhr. Auf diese Weise wurde innerhalb einer Woche der gesamte Psalter (150 Psalmen) durchgesungen, so daß mit den Vigilien des Sonntags erneut begonnen werden konnte.

Der geschilderte Tageslauf konnte den Bedürfnissen der einzelnen Tage und Jahreszeiten angepaßt werden. Am Werktag war nur Vigilie, Mette, Prim und Komplet für alle Mönche verbindlich, die übrigen Horen konnten auch bei der Arbeit in einem kurzen Gebet erfüllt werden. Schließlich stand es jedem Mönch frei, neben den gemeinsamen Exerzitien private Andachten und Geißelungen in der Kirche vorzunehmen; hierfür waren hauptsächlich die Seitenkapellen des Querhauses bestimmt. Am Mittwoch und Freitag als dem Geburts- und Todestag Jesu, mußte jede Woche bis zur Non gefastet werden (Halbfasten), demgemäß konnte an diesen beiden Tagen das Mittagessen erst am Nachmittag stattfinden. Diese Essenszeit bildete von Mitte September bis Fastnacht auch an den anderen Wochentagen die Regel, da im Winterhalbjahr nur eine Mahlzeit gereicht wurde. Während der vierzig Tage von Aschermittwoch bis Ostern wurde ganz gefastet, also die einzige Mahlzeit sogar über die

Messe

Vesper, bis in die Abenddämmerung, hinausgeschoben.

Die Zisterzienser teilten gemäß der Benediktregel sowohl die Zeit zwischen Sonnenauf- und Sonnenuntergang als auch die Zeit zwischen Sonnenunter- und Sonnenaufgang in je zwölf Stunden. Nur an den zwei Tagen der Tag- und Nachtgleiche, am Frühlings- und Herbstbeginn, entsprachen diese unseren Zeitstunden, ansonsten schwankten sie zwischen 45 und 75 Minuten. Die Abstände zwischen den fünf Tageshoren betrugen daher Ende Juni je vier Zeitstunden, Ende Dezember aber nur je zwei Zeitstunden. Auf diese Weise boten die kurzen Wintertage kaum Zeit für die Pflichten zwischen den Horen, während die Sommertage kaum enden wollten. Deshalb wurden im Sommer mehr Mahlzeiten und auch eine Ruhepause eingelegt, denn die Nachtruhe sank bis auf viereinhalb Stunden herab, während sie sich im Winter auf über neun Stunden ausdehnen konnte.

Für die Konversen galten die Vorschriften über Speise und Trank ebenfalls, wenn auch ihre besonderen Verhältnisse und Arbeiten manche Ausnahmen notwendig machten, ebenso bei den Gottesdiensten. Von der Vigilie waren sie befreit; wenn sie aber in der Nähe des Klosters waren und die Arbeit ihnen Zeit ließ, so hatten sie wie bei den übrigen Horen auf den Ruf der Glocke in die Laienkirche zu kommen. Der Konversenmeister hielt wohl auch eigenen Gottesdienst mit den Konversen ab, wie er ebenfalls ihre eigenen Kapitel leitete. Wenn am Palmsonntag die Prozession den Kreuzgang durchzog, beschlossen die Konversen den Zug. Sie fehlten auch am Gründonnerstag nicht bei der besonders feierlichen wöchentlichen Fußwaschung der Mönche in dem an der Kirche gelegenen Kreuzgangflügel. Diese Handlung begann damit, daß der Abt vier Mönchen, vier Novizen und vier Konversen die Füße wusch, trocknete und küßte. Am Karfreitag nahmen sie an der Anbetung des Kreuzes teil und zu den Festpredigten versammelten sie sich im Kreuzgang vor dem Kapitelsaal.

### Die Zisterzienserinnen

Die Geschichte der Zisterzienser-Frauenklöster und ihrer Integration in den Orden ist, gerade in ihren ersten Jahrhunderten, kompliziert und vielfältigen Einflüssen unterworfen. Besonders zu Beginn des 13. Jahrhunderts erfolgte ihre Zunahme so rasch, daß ein Zeitgenosse vermerkte, ihre Zahl sei größer als die der Sterne im Himmel, und tatsächlich lag sie deutlich höher als die der Männerklöster. Die Zugehörigkeitsfrage eines Klosters ist im Einzelfall nicht immer eindeutig zu rekonstruieren; so gab es zahlreiche zeit- und umstandsabhängige Abstufungen zwischen freiwillig nach dem Vorbild der Zisterzienser lebenden Frauengemeinschaften und offiziell dem Orden inkorporierten Klöstern.

Nonnen beim Gebet

Schon im 12., besonders aber im 13. Jahrhundert herrschte eine ausgeprägte religiöse Bewegung unter den Frauen des Adels und des städtischen Bürgertums im nordeuropäischen Raum. Der Wunsch zur Nachfolge Christi führte häufig zu einem gemeinschaftlichen Leben in freiwilliger Armut und Abgeschiedenheit, oft ohne Zutun der Kirche. Obwohl es mit den Beginen in fast allen Städten auch weiterhin ordensunabhängige Glaubensgemeinschaften gab, lag doch die Anbindung an einen bestehenden Klosterverband nahe, und besonders die prosperierenden Reformorden der Zisterzienser und Prämonstratenser übten eine große Anziehung aus. Während die Prämonstratenser im 12. Jahrhundert einen Teil dieser Bewegung durch die systematische Einrichtung von Doppelklöstern für Nonnen und Mönche auffingen, richteten die Zisterzienser keinen weiblichen Ordenszweig im eigentlichen Sinne ein. Ihre Klostergründungen für Nonnen erfolgten unsystematisch auf Initiative einzelner Äbte (zuerst 1120 in Tart durch Stephan Harding), was aber durchaus gängigen Traditionen entsprach.

Dies änderte sich gegen Ende des 12. Jahrhunderts. Der zunehmende Andrang von Frauenkonventen, z.T. bedingt durch die Abschaffung des Frauenzweiges bei den Prämonstratensern 1198, erforderte systematische Regelungen. Dabei spielte auch der komplexer gewordene Rechtsstatus des Zisterzienserordens mit seinen besonderen Privilegien, wie z.B. der Befreiung von der Diözesangewalt, eine Rolle.

Nach einer Lockerung der Aufnahmebestimmungen wurde der Ansturm auf den Orden so groß, das sich das Generalkapitel seit 1213 wiederholt genötigt sah, äußerst restriktive Maßnahmen zur Eindämmung dieses Andrangs zu ergreifen. Die Zulassungsbeschränkungen und schließlich sogar Inkorporationsverbote führten jedoch nicht zum Ende der Aufnahme neuer Klöster, sondern bestenfalls zu einer stärkeren Kontrolle. Sie sind daher eher als kalkulierte Selektionsmaßnahmen zu sehen und sollten gegenüber einzelnen

Nonnen und Stifterin, Glasmalerei

Äbten und dem Papst Autorität demonstrieren, da diese sich oft in eigener Kompetenz in der Frauenklosterfrage engagierten (so verfügte der Papst allein im Jahre 1231 die Aufnahme von 91 Frauenkonventen in den Orden).

Doch auch im Falle der Nicht-Inkorporation und dem Verbleib im Diözesanverband, ermutigte das Generalkapitel die Frauengemeinschaften zur zisterziensischen Lebensweise. Letztlich fiel die größte Zahl der Frauenklöster in diese Kategorie. Von den zehn Frauenklöstern, die auf dem Grund des heutigen Landes Brandenburg nach Zisterziensergewohnheit lebten, war wohl keines Mitglied des Ordens.

Die Seelsorge mußte immer von außerhalb des Frauenkonvents erfolgen, entweder durch Zisterziensermönche des Weisungsklosters, dessen Abt das Frauenkloster auch beim Generalkapitel vertrat, oder im Falle eines nicht-inkorporierten Klosters durch Weltgeistliche.

Doch nicht allein die Frauenreligiosität sorgte für den Zulauf der Konvente. Die Zisterzienserinnenklöster waren häufig Standesinstitutionen, die die Versorgung der unverheirateten Frauen des lokalen Adels ermöglichten und damit auch familien- und territorialpolitischen Interessen dienten.

Neben der Herkunft der Konventsmitglieder finden sich Unterschiede zu den Männerklöstern vor allen Dingen hinsichtlich der Bewirtschaftung. Der strengere Abschluß der Nonnen und die Notwendigkeit von Männern zur Verrichtung der schweren körperlichen Arbeiten machten ein differenzierteres Laiensystem notwendig.

Gröbere Arbeiten im unmittelbaren Klosterbereich, in Küche, Garten, Hospital und Gästehaus, wurden von den Laienschwestern erledigt. Ihr Schlaf- und Speisebereich entsprach in Lage und Klausurabtrennung dem der Konversen der Männerklöster. Doch gab es auch männliche Konversen in den Frauenklöstern (conversi monialium). Ihr Arbeitsgebiet waren, wie bei den Mönchen, die Felder, Höfe und Werkstätten, ihre Unterbringung erfolgte im Wirtschaftsbereich des Klosters. Rechtlich den conversi ordinis der Mönchsklöster gleichgestellt, konnten sie hier jedoch auch im Bereich der äußeren Repräsentation des Klosters wichtige Funktionen ausüben, da diese den Nonnen verwehrt blieben.

Zur Leitung der wirtschaftlichen Angelegenheiten und der rechtlichen Interessenvertretung nach außen wurde ein Verwalter – »Propst« oder im Falle

Äbtissin der Zisterzienserinnen

inkorporierter Klöster offiziell »Prokurator« genannt – bestimmt, in nicht inkorporierten Klöstern vom Landesherrn oder dem Konvent gewählt, der häufig aus den Reihen der männlichen Konversen stammte. Die Notwendigkeit einer solchen Funktion war im Jahre 1321 vom Generalkapitel bestätigt worden. Die breite Einflußsphäre dieses Amtes verschaffte ihm vielerorts eine der Äbtissin nahezu gleichgestellte Machtposition.

Des weiteren standen vielen Abteien nur partiell der Regel unterworfene Familiaren sowie entlohnte Knechte und Mägde zur Verfügung.

# Wirtschaftsleben der Zisterzienser

*Uta Puls*

Nach dem Grundsatz ihres Zusammenlebens »ora et labora« (»Bete und arbeite«) errichteten die Zisterzienser autarke Klosterwirtschaften. Agrarwirtschaft und Handwerk dominierten im Klosterbetrieb. In der »Charta Caritatis« war im Kapitel XV (Woher die Mönche ihren Lebensunterhalt nehmen) vorgeschrieben: »Die Mönche unseres Ordens müssen von ihrer Hände Arbeit, Ackerbau und Viehzucht leben. Daher dürfen wir zum eigenen Gebrauch besitzen: Gewässer, Wälder, Weinberge, Wiesen, Äcker (abseits von Siedlungen der Weltleute) sowie Tiere, ausgenommen solche, die mehr aus Kuriosität und Eitelkeit als des Nutzens wegen gehalten werden, wie Kraniche, Hirsche und dergleichen. Zur Bewirtschaftung können wir nahe oder ferner beim Kloster Höfe haben, die von Konversen beaufsichtigt und verwaltet werden.« Diese Vorschriften für zisterziensische Wirtschaftsformen, wie sie in der ersten Sammlung der Kapitelbeschlüsse vom Jahre 1134 enthalten sind, entsprachen dem ursprünglichen Grundanliegen des neuen Ordens – nicht »vom Schweiße fremder Menschen«, sondern von ihrer eigenen Arbeit leben zu wollen. Erst später, mit zunehmendem Wohlstand, wandten sich die Klöster auch Geldgeschäften zu, lebten vom Handel und Grundstücksverkäufen und entfernten sich damit mehr und mehr vom ursprünglichen Ideal.

## Blütezeit des Ordens

Die Blütezeit des Zisterzienserordens lag im 12. und 13. Jahrhundert. Mit außerordentlicher Geschwindigkeit vollzog sich in dieser Zeit seine Ausdehnung über große Teile Westeuropas. Schon 1251 gab es 742 Zisterzienserklöster, die sich zu starken Eigenwirtschaften entwickelt hatten und den wirtschaftlichen Wandel in Europa beeinflußten. Auch die Gründung der ersten Zisterzienserklöster in Brandenburg fiel in diese Zeit, wenngleich sich – bedingt durch die besondere territoriale Lage in einem zu kolonialisierenden Gebiet – Stagnationserscheinungen schon recht früh zeigten. Wie intakt diese Wirtschaftsunternehmen zunächst waren und wie sie vermochten, sich die natürlichen Gegebenheiten zunutze zu machen, schil-

Wenn ihr die Lage von Clairvaux kennenlernen möchtet, wird euch dieser Bericht wie ein Spiegel davon vermitteln. Zwei Berge beginnen nicht weit von der Abtei. Zuerst teilt sie ein enges Tal, danach verbreitert sich die Schlucht, je mehr man sich der Abtei nähert: einer dieser Berge beherrscht die Hälfte der einen Seite des Klosters, der andere Berg die ganze gegenüberliegende Seite [...]
Hinter der Abtei befindet sich ein ebenes und weites Land, das zum großen Teil von der Mauer umfaßt wird, deren weiter Umkreis den Umfang der Abtei, zahlreiche und verschiedene Bäume, die reich an Früchten verschiedener Sorten sind: dies ist der Obstgarten, der einem Hain vergleichbar ist. Neben der Krankenabteilung gewährt er den kranken Brüdern eine große Erleichterung; wenn sie sich Bewegung verschaffen wollen, so finden sie dort einen ausgedehnten Spazierweg, wenn sie müde sind, einen lieblichen Ort der Erholung [...]
Dort, wo der Hain endet, beginnt der Garten, in Vierecke eingeteilt, deren Grenzen von kleinen Flüßchen durchzogen sind [...]
Dieses Wasser dient zweifachem Nutzen: die Fische zu nähren und die Gemüse zu bewässern. Der unermüdliche Lauf der Aube, ein Fluß mit berühmten Namen, speist es. Ein Arm dieses Flusses, der die zahlreichen Werkstätten der Abtei durchquert, wird überall gesegnet wegen der Dienste, die er erweist [...]
Sein Bett, dessen Krümmungen das Tal in seiner Mitte in zwei Teile schneidet, ist nicht von der Natur ausgehöhlt, sondern durch die Arbeit der Mönche. Über diesen Weg schickt der Aube-Fluß die eine Hälfte seiner selbst in die Abtei [...]
Wenn der überströmende Fluß manchmal zu reichlich Wasser außerhalb seiner normalen Grenzen gießt, wird er von der Mauer zurückgestoßen, die ihm entgegensteht und unterhalb derer er gezwungen wird zu fließen; dann kehrt er zu sich selbst zurück, und die Welle, die ihrem alten Lauf folgt, nimmt in ihrer Umarmung die zurückflutende Welle auf. Doch in die Abtei eingelassen, soweit es die Mauer, die die Funktion des Pförtners innehat, erlaubt, stürzt er sich zuerst mit Ungestüm in die Mühle, wo er sehr beschäftigt ist und sich viel Bewegung verschafft, sowohl um den Weizen zwischen den Mühlsteinen zu zerstoßen, als auch um das feine Sieb anzutreiben, das das Mehl von der Kleie trennt. Schon ist er im benachbarten Gebäude; er füllt die Kessel [...]
Aber der Fluß sagt sich noch nicht los. Die Walker, die sich nahe der Mühle niedergelassen haben, rufen ihn zu sich. Er ist in der Mühle damit beschäftigt, die Nahrung für die Brüder zu bereiten, man ist also wohl ermächtigt zu fordern, daß er sich jetzt um ihre Kleidung kümmert. Er widerspricht nicht [...]
Er hebt und senkt abwechselnd diese schweren Stampfer, die Holzschlegel, wenn ihr wollt, oder besser gesagt: diese hölzernen Füße (denn dieser Name bezeichnet die springende Arbeit der Walker genauer), er spart den Walkern eine große Strapaze [...]
Wie er mit beschleunigtem Wirbeln so viele schnelle Räder dreht, so verläßt er sie schäumend, damit er sozusagen sich selbst besänftigt und weicher werde. Dort herausgehend tritt er in die Lohgerberei, wo er, um die notwendigen Materialien für Schuhwerk der Brüder zu bereiten, ebensoviel Aktivität wie Sorgfalt zeigt; dann teilt er sich in eine Menge kleiner Arme, besichtigt während seines willfährigen Laufes die verschiedensten Arbeiten und sucht überall aufmerksam jene, die seinen Dienst benötigen, welches Objekt es auch sei, ob es sich darum handelt zu kochen, zu sieben, zu zermalmen, zu begießen, zu waschen oder zu mahlen; seine Mitwirkung anzubieten, verweigert er nie. Schließlich [...] entfernt er den Müll und läßt alles sauber hinter sich. Nachdem er [der abgeleitete Arm] rüstig alles geleistet hat, wozu er gekommen war, eilt er auch schon wieder in schnellem Lauf zum Fluß [...]
Wir kehren zu den kleinen Bächlein zurück, die wir hinter uns gelassen hatten und die, abgezogen vom Fluß, sich hier und dort durch die Wiesen schlängeln [...]
Diese Bächlein, diese winzigen Rinnsale, werden, nachdem sie ihre Funktionen erfüllt haben, wieder vom Fluß aufgenommen, der sie aus seinem Bett gestoßen hatte; schon beeilt sich der Aube-Fluß, der alle Wellen wieder vereinigt hat, und folgt in raschem Lauf dem Abhang.

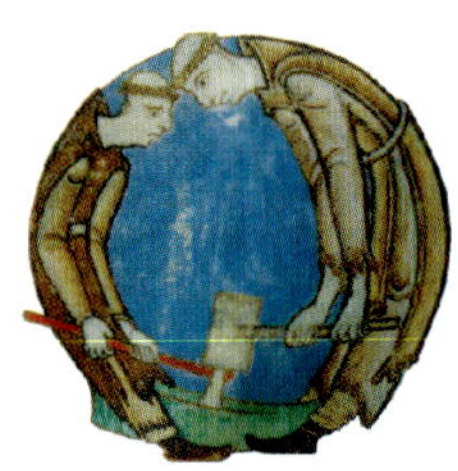

Die Gebäude der einstigen Grangie Elfingen des Klosters Maulbronn liegen bis heute isoliert inmitten der bewirtschafteten Flächen

dert eine Beschreibung der Anlagen von Clairvaux vom Beginn des 13. Jahrhunderts (S. 30).

So oder so ähnlich wie dort beschrieben waren zisterziensische Wirtschaftsunternehmen. Sie nutzten die Naturkräfte wohldurchdacht. Es wurde für den Eigenbedarf produziert, arm an Abprodukten, die Belastung der Fließgewässer hielt sich in Grenzen, und die Selbstreinigungskräfte der Natur funktionierten offenbar noch. So gesehen ist es einleuchtend, weshalb sich Zisterzienser vor allem in »malerisch« gelegenen Landschaften niederließen. Sie brauchten Fließgewässer, Wälder, Täler, Hügel mit natürlichem Gefälle und fruchtbaren Boden, der in solchen Niederungen meist vorhanden war.

In diesem Rahmen schufen sie beispielsweise inmitten alter slawischer Siedlungsgebiete Kulturlandschaften, deren Nachhaltigkeit häufig bis in die Gegenwart nachzuvollziehen ist. Je weiter sich der Orden jedoch – zeitlich gesehen – von seinem Ursprung entfernte, desto wichtiger gerieten die materiellen und wirtschaftlichen Interessen in seinem Organismus, und je mehr man diesen Rechnung trug, um so mehr entfernte man sich von den ursprünglichen Wirtschaftsnormen und dem Ideal der Begründer des Ordens, welche die wirtschaftliche Seite der Reform der geistigen und asketischen vollständig untergeordnet hatten.

Auch in Brandenburg schufen die Zisterzienser Klosteranlagen, die sich im wesentlichen nach einem Idealplan richteten. Dieser Plan wurde der jeweiligen Landschaft angepaßt und vor Ort umgesetzt. Die Unterschiede zwischen den einzelnen Mönchsklöstern erscheinen gering. Nonnenklöster waren vermutlich ebenfalls nach einem solchen Idealplan ausgerichtet, doch vom Umfang her gewöhnlich kleiner. Das Nonnenkloster Boitzenburg in der Uckermark z.B. gilt als kleine Schwester des großen Mönchsklosters Chorin.

Die Klosteranlagen der Zisterzienser waren zweckmäßig in der Anordnung der Funktionsgebäude,

Rekonstruktionsversuch des Klosters Zinna um 1500

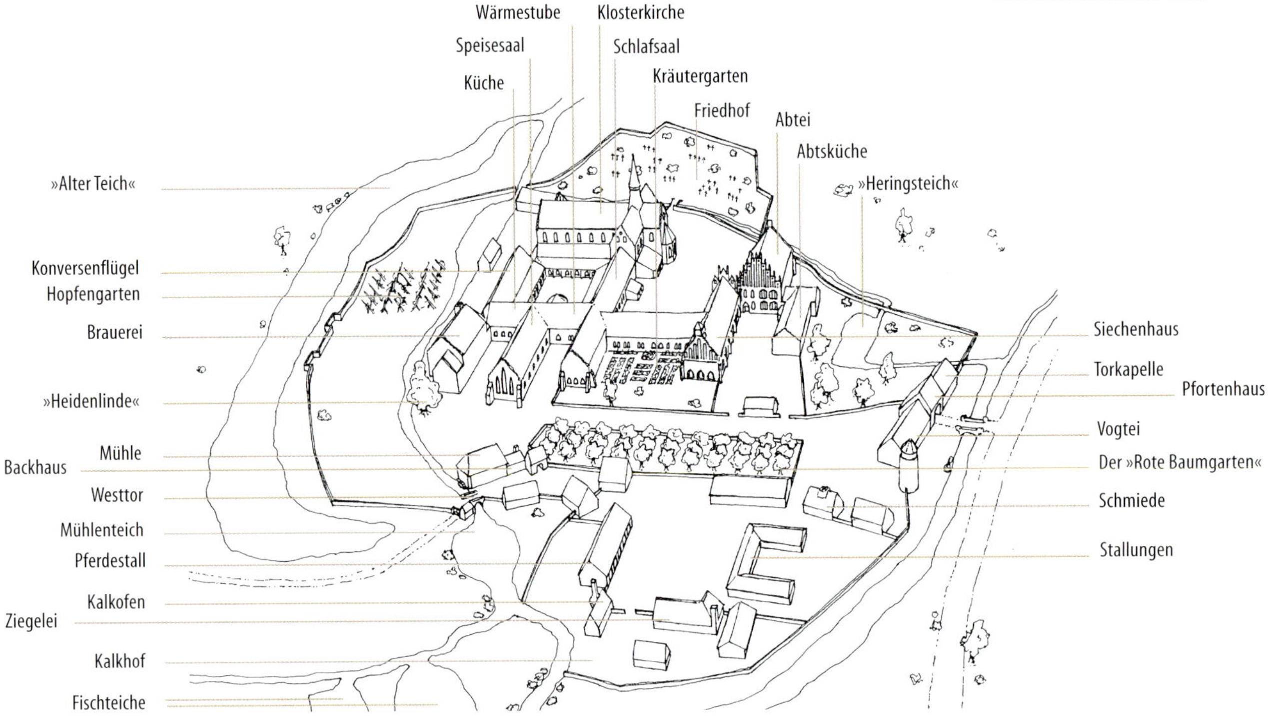


schlicht in der Bauausführung und von starkem ästhetischen Reiz sowie hervorragend eingepaßt in die Landschaft, wobei natürliche Ressourcen (Wasser, Geländerelief usw.) zweckmäßig genutzt wurden. Die Bauausführung spricht vom hohen handwerklichen Können der Zisterzienser, vom Geschick ihrer Handwerker, der Steinmetze, Architekten usw. Spuren von in Brandenburg offenbar vorhandenen Bauschulen sind nicht nur in Klosteranlagen zu entdecken, sondern auch in manchen Dorfkirchen, die in dieser Zeit entstanden.

Kornspeicher der Grangie Vaulerent des Klosters Chaalis (Île-de-France), 13. Jahrhundert

## Eigenwirtschaftskreisläufe

Häufig liest man von der Mustergültigkeit der Zisterzienserwirtschaften und rühmt sie als Wegbereiter einer im Einklang mit der Umwelt stehenden Produktion in Garten- und Weinbau, in der Zeidlerei, Fischwirtschaft, Schafhaltung und in vielen anderen Zweigen der Landwirtschaft. Tatsache ist, daß die

Zisterzienser sehr sorgfältig an die Auswahl ihrer Klosterstandorte herangingen und dementsprechende Produktionszweige einführten. Die von Fontane überlieferten Worte »Gebt den Mönchen ein ödes Moor oder einen wilden Wald; laßt ein paar Jahre vergehen, und ihr werdet nicht nur schöne Kirchen, sondern auch menschliche Siedlungen dort errichtet finden«, sind zwar treffend, bedürfen aber der Relativierung. Flur- und Straßennamen wie Weinbergweg, Klostersee, Klostermühle, Nonnenwiese, Hopfensteig usw. sprechen noch heute davon, daß in Brandenburg Zisterzienser Spuren bis in die Gegenwart hinterlassen haben. Doch es kam nicht selten vor, daß ein Klosterstandort zugunsten einer anderen, günstiger gelegenen Stelle aufgegeben wurde. Bekannt aus den Quellen sind u.a. Klosterverlegungen vom Pehlitzwerder nach Chorin und von Stegelitz nach Boitzenburg. Ganz so problemlos, wie Fontane es darstellt, verlief die Wirtschaftstätigkeit der Zisterzienser sicher nicht.

Innerhalb zisterziensischer Klostermauern befanden sich alle Arten von Werkstätten (officinae), um die nötigen handwerklichen Tätigkeiten ausüben zu können. Vor allem die Versorgung der Gemeinschaft mit Nahrung und Bekleidung mußte sichergestellt sein. In der Kornmühle, dem Backhaus und der Brauerei wurden die auf den Ländereien gewonnenen Produkte verarbeitet. Kleidung und Schuhwerk konnten aus der Wolle der eigenen Schafe und aus den Häuten des Nutzviehs im Kloster hergestellt werden. Lederverarbeitung in Zisterzen ist vielfach belegt.

Reste der Klostermühle in Chorin

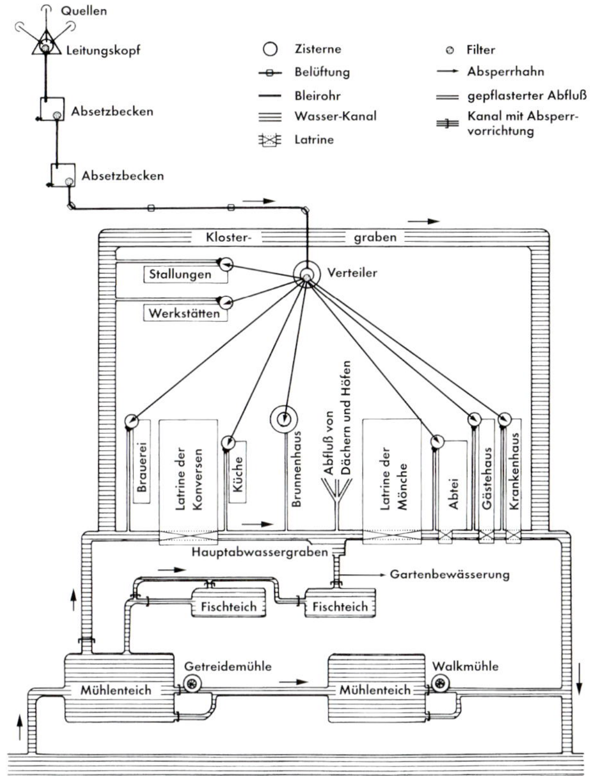


Schema: Wasserversorgung in einem Kloster

Die Kunst des Wasserbaus, der Einrichtung von Stauwehren und der Anlage von Abzugsgräben stand auf hoher Stufe. Der Wasserlauf diente zur Trinkwasserversorgung, zur Abwasserbeseitigung, zur Bewässerung der Gärten, zur Speisung der Fischteiche und zum Betrieb der Mühlen.

Die Klöster bauten eine Reihe von durch Konversen bewirtschafteten Zweigbetrieben, die Grangien, auf. Die Grangien Kloster Zinnas beispielsweise lagen im Jüterboger Besitz in Kaltenhausen (300 Meter vom Kloster entfernt) und Neuhof (3 Kilometer nordöstlich). In Dobbrikow unterhielt das Kloster eine Fischzucht. Auf dem Barnim gab es die Grangie Kagel und die Schäferei in Rüdersdorf.

Der Handel mit überschüssigen Erträgen erfolgte über Stadthöfe. Um erneut das Zinnaer Beispiel zu bemühen: Dieses Kloster unterhielt Stadthöfe bzw. -häuser in Jüterbog, Treuenbrietzen, Berlin und Wittenberg.

## Besiedelung zur Festigung der Territorialmacht

Zisterzienserklöster waren gern benutzte Stützpunkte für Neubesiedelungen. Bezeichnenderweise befanden sich die Klöster oft in Grenznähe bzw. an territorial wichtigen Punkten wie Heer- und Handelsstraßen, Flußübergängen, Salzquellen, Rohstoffvorkommen oder in der Nähe von Hansestädten.

Während Mönchsklöster wohl vorrangig als wirtschaftliche Keimzellen bei der Besiedlungspolitik fungierten, hatten die zum Abschluß eines kolonisierten Landesteiles (als Grenzbefriedung) gestifteten Nonnenklöster meist soziale Aufgaben, darunter die Aufnahme lediger Töchter des Territorialadels, ferner Altenpflege, Krankenpflege, Erziehung von Kindern, Herberge und Handel.

Die Wirtschaft der Zisterzienser in Brandenburg war von einem planvollen Vorgehen bei den klösterlichen Bodenerwerbungen seitens der Erzbischöfe bzw. der weltlichen Territorialmacht geprägt. So ist zu vermuten, daß der Zinnaer Klosterbesitz sich deshalb in den Barnim ausdehnte, weil man Zugang zu den Rüdersdorfer Kalkvorkommen erhalten wollte, denn Kalk war damals eine strategisch ebenso wichtige Ware wie Salz.

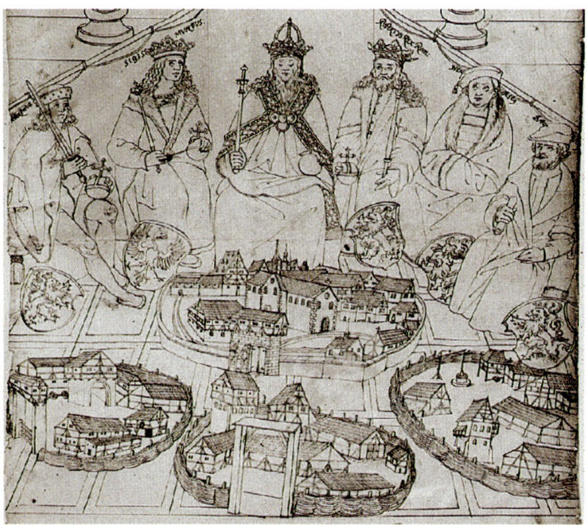

Die weltlichen Schutzherren über dem Kloster Schönau mit drei Grangien, letztere mit verschiedenen Wirtschaftsgebäuden und umgeben von Weidezäunen

Der Jüterboger Stadthof des Abtes von Zinna

Im 13. Jahrhundert gab in den von Zisterziensern in Besitz genommenen Gebieten Brandenburgs mitunter recht große, in der Gestalt ähnliche Anger- und Straßendörfer oder Orte mit Stadtrecht. Im Zuge der zweiten bedeutenden Kolonisation Brandenburgs im 18. Jahrhundert wurden diese Siedlungsstrukturen fast immer überformt und sind daher heute kaum noch nachweisbar. Für den zisterziensischen Einfluß auf die mittelalterliche Neubesiedelung gibt es dennoch manches Indiz, so etwa die Ähnlichkeit von Dorfnamen. Ihlow gibt es im Zinnaer Kernbesitz ebenso wie auf dem Barnim, und auffällig ist auch die Häufung solcher Ortsbezeichnungen wie Grüna, Seehausen, Kaltenhausen, Neuhof oder im Bereich des Kloster Chorin gelegenen Altena. Bei der Verlegung des Klosters Mariensee nach Chorin wurde letzterem u.a. das slawische Dorf Ragösen übereignet. Dort siedelten die Mönche die Bewohner zwangsweise aus und etablierten eine klösterliche Eigenwirtschaft: die Grangie mit dem späteren Namen Altena. Diese Gepflogenheit, rationelle Großlandwirtschaften in Form von Grangien zu errichten, hatten die Ziesterzienser schon auf Altsiedelland erprobt. Beim wüsten Altena von Rüdersdorf mag es ähnlich gewesen sein.

# Kunst und Architektur der Zisterzienser

*Oliver H. Schmidt*

Gründung des Klosters St. Leonhard in Tamsweg bei Salzburg, Umzeichnung eines Tafelbildes von 1452/61

Steinmetzzeichen

Klöster waren im Mittelalter Stätten der Wissenschaft und Kultur, und die Kunst spielte hier eine bedeutende Rolle. Am wichtigsten war aus naheliegenden Gründen zunächst die Baukunst. Sie sollte die drei Hauptzüge des Ordensideals widerspiegeln: die Weltflucht, ein neues Ordnungsstreben, den Armutsgedanken.

Auch dem unbefangenen Betrachter fällt bis heute die schlichte Einfachheit der Mehrzahl zisterziensischer Bauten auf. Die wenigen architektonischen Gliederungselemente sind stets klar und streng. Doch lehrt bereits die Betrachtung einer landschaftlich so eng verbundenen Gruppe von Bauwerken, wie es die brandenburgischen Zisterzienserklöster sind, daß keine Kirche, keine Klausur, kein Kloster aussieht wie das andere.

Einige grundlegende Regeln gelten jedoch innerhalb des gesamten Ordens:

- Der Einfachheit und dem Verzicht auf Schmuck im allgemeinen steht die schmuckfreudige Behandlung von einzelnen Baudetails gegenüber.
- Den Ordensbauten gemein ist ein Stil- und Formenkanon, der sich aus Burgund, dem Ursprungsland des Ordens, herleitet. Die weit über Europa verstreuten Klöster sind jedoch immer auch mehr oder minder stark durch den Stil der jeweiligen Landschaft, in der sie entstanden, geprägt. Für Nordostdeutschland typisch ist der Gebrauch des Materials Backstein.
- Entscheidend für die bauliche Gestaltung der Klosteranlagen ist darüber hinaus der Einfluß, den die örtlichen Stifter oder Gönner des Klosters genommen haben.

Bei der Betrachtung der Lage der Klöster ist zunächst zwischen Männer- und Frauenzisterzen zu unterscheiden. Für Männerklöster gilt der Grundsatz, daß sie meist in abseitigen Tallagen an einem Wasserlauf, stets aber außerhalb von Ortschaften gegründet wurden, während für Frauenklöster auch die Gründung innerhalb einer Stadt wie Mühlberg oder Ziesar üblich war.

Der gesamte Klosterbereich ist von einer Mauer umgeben, die neben dem Klausurbereich üblicherweise auch eine Vielzahl an Wirtschaftsgebäuden einfaßt. Eine Ausnahme stellt Kloster Zinna dar, dessen Gutshof Kaltenhausen etwa 300 m von der eigentlichen Klosterstelle entfernt außerhalb der Mauer lag.

Die Kirche von Pontigny ist die einzige noch erhaltene einer Primarabtei

Kloster Altenberg im Flußtal der Dhünn: eine von Zisterziensern bevorzugte Lage

Der große Zulauf ließ die Zisterzen zu kleinen ummauerten Städten anwachsen: Kloster Maulbronn in Baden-Württemberg ist ein guterhaltenes Beispiel (Luftbild A. Brugger, Stuttgart)

Auch hier befanden sich aber sämtliche anderen Wirtschaftsgebäude innerhalb des Mauerrings.

Die Gebäude des engeren Klausurbereichs sind nach einem oft als »Bernhardinischen Idealplan« bezeichneten Muster um den Kreuzgang gruppiert. Ihre Anordnung ergibt sich aus den klösterlichen Bedürfnissen, jedoch wird die Ausführung den Gegebenheiten des Standorts angepaßt und das Leitbild bei jeder Anlage variiert.

Die Kirche steht gewöhnlich auf einem leicht erhöhten Punkt. Der Grundriß wird durch ihre Zweckbestimmung als reine Klosterkirche beeinflußt. In den Männerklöstern gab es keinen Platz für Pilger oder eine Pfarrgemeinde, auch finden sich keine Umgänge für Prozessionen, dafür aber genügend Altäre für die Mönche. Es gibt Platz für die Chorgestühle der Mönche und der Konversen. Das Langhaus ist durch einen Lettner, eine Trennwand, derart geteilt, daß Mönche und Laienbrüder einander hören, nicht aber sehen konnten. Der Chorraum hat in der Regel nur eine geringe Tiefe und ist gegenüber dem Langhaus nur unwesentlich erhöht.

Die Kirche wirkt von außen oft als geschlossene Baumasse. Dieser Eindruck wird durch die Turmlosigkeit noch verstärkt. Steinerne Glockentürme waren nach den Vorschriften von Anfang an verboten, erlaubt wurden lediglich – meist hölzerne – Dachreiter mit kleinen Glocken. Das heutige Gesicht der Brandenburger Zisterzienserkirchen wird von Dachreitern geprägt, die in der Mehrzahl um die Wende des 19./20. Jahrhunderts entstanden und zumeist überdimensioniert sind.

Die Westfassade der Zisterzienserkirchen hat aufgrund des Umstandes, daß sie nicht die Haupteingangsseite darstellt, keine so wesentliche Bedeutung wie bei Pilgerkirchen oder Domen. Da die Fassade turmlos ist und das Portal meist ohne Schmuck bleibt, wird sie häufig durch eine Fenstergruppe gegliedert.

Die Westfassade von Chorin ist nach diesen Regeln errichtet, und doch erreicht sie ein Höchstmaß an Repräsentativität durch eine virtuose Kombination aller regelgerechten Möglichkeiten.

Am Stütz- oder Gewölbesystem der Zisterzienserbauten findet sich ein Bauelement, das immer wieder als typisch zisterziensisch bezeichnet worden ist, die sogenannte Abkragung. Mauervorlagen, die das Gewölbe nach unten ableiten, werden nicht bis auf den Boden geführt, sondern weit oberhalb durch eine Konsole abgefangen oder in die Wand zurückgeführt. Sie finden sich meist im Mittelschiff der Kirchen und bewirken einen besonders flächigen Raumeindruck. Eine Begründung für die Funktion der Abkragung ist nur schwer zu finden.

Normalplan eines Zisterzienserklosters (nach Jürgen Eberle):

1–7 Kirche: 1 = Presbyterium, 2 = Friedhofspforte, 3 = Religiosenchor, 4 = Krankenchöre, 5 = Lettner, 6 = Laienchor, 7 = Vorhalle (Paradies), 8+14 = Aufgang zum Dormitorium der Mönche (über 9, 10, 13–16), 9 = Sakristei, 10 = Armarium, 11 = Mönchspforte, 12 = Lesesitze im Kreuzgang, 13 = Kapitelsaal, 15 = Sprechraum (Parlatorium), 16 = Auditorium, 17 = Mönchslatrinen, 18 = Calefaktorium, 19 = Brunnenhaus, 20 = Mönchsrefektorium, 21 = Lesekanzel, 22 = Küche, 23 = Durchreichen, 24 = Sprechraum der Konversen, 25 = Konversenrefektorium, 26 = Konversenlatrinen, 27 = Durchgang mit Treppe zum Konversendormitorium (über 25, 27, 28), 28 = Vorratskeller, 29 = Konversengasse, 30 = Konversenpforte

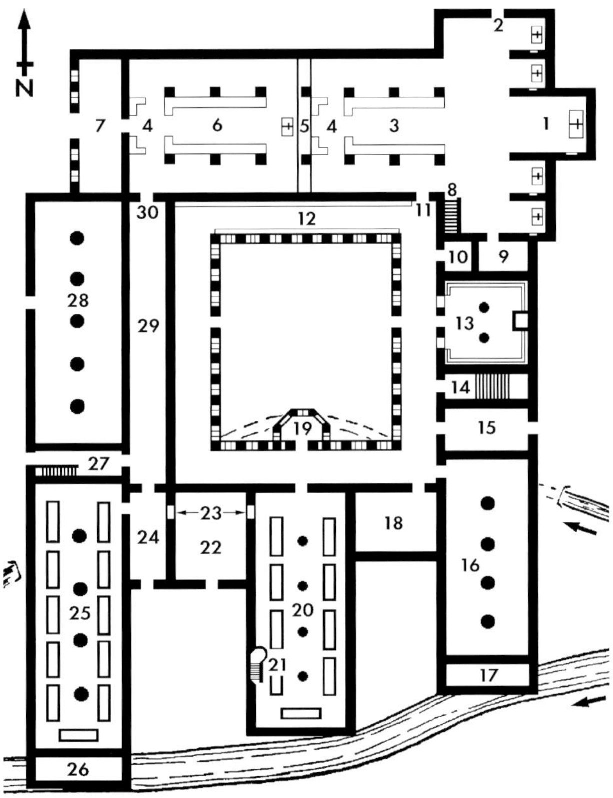

San Galgano (Italien): Abkragung (links), Blattkapitell (rechts)

Im Vergleich zur Architektur der älteren Orden, der Fürsten und Bischöfe zeichnen sich Zisterzienserbauten durch Strenge, möglichst hohe Funktionalität und Zweckmäßigkeit bei gleichzeitiger technischer Meisterschaft aus. Auf Ausschmückung, insbesondere bildlicher Art, wurde weitgehend verzichtet, um nicht von Gebet und innerer Ruhe abzulenken. Die wenigen architektonischen Gliederungselemente sind in ihrer

Kloster Chorin, Westfassade der Kirche

Die Ostansicht der Klosterkirche von Fontenay zeigt bis heute die schlichte Schönheit zisterziensischer Bauten aus der Frühzeit des Ordens

Formensprache dem zisterziensischen Demutsethos verpflichtet und stets klar und einfach. Bereits Bernhard von Clairvaux hatte erzählende Darstellungen und Fabelwesen auf den Kapitellen verurteilt. Bevorzugt werden Blattkapitelle und vereinfachte, später sehr naturähnliche Pflanzenkapitelle.

Die strenge zisterziensische Regelauslegung in Verbindung mit dem auf den Seiten 22–26 geschilderten Tagesablauf beförderten die Entstehung der charakteristischen Baugestalt eines Zisterzienserklosters. So sind die Gebäude des unmittelbaren Lebensbereichs der Gemeinschaft (Klausur) nach einem idealen Muster um den Kreuzgang gruppiert. Auch der Informationsaustausch innerhalb des Ordens infolge des Filiationsprinzips und des jährlichen Generalkapitels trug zur relativ großen Einheitlichkeit der baulichen Anlagen bei. Für die Ordensarchitektur bildeten sich gewisse Grundsätze heraus, ohne daß es konkrete Anleitungen oder gar verbindliche Baugesetze gegeben hätte. Die Vorschriften der Generalkapitel betrafen vor allem Beschränkungen beim Aufwand der Dekoration sowie das Turmbauverbot. Schließlich ist zu bedenken, daß der Baubetrieb sich großenteils auf Kräfte aus dem eigenen Orden, zumeist Konversen, stützte, wobei sich teilweise zisterziensische Bauhütten bildeten.

Der Kreuzgang von Fontenay

In den Frauenkirchen saßen die Nonnen auf einer Empore. Hier galt, insbesondere in Städten, der Ausschluß einer Gemeinde nicht immer, für die dann das Erdgeschoß vorbehalten war. Hier folgten auch die männlichen Konversen und das Klostergesinde dem Gottesdienst. Da Nonnen eine Neugründung erst beziehen konnten, wenn alle Konventsgebäude fertiggestellt waren, mußte die Ausführung Nicht-Zisterziensern überlassen werden. Aus diesem Grund finden sich in Frauenklöstern häufiger nichtordensspezifische Architekturformen.

Der Kreuzgang ist oft als Herz einer Abtei bezeichnet worden. Er umschließt einen viereckigen Hof, dem er sich in – häufig verglasten – Arkaden öffnet, und verbindet alle Räume des Erdgeschosses. Die Kreuzgänge unterscheiden sich weniger als die Kirchen von der zeitgenössischen Architektur und sind in der Regel reicher gegliedert. Da in den Klöstern der Anfangszeit kein gesonderter Raum für Lektüre vorgesehen war, wurde der an die Kirche angelehnte Kreuzgangflügel für diesen Zweck benutzt.

Der Kapitelsaal ist nach der Kirche der wichtigste Raum. Er ist gewöhnlich reicher geschmückt und aus wertvollerem Baumaterial errichtet als die übrigen Klosterräume. Mit dem Kreuzgang ist er mittels eines Durchgangs und zweier Fenster verbunden, die offen

Konversen beim Klosterbau: »Die Laienbrüder, von Frömmigkeit getrieben, erbauen das Kloster Schönau«

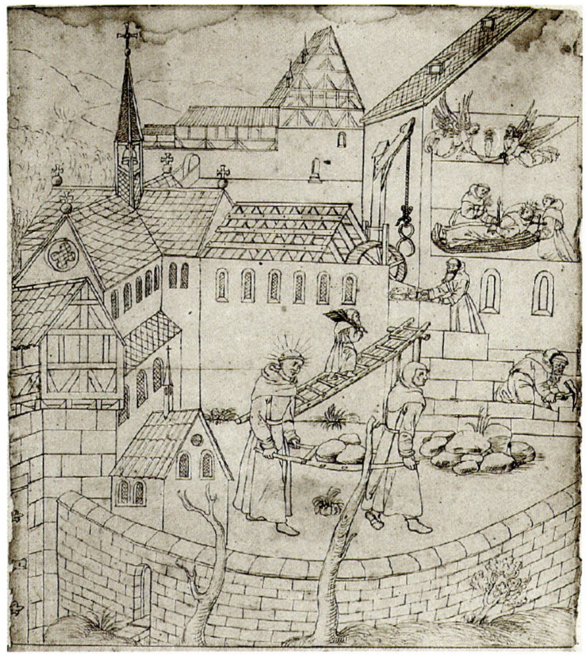

Die heilige Hildegund als Novizin beim Bau des Dormitoriums von Kloster Schönau

blieben, damit man vom Gang aus mithören konnte. Um den Raum verlaufen Sitzstufen. Häufig sind Gräber von Stiftern oder Äbten in den Fußboden eingelassen. Hier fand die täglichen Lesung eines Kapitels aus der Regel statt (daher der Name) und wurden alle die Ordensgemeinschaft betreffenden Dinge besprochen.

Die Dormitorien – die gemeinsamen Schlafsäle – nehmen neben der Kirche die größte Fläche ein. In ihrer Länge ragen sie meist aus dem Kreuzgang heraus und befinden sich im Obergeschoß. Das Dormitorium der Mönche hat je einen Treppenaufgang vom Kreuzgang und aus einem Querschiffarm der Kirche heraus. Die Wände werden durch eine dichte Reihe von

Mönchsdormitorium von Le Thoronet. Jedem Schlafplatz ist ein Fenster zugeordnet.

Lesung im Kapitelsaal

Marienaltar (Werktagsseite) der Wallfahrtskapelle auf dem Hohen Golm, heute in Stülpe

Fenstern gegliedert, die jeweils einer Schlafstelle zugeordnet sind. In Frauenklöstern gibt es statt der Schlafsäle Zellentrakte.

Das Refektorium – der Speisesaal der Mönche – liegt meist im Winkel von 90 Grad zum Kreuzgang. Anders als beim Kapitelsaal befinden sich darüber keine Räume, so daß keine Beschränkung in der Höhe notwendig ist. Oft ist es auch entsprechend reich durch Säulenreihen und Gewölbe gegliedert. Die Lesekanzel bildet einen wichtigen Bestandteil. Dagegen liegt das Refektorium der Konversen unter dem Schlafsaal und ist deshalb niedriger und einfacher gegliedert. Gegenüber dem Mönchsrefektorium tritt das Brunnenhaus – mit übereinandergeordneten Brunnenschalen – in den Hof des Kreuzganges hinein. Häufig ist es ein mehreckiger Zentralbau.

Keines der brandenburgischen Mönchsklöster ist vollständig erhalten. Den eindrucksvollsten Anblick einer Gesamtanlage bietet zweifellos Chorin, doch haben sich verschiedene Details in Lehnin, Zinna, Dobrilugk oder Himmelpfort anders oder besser erhalten, so daß erst ein Besuch aller Orte ein rundes Bild ergibt. Eine Ausnahme bildet Kloster Neuzelle, in dem durch die erst spät erfolgte Auflösung zwar größere Teile der Anlage erhalten blieben, jedoch die mittelalterlichen Details überwiegend barock überformt worden sind.

Eines der brandenburgischen Frauenklöster hat sein architektonisches Gesicht dagegen recht gut bewahrt: In Heiligengrabe besteht bis heute die Möglichkeit, eine baugeschichtliche Reise in das Mittelalter zu erleben.

Entsprechend der Bedeutung der Architektur wurden auch die architekturbezogenen Künste in den Klöstern besonders gefördert: Glas- und Wandmalerei sowie figürliche oder pflanzliche Bauplastik und Skulptur. Die brandenburgischen Klöster bieten hier reiche Beispiele zumeist aus der spätgotischen Zeit, als die Klöster die engen Beschränkungen der Generalkapitelbeschlüsse allgemein mißachteten.

Einen besonderen Platz im Kunstschaffen der Klöster nahmen die Buchmalerei, die Kalligraphie und später der Buchdruck ein. Da mehrfarbige figürliche Darstellungen eigentlich untersagt waren, wurde in den Zisterzen zunächst die Kunst der Zierbuchstaben besonders gefördert. Doch insbesondere die in Frankreich erhaltenen Handschriften weisen auch einen reichen Figurenschmuck auf.

# Die deutsche Ostbewegung

*Stephan Warnatsch*

Ermordung des ersten Lehniner Abtes Sibold durch Nahmitzer Slawen im Jahr 1185, Tafelbild (Detail) in der Klosterkirche Lehnin, 1. Viertel des 16. Jahrhunderts

Die Entstehung der Mark Brandenburg im allgemeinen und die Rolle der Zisterzienser in diesem Siedlungsraum im besonderen stehen im unmittelbaren Kontext der deutschen Ostbewegung des Hochmittelalters. Sie war Anlaß und Rahmen der Herrschaftsbildung jenseits der Elbe.

Seit dem großen Slawenaufstand von 983 bis ins 12. Jahrhundert bildeten Elbe und Saale die mehr oder minder endgültige Ostgrenze des deutschen Reiches: Die 948 gegründeten Missionsbistümer Havelberg und Brandenburg waren zerstört und außer den Marken Meißen und Lausitz nahezu alle ostelbischen Gebiete wieder verloren worden.

Für die dann im 12. Jahrhundert einsetzende Ostsiedlungswelle waren neben politischen und militärischen Entwicklungen auch die technischen Neuerungen der vorangegangenen Jahrhunderte von ausschlaggebender Bedeutung. Die sich seit ungefähr 750 allmählich in Mitteleuropa ausbreitende Dreifelderwirtschaft, die Ablösung des Ochsen als Zugtier durch das Pferd, die Verbesserung von Pflug und Egge, die Einführung der Sense in ihrer heutigen Form, die Verbreitung des Dreschflegels und die Wassermühle als Verarbeitungsstätte des Getreides ermöglichten eine wesentlich ökonomischere Nutzung des Ackerlandes und der Agrarprodukte, wodurch die Erträge und damit die Nahrungsmittelproduktion erheblich stiegen. Dies trug wiederum zu einem deutlichen Bevölkerungswachstum bei, das seinerseits die personelle Grundlage der bald einsetzenden Ostbewegung schuf. Mit der Zahl der Menschen wuchsen auch Dörfer und Städte. An die Stelle der alten Kleindörfer traten vermehrt die größeren Haufendörfer, und auch die Größe und Zahl der Städte nahm dank ihrer Bedeutung als Märkte des sich ausweitenden Lebensmittelhandels ständig zu. Die Agrargesellschaft urbanisierte. Das hieß aber auch, daß nun prozentual immer weniger Menschen in der Nahrungsmittelproduktion auf dem Lande für den Bedarf von immer mehr Menschen in der Stadt zu sorgen hatten. Dies war zwar dank der durch die technischen Neuerungen gestiegenen Effektivität prinzipiell möglich geworden, doch war das Versorgungs-

Besitzungen der Zisterzienserklöster im Gebiet des heutigen Landes Brandenburg um 1540 (ohne Berücksichtigung der Besitzungen außerhalb des heutigen Landes Brandenburg)

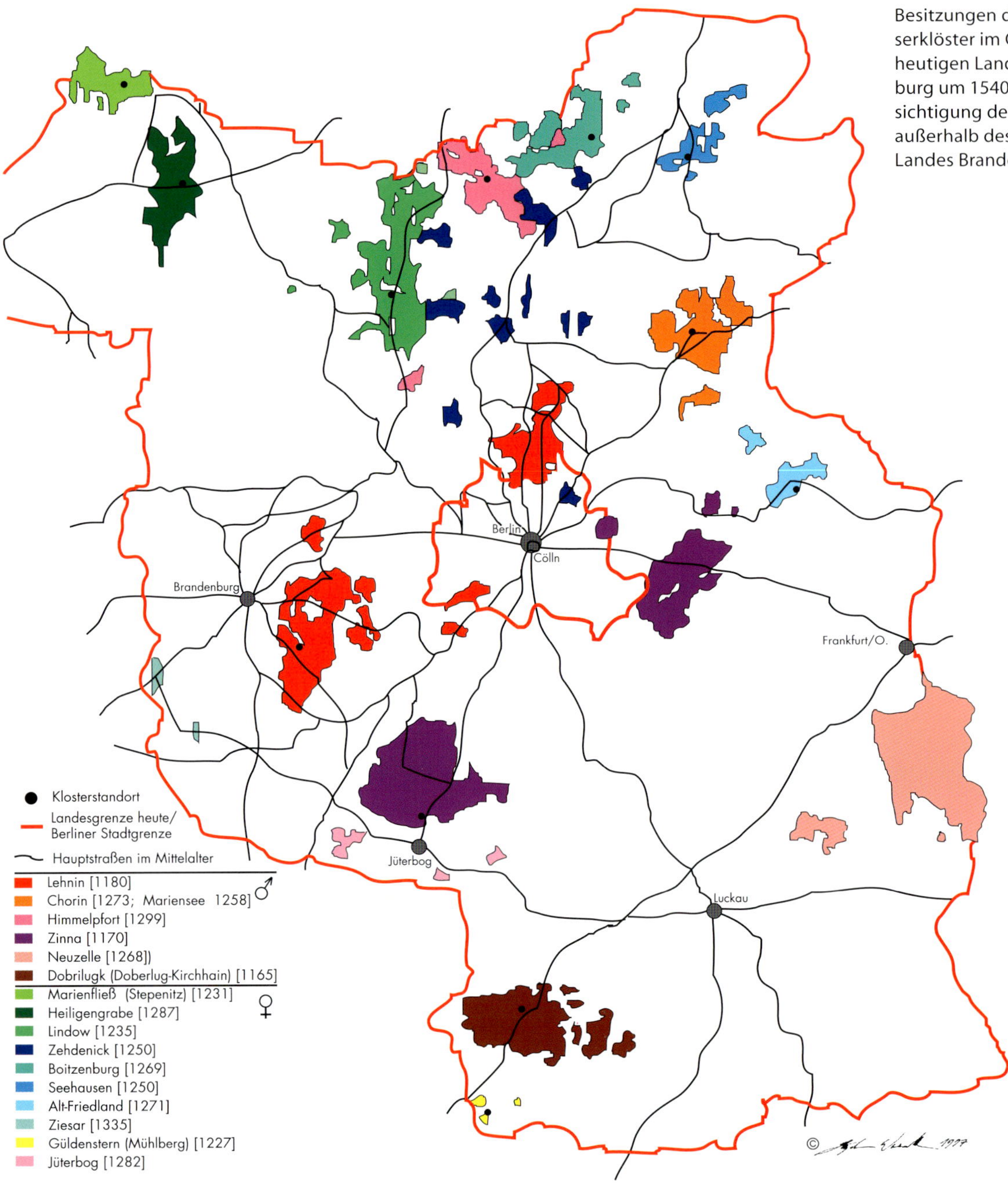


system noch keineswegs stabil. Der Agrarsektor blieb anfällig für Natureinflüsse (Mißernten); immer wieder gab es Engpässe und Krisen und in deren Folge auch Preisanstiege zu verzeichnen. Dessen ungeachtet nahm die Bevölkerungsstärke weiter zu.

Dieses Wachstum führte im Verbund mit der sich wandelnden Wirtschafts- und Gesellschaftsstruktur zu neuen sozialen Problemen. Das für Zuteilungen zur Verfügung stehende Land wurde immer kleiner. Der deshalb wachsende Wert von Grund und Boden und der sich in der Wirtschaft des 12. Jahrhunderts stark vermehrende Geldumlauf verzerrten nun aber auch das Verhältnis von Bodenpreis und Pachtzins, so daß die Einnahmen der Grundherren sanken. Diese versuchten, sich mit einer Veränderung der Gutsformen zu helfen. Viele orientierten sich am Beispiel des vornehmlich von den Zisterziensern praktizierten »Bauernlegens«, mit dem sie ganze Dörfer auflösten, um auf ihrem Boden Grangien anzulegen. Die Umwandlung vieler Kleinhöfe in einige wenige Meierhöfe führte unter anderem zur Freisetzung einer steigenden Zahl besitzloser Freier und Leibeigener.

Auch innerhalb der Familien selbst gab es eine Art von Elendsgefälle. So sah sich die gemäß dem allgemeinen Bevölkerungswachstum prozentual steigende Zahl nachgeborener Söhne, die ohne Aussicht auf ein Erbe waren, einem fortschreitenden sozialen Abstieg ausgesetzt. Verschärft wurde die soziale Krise darüber hinaus durch zunehmende Übergriffe der Herren auf Recht und Besitz ihrer Hintersassen.

Aus allen diesen Gründen entstand ein erhebliches Potential an Siedlern, die in den Ländern des Ostens, die außerdem als besonders fruchtbar galten, die Hoffnung auf eine bessere Zukunft erblickten. Tatsächlich bestand in diesen Regionen eine steigende Nachfrage nach fähigen Kolonisten: Deutsche Fürsten wie die Askanier oder Wettiner, die in ihrem militärisch-politischen Ausgreifen nach Osten neue Gebiete gewannen, die zumeist dünn besiedelt und agrarisch unterentwickelt waren, bedurften entschlossener Siedler, die ihre Arbeitskraft und ihr technisches Wissen zum wirtschaftlichen Aufbau dieser Landstriche einzusetzen bereit waren. Aber auch slawische Territorialherren in Pommern, Polen, Schlesien, Böhmen, Mähren und Mecklenburg sowie einheimischer Adel und hoher Klerus riefen deutsche und flämische Siedler ins Land, die in den ihnen gewährten Vergünstigungen besitzrechtlicher und sozialer Art einen genügenden Anreiz fanden, das Wagnis eines ungewissen Neuanfangs auf sich zu nehmen. Die Landesherren hofften, dem Land auf diese Weise höhere Gewinne abringen und auch in den Gebieten östlich der Elbe an den wirtschaftlichen Standard der westlichen Länder anschließen zu können.

Tatsächlich aber erschöpfte sich die Ostbewegung nicht in den Siedlungszügen vornehmlich deutscher Kolonisten. Vielmehr schlug sie sich teilweise auch in der Übernahme technischer Innovationen oder der deutschen Rechtsprinzipien nieder. Das Magdeburger Stadtrecht etwa fand bis fast zum Ural Verbreitung.

Diese Entwicklung wurde auch seitens des Reiches unterstützt. Kaiser Lothar III. von Sachsen-Supplinburg war es, der der deutschen Ostbewegung neue Impulse verlieh. Als Nachfolger der sächsischen Billunger verfügte er aufgrund der Lage seines Herzogtums und Hausgutes über eine größere geistige Nähe zu diesem Komplex, als dies für die meisten seiner Vorgänger und Nachfolger galt. Missionarischer Drang und machtpolitischer Eifer veranlaßten ihn, neuerlich die Expansion nach Osten zu suchen und sich dabei vornehmlich der Territorialherren als Träger seiner Ostpolitik zu bedienen. Er belehnte zwei zuverlässige Vasallen: Albrecht den Bären und Konrad von Wettin, mit den beiden wichtigsten Marken, die die Linie der mittleren Elbe sicherten. Der Wettiner Konrad, der seit 1123 Markgraf von Meißen war, gewann 1137 die Niederlausitz hinzu, und der Askanier Albrecht erhielt 1134 die Nordmark. Diese und andere Familien – wie etwa die Schauenburger, die seit 1110 in der Grafschaft Holstein im Herzogtum Sachsen die Grenze zu den Obodriten sicherten – verdankten ihren Aufstieg der Ostorientierung Lothars, die sie auch nach seinem Tode 1138 beibehielten und ausbauten. Dabei nutzten sie späterhin auch die staufisch-welfischen Konflikte, die die ganze Aufmerksamkeit der deutschen Könige in Anspruch nahmen, zur Festigung und Stärkung ihrer Herrschaften gegenüber der Reichsebene.

Als Siedler für ihre bald neugewonnenen Gebiete holten sie Sachsen, Friesen, Flamen sowie Kolonisten vom Niederrhein ins Land. Mit dem Wendenkreuzzug von 1147 begann die eigentliche militärische Okkupation der slawischen Gebiete: 1147 zwang Heinrich der Löwe den Obodritenfürsten Niklot zur Christianisierung und Tributzahlung, und Albrecht der Bär und Konrad von Wettin zogen mit mäßigem Erfolg gegen Herzog Ratibor von Pommern und Stettin zu Felde. 1160 besiegte Heinrich der Löwe die Obodriten aber-

Museumsdorf einer slawischen Siedlung (Groß Raden, Mecklenburg-Vorpommern)

mals, verlegte das Bistum Mecklenburg nach Schwerin, dem er Stadtrecht verlieh, und unterwarf 1167 endgültig den Obodritenfürsten Pribislaw und die Herzöge von Pommern, die er lehnsabhängig machte. Nach Konflikten mit dem Kaiser zwischen 1178 und 1180 verlor er freilich diese Ostgebiete wieder in einem land- und lehnrechtlichen Prozeß gegen die sächsischen Adligen, und auch seine Stammlande wurden ihm entzogen.

In den Kontext dieses Konflikts fallen übrigens auch die Verwüstungen mehrere Zisterzienserklöster im Jahr 1179 – zum Beispiel in Doberan und Zinna – durch vermutlich von Heinrich aufgewiegelte Slawen.

Nach dem Reichskrieg 1180/81 unterwarf sich Heinrich dem Kaiser Friedrich Barbarossa und wurde verbannt. Mecklenburg und Pommern wurden daraufhin reichsunmittelbar.

Von besonderer Bedeutung für die deutsche Ostbewegung war neben den Aktivitäten weltlicher und geistlicher Fürsten – man denke etwa an Wichmann von Magdeburg – das Wirken mehrerer Orden, darunter besonders das der Zisterzienser.

Doch auch die Ritterorden zum Beispiel hatten in einigen Gebieten, wo sie von den slawischen Fürsten angesetzt wurden, erheblichen Anteil an der deutschen Ostbewegung. In Pommern etwa förderte Herzog Barnim I. (1220–78) bald mit Unterstützung des Templerordens deutsche Siedlung und Städtegründungen. 1226 rief Konrad von Masowien den Deutschen Ritterorden nach Preußen, das bis 1283 unterworfen wurde und dann der bäuerlichen Landnahme offenstand. In Schlesien war es Herzog Heinrich I. (1201–38), der deutsche Einwanderer ins Land zog. Hier waren aber auch bereits seit 1175 deutsche Zisterzienser in Leubus an der Oder ansässig. Und auf Ruf des Königs von Ungarn kamen noch im 12. Jahrhundert deutsche Kolonisten von der Mosel nach Siebenbürgen.

Seit Ausgang der Stauferzeit (1254) ging dann die Expansionsbewegung nach Osten deutlich zurück, und in der Mitte des 14. Jahrhunderts kam sie allmählich zum Erliegen. Ein Grund dafür war, daß nicht mehr genügend Menschen für sie zur Verfügung standen. Hinzu kam, daß ein beträchtlicher Teil der ländlichen Bevölkerung in die Städte abzuwandern begann, infolgedessen viele Gründungen der Ostbewegungsperiode als Wüst wieder aufgegeben wurden.

Die deutsche Ostbewegung des Hochmittelalters schlug sich – auch da, wo sie als gewaltsame Okkupation slawischer Gebiete in Erscheinung trat – im wesentlichen als eine kulturelle Durchdringung des neuen Landes nieder. Die wendische Bevölkerung wurde – so hatte es schon Bernhard von Clairvaux anläßlich des Wendenkreuzzuges empfohlen – nicht im eigentlichen Sinne unterdrückt oder gar ausgerottet, vielmehr bildeten Deutsche und Slawen meist Wirtschafts- und Wohngemeinschaften, in denen allerdings die deutschen Siedler manchen sozialen und rechtlichen Vorteil hatten und die Slawen in ihren Kiezen ethnisch oft aussonderten. In den derart »erschlossenen« Gebieten zwischen Elbe, Saale und Oder stiegen Bevölkerungszahl und Nahrungsmittelproduktion stetig an.

Der Osthandel ging aus bisher slawisch-skandinavischen Händen (Haithabu) auf deutsche Gruppen über (1158 zweite Gründung Lübecks; Hanse). Vor allem aber die Einführung westlicher Wirtschafts-, Verfassungs- und Rechtsformen wie Stadtrecht und Burgfreiheit zeitigten im Osten langfristige Folgen. Und für die deutsche Geschichte war vor allem die Ausdehnung des Reichsgebietes bis an die Oder und ins Baltikum und damit verbunden die Schaffung neuer deutscher Siedlungsgebiete das bedeutendste Ergebnis dieser Expansionsphase.

# Geschichte der Mark Brandenburg bis zur Reformation

*Stephan Warnatsch*

Markgraf Otto IV. von Brandenburg (ca. 1238–1308), Miniatur aus der Manessischen Liederhandschrift, 1. Hälfte des 14. Jahrhunderts

Die Mark Brandenburg als deutsches Siedlungsgebiet zwischen dem sächsischen Altsiedelland des Reiches und Polen ist überwiegend ein Ergebnis der deutschen Ostbewegung des Hochmittelalters. Seine weiteste Ausdehnung erreichte es bis ungefähr 1319, vornehmlich dank der geschickten und expansiven Politik der askanischen Markgrafen, die aus ihren zahlreichen Grenzkriegen meist erfolgreich hervorgingen.

1134 hatte Graf Albrecht von Ballenstedt, bald »der Bär« genannt, von Kaiser Lothar III. die Grenzgrafschaft der ostsächsischen Nordmark als Reichslehen erhalten. Sie war durch das Aussterben der Markgrafen aus dem Hause Stade freigeworden. Von diesem Territorium aus, der späteren »Altmark«, schoben die Askanier in der Folgezeit ihre Herrschaft teils mittels geschickter Vertragspolitik, teils mittels rücksichtsloser Gewalt nach Osten vor. Dabei standen sie von Beginn an in ständigem Konkurrenzkampf mit anderen deutschen Reichsfürsten, die ihrerseits in die slawischen Siedlungsräume vorrückten: die Meißner und das Erzbistum Magdeburg im Süden, die Mecklenburger im Norden.

Anhaltende Grenzkonflikte zwischen diesen Parteien prägten die Entwicklung des märkischen Herrschaftsraums, doch auch der Kampf gegen die im Expansionsgebiet ansässigen Slawen war anfangs verlustreich.

Der Raum zwischen mittlerer Elbe und Oder war von Kleinstämmen der westslawischen Lutizen besiedelt, in den nördlich anschließenden Gebieten des späteren Mecklenburg lebten die Stämme der Obodriten, und im Süden, vornehmlich im Raum des Spreewaldes, saßen sorbische Kleinstämme. Dieser von christlichen Ländern umgebene wendische Herrschaftsraum, gelegen zwischen dem deutschen Kaiser- und dem polnischen Königreich, war das letzte Refugium des mitteleuropäischen Heidentums, wenngleich auch hier einige Slawenfürsten den christlichen Glauben längst angenommen hatten. Zur Sicherung der Herrschaften der einzelnen westslawischen Kleinfürsten gegen die deutsche Bedrohung war eine Art lockerer Kordon aus Burgwallanlagen entstanden. Eine Schlüsselrolle fiel dabei der Wasserfeste Brandenburg zu. Diese war bereits 948 – wie gleichzeitig auch Havelberg – im Zuge der ottonischen Ostpolitik als Sitz

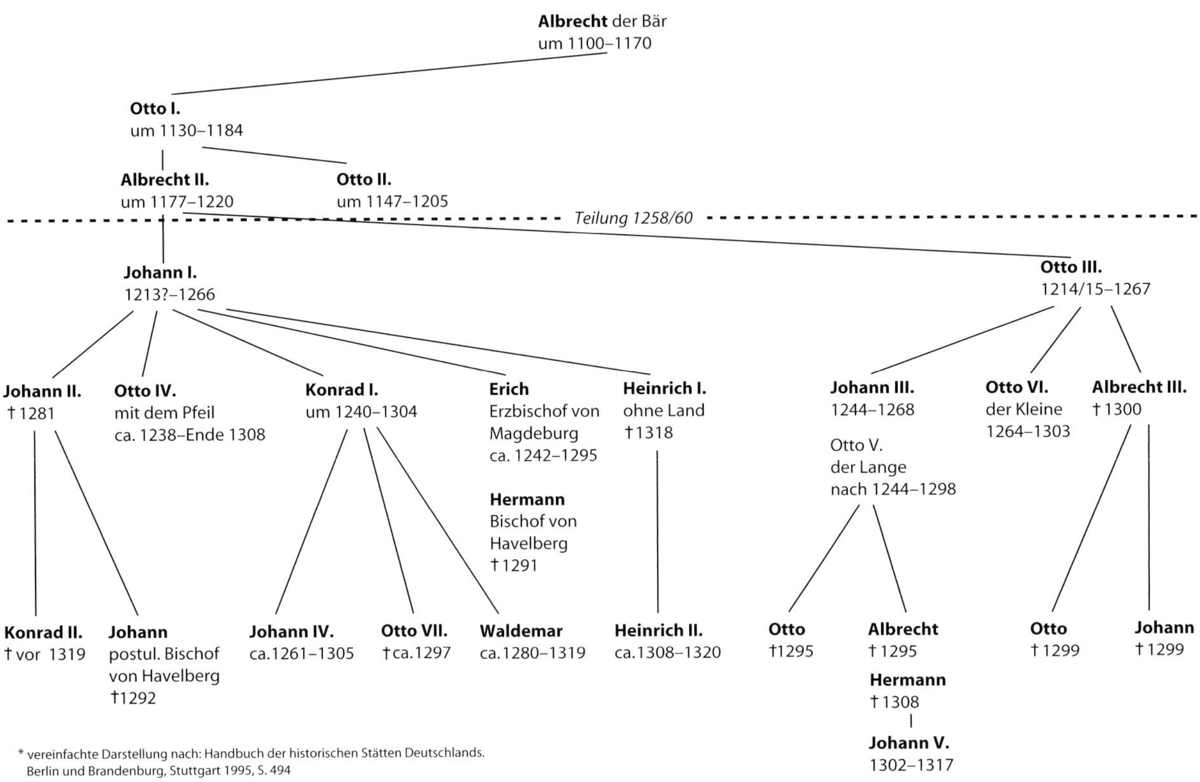


**Die Markgrafen von Brandenburg aus askanischem Hause***

* vereinfachte Darstellung nach: Handbuch der historischen Stätten Deutschlands. Berlin und Brandenburg, Stuttgart 1995, S. 494

eines deutschen Missionsbistums gegründet worden, jedoch im großen Slawenaufstand von 983 wieder verlorengegangen. Sie bildete den Mittelpunkt der Herrschaft des christlichen Hevellerfürsten Pribislaw-Heinrich. Dieser hatte sich schon seit längerem politisch nahe an Albrecht den Bären gebunden und diesem bereits 1127 die an askanischen Streubesitz angrenzende Zauche als Patengeschenk zur Taufe seines Sohnes Otto geschenkt. Wirtschaftlich nicht übermäßig wertvoll, jedoch durch ihre Lage südlich des Havellandes, des hevellischen Kerngebiets also, strategisch interessant, entwickelte sich diese erste größere Besitzerweiterung im Wendenland zu einer frühen Basis der späteren askanischen Ausbreitung nach Osten. Und so wurde 1180 gerade hier das erste Zisterzienserkloster der Mark gegründet: Lehnin.

Zwischen 1134 und 1137 hatte Albrecht der Bär die Prignitz erobert. Auch zahlreiche kleinere Adelsgeschlechter verstanden es, hier Herrschaften aufzubauen, von denen die allermeisten freilich schnell in Abhängigkeit vom machtvollen askanischen Nachbarn gerieten. Bald nach 1142 ließ sich Albrecht von dem kinderlosen Pribislaw auch noch das Erbrecht am Havelland und der Brandenburg übertragen, das er nach dessen Tod (1150) dann militärisch gegen slawische Gegner durchzusetzen versuchte. In dieser Frühphase vertrat Albrecht seine Ambitionen – und gelegentlich auch die Interessen des Kaisers – von Havelberg aus, wo als einer der wenigen Erfolge des Wendenkreuzzuges von 1147 unter dem Prämonstratenser Anselm wieder ein Bistum erhoben worden war. Inwieweit in diesem Kontext zunächst das Erzbistum Magdeburg Fuß fassen konnte, ist umstritten. Der Kampf um das Havelland und die Feste Brandenburg, nach der sich Albrecht bereits seit 1142 als »Markgraf von Brandenburg« bezeichnete, dauerte jedenfalls noch bis 1157 fort. So lange stemmten sich slawische Fürsten, allen voran der Herr von Köpenick, der wohl mit dem legendären Jaxa von Köpenick gleichgesetzt werden darf und seinerseits Erbansprüche auf die Brandenburg erhob, gegen die deutsche Okkupation. Der 11. Juni 1157 aber kann mit dem siegreichen Einzug Albrechts in die Burg als die eigentliche Geburtsstunde des deutschen Territoriums »Mark Brandenburg« verstanden werden.

Zwischen 1147 und 1157 waren neben dieser Markgrafschaft auch noch zahlreiche kleinere Herrschaften entstanden, vor allem in der Prignitz, aber auch sonst in der Mark verstreut, die zum Teil – wenigstens für eine kurze Zeit – relative Souveränität behielten. Im wesentlichen aber stützten sich diese kleinadligen Regionalherrschaften und der askanische Supremat gegenseitig.

Gilt Albrecht der Bär als der Begründer der Mark Brandenburg, so war doch eigentlich sein ältester Sohn, Otto I., der bereits seit 1144 als Markgraf mitbelehnt war, im engeren Sinne der erste brandenburgische Askanierfürst. Er vor allem förderte und lenkte die nach 1157 einsetzende deutsche Siedlungsbewegung in der Mark Brandenburg. Bei seinem Tode (1184) umfaßte seine Herrschaft den größten Teil der Altmark, das Havelland, die Zauche – womit damals im übrigen ein deutlich kleineres Territorium bezeichnet wurde, als dies später üblich war –, einige kleinere Randgebiete und den askanischen Streubesitz im Westen. Seine Söhne Otto II. und Albrecht II. trieben den Territorialisierungsprozeß fort und begannen ab dem Ende des 12. Jahrhunderts, als im Zuge der Ostbewegung der Zuzug von Siedlern immer stärker anwuchs und damit viel mehr »Personal« für den Landesausbau zur Verfügung stand, in die Lande Ruppin und vor allem Barnim und Teltow auszugreifen. Darüber hinaus waren die Oder und die südliche Uckermark Ziele des askanischen Vorstoßens. Überall aber geriet man dabei mit den Ansprüchen konkurrierender Herrscher in Konflikt. So stießen die Askanier etwa in der Uckermark mit den Mecklenburgern, den Pommern und deren dänischen Schutzherren sowie im Magdeburger Nordthüringgau, bei Jüterbog/Zinna und später auch im Osten mit den Erzbischöfen von Magdeburg zusammen. Östlich des Teltow hatte man sich sogar mit schlesischen Ansprüchen auseinanderzusetzen.

Eine askanische Expansion nach Norden oder Süden und Südosten war aufgrund der starken Gegner nicht möglich, daher blieben als Stoßrichtungen nur Osten und Nordosten, wo slawische Kleinherrschaften bzw. die Pommern als Kontrahenten auftraten. Schon Albrecht der Bär hatte die Lehnsherrschaft über Pommern angestrebt, die König Philipp 1198/99 Markgraf Otto II. bestätigte. Mit der Durchsetzung dieses und anderer Ansprüche im Jahre 1250 und der damit verbundenen Annexion mehrerer Gebiete, unter anderem der umstrittenen Uckermark, erfuhr der brandenburgische Territorialisierungsprozeß einen ersten Abschluß. Und 1258 wurde gerade hier das zweite Zisterzienserkloster der Mark, das später nach Chorin verlegte Kloster Mariensee, gegründet.

Dieser große Erfolg war vor allem das Verdienst der Markgrafen Johanns I. und Ottos III., Urenkel Albrechts des Bären. Sie griffen in ihrer Herrschaftskon-

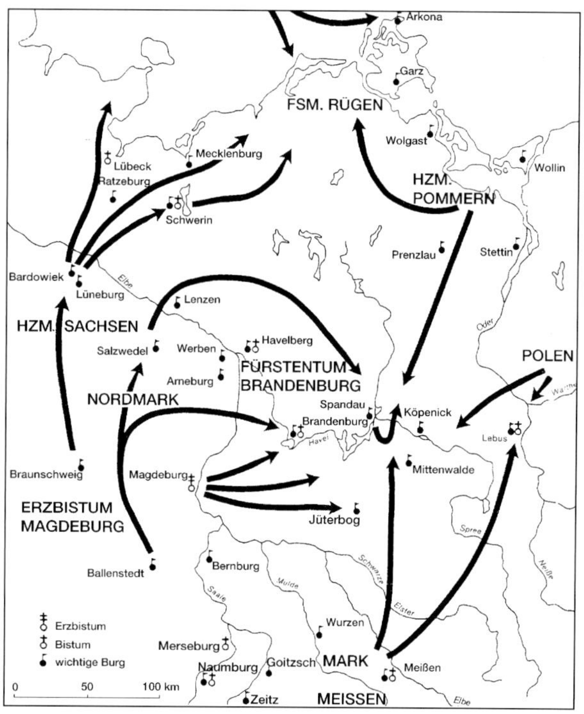

Die Eroberung Brandenburgs seit der Mitte des 12. Jahrhunderts durch geistliche und weltliche Herren, nach Felix Escher

zeption deutlich weiter aus als ihre Vorgänger. Hatte man sich um 1230/34 noch fehlende Teile des Barnim und die südliche Uckermark bis zur Welse angeeignet, wurden schon 1235 das Land Stargard und eben 1250 die nördliche Uckermark erworben. Die Askanier drängten zur Ostsee. Doch lagen sowohl Mecklenburg als auch Pommern, letzteres als mittlerweile bestätigter Lehnsträger der Brandenburger, im Weg und mußten umgangen werden. Zuvor hatten Johann und Otto im Teltow-Krieg (1239–45) die Meißner Wettiner endgültig aus den Burgbezirken Mittenwalde und Köpenick verdrängt, wodurch der Kampf um den mittleren Elbe-Oder-Raum weitgehend zugunsten der Askanier entschieden war. Als man 1250 zusammen mit dem Erzbischof von Magdeburg auch noch das Land Lebus aus schlesisch-piastischem Besitz erwerben konnte, war nicht nur die mittlere Oder endgültig brandenburgisch, man hatte nun neben der Uckermark auch noch eine zweite Basis für das ehrgeizige Vordringen zur Ostsee gewonnen: Von hier aus nämlich expandierten die Askanier in der Folgezeit in das zwischen Pommern und Polen schon länger umstrittene Land nördlich von Warthe und Netze – die Neumark.

Die Askanier hatten ihre Konkurrenten zu diesem Zeitpunkt weitgehend überflügelt. Nur das Erzbistum Magdeburg konnte hier in Machtanspruch und Herrschaftsrealität noch mithalten. Um so interessanter ist es, daß Markgraf Otto IV. von Brandenburg »mit dem Pfeil«, zu seiner Zeit als kompromißloser und ambitionierter Machtpolitiker wie auch als Minnesänger bekannt, in der Lage war, seinen Bruder Erich 1283 zum Erzbischof von Magdeburg wählen zu lassen. Diese Phase dürfte wohl der Höhepunkt der brandenburgisch-askanischen Machtentfaltung gewesen sein. Dergleichen veranlaßte deren Gegner, groß angelegte Gegenbündnisse einzugehen.

Die letzten Askanier in der Mark hatten einen Herrschaftsraum erschlossen, dessen Festigung und geplante Ausdehnung die personellen, vor allem aber die wirtschaftlichen Kapazitäten der älteren Landesteile bis zum äußersten strapazierte. Besonders der letzte große Askanier, Markgraf Waldemar, verzettelte sich in zahlreichen kostspieligen Konflikten: 1310/11 sicherte er sich im Norden Rechte in Pommern, 1312 fiel er im Süden in die Mark Meißen ein, wo er Torgau und Großenhain annektierte, und schon 1315/16 entbrannte im Norden der Streit um das Land Stargard. Die in diesem Zusammenhang gebildete Allianz fast aller Nachbarn Brandenburgs unter der Führung König Erich Menreds von Dänemark verwickelte Waldemar in der Folge in mehrere aufwendige Kriegszüge (1315–17), wobei es ihm dennoch gelang, kurz vor seinem Tode noch die Länder Meseritz, Krossen und Schwerin in seine Gewalt zu bringen und 1317/18 im Westen die Herrschaft Lüchow zu übernehmen, womit er nun auch noch in die Sphäre der Herzöge von Braunschweig vorstieß.

Waldemars ausufernder Expansionswille ist ein Indiz für die damalige Macht der Askanier, aber auch Ausdruck einer Herrschaftspolitik, die entweder von strategischer Konzeptlosigkeit oder von Selbstüberschätzung zeugt. Die politischen, wirtschaftlichen und sozialen Schwierigkeiten, die daraus folgten, waren erheblich. Dennoch hätte ein Fortbestehen der askanischen Herrschaft in der Mark vielleicht auch in dieser Sache noch zu Lösungen führen können, doch starb die brandenburgische Dynastie innerhalb von nur 15 Jahren aus. Waldemars Tod am 8. August 1319 sowie die völlig ungeklärte Regelung der nun anhängigen Erbschafts- und Verteilungsansprüche waren daher für die wirtschaftlich ausgehöhlte und von feindlichen Nachbarn umgebene Mark Brandenburg eine vollständige politische Katastrophe.

Was nun folgte, war ein Jahrhundert anhaltender Verteilungskämpfe, Intrigen, machtpolitischer Streitereien, wirtschaftlicher Unsicherheit, politischer Verwirrung und moralischer Zerrüttung: Kaiser Ludwig der Bayer erklärte die Mark trotz sächsisch-askanischer Ansprüche zum erledigten Reichslehen, zog es ein und gab es sogleich an seinen Sohn aus, wodurch die Wittelsbacher den Kaisertitel innehatten und in Bayern und Brandenburg herrschten. Dagegen aber erhoben sich die in Sachsen ja noch vertretenen Askanierzweige, allen voran Herzog Rudolf I. von Sachsen-Wittenberg, während Mecklenburger und Pommern um die Uckermark stritten, die Polen an die Rückeroberung der östlichen Neumark und anderer Gebiete gingen und das Erzbistum Magdeburg im Süden und die Herzöge von Braunschweig im Westen Landesteile aus der Mark herauslösten und ihren Herrschaften einverleibten. In diesem Streit wirkte sich die Zerrissenheit des wittelsbachischen Herrschaftsgebietes ebenso ungünstig aus wie die politische und militärische Glücklosigkeit der Söhne Ludwigs, ganz zu schweigen von den zahlreichen Intrigen und Winkelzügen ihres überragenden Gegenspielers, Kaiser Karls IV.

Die machtpolitische Verwirrung in der Mark Brandenburg dieser Jahre ist wohl am deutlichsten am Beispiel der Affäre um den »falschen Waldemar« abzulesen: Dieser war ein von den sächsischen Askaniern und dem luxemburgisch-böhmischen Kaiser unterstützter Betrüger, dem es angesichts dieser mächtigen Bundesgenossen gelang, zwischen 1348 und 1357 in der Rolle des vermeintlichen Askanierfürsten, der doch bereits 1319 gestorben und im Kloster Chorin beigesetzt worden war, weite Teile der Mark unter seiner Führung gegen die ungeliebten Herren aus Bayern zu vereinen. Nach dem Tode Kaiser Ludwigs und der schließlichen Anerkennung seiner Kaiserwürde durch die Wittelsbacher ließ Kaiser Karl IV. den brandenburgischen Betrüger fallen, unternahm aber weiter nichts gegen die anhaltenden Kämpfe. Vielmehr kaufte er seinen ausmanövrierten und nach manchen weiteren Schwierigkeiten offenbar entnervten wittelsbachischen Gegnern im Jahre 1373 die Mark Brandenburg für 500 000 Gulden einfach ab: Zwischen 1373 und 1411 herrschten nun die Luxemburger in der Mark.

Diese erkannten aber auf der Grundlage des sogleich erstellten Landbuches sehr schnell, daß die Mark Brandenburg wirtschaftlich kein echter Gewinn für sie war, zumal die markgräflichen Rechte, Güter und Besitztümer, unter ihnen vor allem auch zahlreiche Burgen, im Laufe der vergangenen Jahrzehnte zu großen Teilen an regionale Adelsherren übergegangen waren. Entsprechend halbherzig regierten die Böhmen in der Mark, setzten in aller Regel lieber Statthalter und Verweser ein, die sich ihrerseits zu bereichern trachteten und manchen Adelsfamilien sehr freie Hand ließen.

So schwangen sich Familien wie die von Rochow oder die von Quitzow zu wahren Landplagen auf. Eine gehobene Form des Raubrittertums verheerte von der Mitte des 14. Jahrhunderts an die Mark Brandenburg, deren politische und herrschaftliche Strukturen nachhaltig zerrüttet waren. Vor allem auch die in den hundert Jahren zuvor erblühten Städte und die reichen Klöster, allen voran die der Zisterzienser, hatten zahllose Beschwernisse zu erdulden, da sie den zügellosen Herren reiche Beute versprachen. Selbst die mehrfache Androhung und wiederholte Verhängung des Kirchenbanns durch den Papst bewirkte wenig Zurückhaltung bei den mächtigen Rittergeschlechtern.

Erst die Hohenzollern, die ab 1411 als Hauptleute und Verweser der Mark, ab 1415 dann als Markgrafen belehnt wurden, sorgten in Brandenburg innenpolitisch wieder für Ruhe und Stabilität, nachhaltig unterstützt übrigens von den Äbten von Lehnin und Chorin, die dafür zu kurfürstlichen Räten aufstiegen.

Unter der Herrschaft der Hohenzollern konsolidierte sich der Gesellschaftsverband der Mark Brandenburg erstaunlich schnell, und das Land erlebte bald einen beträchtlichen wirtschaftlichen Aufstieg. Auch die Zisterzienser profitierten davon: Die Zeit von 1450 bis 1520 ist für die meisten brandenburgischen Zisterzen, ob Mönche oder Nonnen, eine letzte große Blütephase. Die Reformation führte dann zu einem schnellen Niedergang dieser speziellen Entwicklung, während die Hohenzollern unter Joachim II. durch die Säkularisierung, also durch die Umwandlung des Kloster- und Kirchengutes in landesherrliche Güter, erhebliche Land- und Besitzgewinne machten. Aus den Männerklöstern der Zisterzienser wurden zumeist landesherrliche Domänenämter. Gleiches galt auch für einige Frauenklöster, andere wiederum blieben nach ihrer Umwandlung in evangelische Frauenstifte bestehen. Die Mark Brandenburg als ganze erfuhr die Reformation ansonsten eher als Aufbruchsphase, aus der vor allem die bürgerliche und mit ihr verbunden die geistige Entwicklung des Landes einen erheblichen Aufschwung nahm.

Die weitere Geschichte der Mark Brandenburg ist untrennbar mit dem fortgesetzten Aufstieg des Hohenzollerngeschlechts verbunden, das die Mark nach dem Dreißigjährigen Krieg und vor allem im 18. Jahrhundert als Kernland Preußens zur europäischen Großmacht erheben sollte.

## Die Klöster im heutigen Land Brandenburg

# Altfriedland

## Ecclesia sanctae Mariae semper virginis in Vredeland

*Uta Puls*

### Lage und Entstehung

Im nordöstlichsten Zipfel des Naturparks Märkische Schweiz (Landkreis Märkisch-Oderland), etwa 8 km von der Stadt Wriezen entfernt, liegt Altfriedland mit seinem einstigen Zisterziensernonnenkloster. Der sogenannte Kietz Altfriedlands ist der älteste Teil des Ortes. Hier lebten ehedem Wendenfischer und bewirtschafteten das an Seen, Teichen und Wasserläufen reiche Land. Mit der nach 1200 einsetzenden deutschen Besiedelung entstand auf einer schmalen Landzunge zwischen Kloster- und Kietzersee das Kloster und, da der offene Kietz dem Kloster wenig Schutz bot, daneben ein befestigter Stützpunkt – die Stadt Friedland bzw. »Vredeland« = »befriedetes Land«. Seit 1845, d.h. nach Gründung der Oderbruchkolonie mit der dortigen Gemeinde Neufriedland, trägt Friedland zur besseren Unterscheidung die offizielle Bezeichnung »Altfriedland«.

Altfriedland, die ehemaligen Klosteranlagen und die Klosterkirche von Nordwesten

## Baulicher Bestand

Nur noch wenige Ruinenreste deuten darauf hin, daß in Altfriedland einst ein Nonnenkloster stand, das zu den wohlhabenden Niederlassungen des Zisterzienserordens im Nordosten Deutschlands gehörte. Mit der Säkularisation (nach 1540) und zweckentfremdeten Nutzung verfielen die Gebäude, so daß vom einstigen Kloster nur noch wenig erhalten blieb: Reste eines Kreuzgangflügels mit Kreuzrippenwölbung und das anschließende Refektorium, ein schöner zweischiffiger Saal, dessen Sterngewölbe auf schlanken Säulen ruht. Die in ihrer Substanz gefährdeten ruinösen Reste werden seit Jahrzehnten baulich-konstruktiv gesichert; ein Schutzdach sowie andere Sicherungsmaßnahmen bewahren heute die wunderbaren Gewölbe vor weiterem Verfall. Die Gebäudereste gelten neben dem Kloster Chorin architekturhistorisch als bedeutsamste mittelalterliche Klosterbauten der Gegend.

Die Ruinen bestehen aus Backstein (Klosterziegel: 255×125×75 mm) – im Gegensatz zur abseits stehenden Klosterkirche, einem einschiffigen Feldsteinbau. Während die 1734 eingreifend erneuerte Klosterkirche gut erhalten ist, läßt sich der ehemalige Zustand des übrigen Klosters nur noch lückenhaft anhand alter Aufzeichnungen aus der Zeit nach seiner Auflösung rekonstruieren. Der Vorschrift, »die alten Gebäude und Kirchen des Klosters in Würden und nötiger Dachung zu erhalten«, war man auf die Dauer nicht nachgekommen. Über Jahrhunderte verfiel dadurch vieles und wurde beseitigt; anderes baute man zu Wirtschaftszwecken um. Der Klosterbesitz wurde bei der Auflösung des Klosters Domänengut. Schon 1549 wurde dem Pächter gestattet, das Siechenhaus und den Keller »für sich zu gebrauchen«. 1564 kam das frühere Kloster zum Besitz der von Roebel und wurde schließlich zum Rittersitz umgebaut. In dieser Beschaffenheit der Gebäude blieb die Anlage offenbar bis zum Beginn des 18. Jahrhunderts erhalten. Eine Beschreibung (schon gegliedert in zwei Höfe) aus dem Jahre 1710 vermittelt zumindest ansatzweise einen Eindruck, wie das Nonnenkloster in seiner Gesamtanlage einst gewesen sein mag, bevor es bis auf wenige Reste gänzlich verschwand. Rudolf Schmidt hat sie überliefert:

Ehemaliges Refektorium des Klosters, Deckengewölbe

Mauerreste des Klosters an der umgebauten Kirche

»Der erste Hof umfaßte:

1. Das große Wohnhaus, so ganz und gar von gebakkenen Ziegeln und Kalk gemauert, hat unter sich einen großen gewölbten Keller, bestehend aus drei Etagen, davon die unterste eine große gewölbte Stube hat. An diesem ist noch ein von Holz und Steinen ausgeflochtenes neues Gebäude von zwei Stuben angebaut. Daran ein Baum- und Lustgarten vorwärts am Hofe ein Brett- und unten an der See ein Bohlzaun.
2. Das Kloster (Refektorium).
3. Bei der Hofkirche ein Gebäude von drei Etagen, so der Erker genannt, zum Teil gemauert, zum Teil in Holz gebaut und ausgeflochten. Zwischen diesen Gebäuden ist ein Brunnen. Auf dem anderen Hof ist das Brauhaus mit Ziegeln gedeckt und geblendet in 16 Gebinden, mit einem gewölbten Backofen und gemauertem Schornstein mit Brunnen. Ferner ein neues Gebäude von 10 Gebinden: Pferdestall und Wagenhaus. Das Torhaus mit Ziegeln gedeckt [...] worunter ein gewölbter Torweg. Selbiges ist [...] ein alt Gebäude von 40 Fuß Länge, das bis an das Amtshaus geht und das Gehöft schließt. Folgen noch einige Ställe und Scheunen. Um den ganzen Hof eine Mauer. Auf dem (dem damaligen Gutshaus gegenüberliegenden) Weinberg mit Hopfen und Obstbäumen ein Weinmeisterhaus mit Garten. Ferner werden noch erwähnt das Garnweberhaus mit Garten, das Mauerhaus mit Garten, ein Fischerhaus, ein neuerbautes Hausmannshaus, eine Ziegelscheune, Scheune und Heubude, das Schützenhaus und noch ein Hausmannshaus.«

**Refektorium**

Die erhalten gebliebenen Reste des im Stile der Frühgotik erbauten Refektoriums lassen erahnen, welche Bauästhetik das Kloster einst ausstrahlte und wie wohltuend schön es sich in die Landschaft eingepaßt haben muß. In Altfriedland kann man sich davon überzeugen, wie geschickt die Zisterzienser die schönsten Plätze in den neu zu besiedelnden Gebieten zum Standort ihrer Klöster machten. Aus den Fenstern des Refektoriums reicht der Blick weit über die Wiesen hinab zum Klostersee, wo der große Klostergarten lag. Man kann sich die Blütenpracht der Blumenbeete vorstellen, den Duft der Kräuter. Nach Angaben von 1549 haben vierzig Nonnen in dem von dicken Mauern umgebenen Raum gespeist.

Refektorium mit Sterngewölbe

Nach Auflösung des Klosters wurde das Refektorium vielfach verändert und umgenutzt. Aus einer Beschreibung von 1819: »Das Gebäude, worin die Brauerei und Brennerei nebst Branntweinkeller, Mälzung, Mastställe und Kornboden befindlich, ist ehemals ein Nonnenkloster gewesen, woran auch noch mehrere Gewölbe, wie z.B. über dem Malzplatz konservieret sind. Dies Gebäude wurde nach und nach zum wirtschaftlichen Gebrauch eingerichtet und vorzüglich zum Betrieb einer Brauerei und Brennerei bestimmt, wozu es schon lange diente. Nach und nach verfiel es ganz und gar, der hintere Teil wurde ganz unbrauchbar; und um die schönen Mauern und Gewölbe zu erhalten, wurde in den Jahren 1793 und 1794 eine Hauptreparatur vorgenommen, das alte Dach abgenommen, alle Balkenlager und ein flaches passendes Dachwerk aufgesetzt, auch beträchtliche Stücke Mauer und Gewölbe neugemacht und die Hauptabteilungen aufgeführt. Da aber die Einrichtung der Brennerei noch manches zu wünschen übrig ließ, wurde 1803 die Umstellung dieser Brauerei und Brennerei unternommen und 1806 beendigt. Im Herbst 1810 ist abermals alles vergrößert worden.«

Am besten erhalten blieb der sogenannte Malzraum, wovon die Aufnahme aus den 1830er Jahren ein Bild gibt. Fontane hat bei seinem Besuch Altfriedlands das Refektorium noch in seiner ganzen Schönheit gesehen, denn er schreibt davon begeistert in seinen »Wanderungen durch die Mark Brandenburg«.

### Propstei

Die einstige Propstei war ursprünglich ein dreistöckiges Gebäude mit schönen, stark gewölbten Kellern. Bald nach der Säkularisation des Klosters ließ der neue Eigentümer sie zum Wohnhaus umbauen; größere Gebäudeteile, die in unmittelbarer Verbindung mit dem Refektorium standen, wurden beseitigt. Eine genauere Beschreibung gibt es aus dem Jahre 1727: »Des Markgrafen Haus oder Schloß besteht aus zwei aneinander hängenden Gebäuden von ungleicher Höhe und Breite, von drei Etagen, ganz massiv. Gegen Süden hat das kleinere Gebäude einen gemauerten Giebel und das größere einen Erker. Die Gesimse an den zerfressenen Mauern sind geborsten. An der Ostseite zwei steinerne Giebel. Vor dem einen ein runder Turm, worin vormals eine Wendeltreppe durch alle Etagen ging. Der Turm ist mit achteckiger Haube bedeckt, worauf ein Knopf mit Wetterhahn. Die Haube ist so schlecht, daß es überall durchregnet. Der zweite Giebel ist ganz geborsten. Die Seite gegen Norden hat an dem hohen Teil des Gebäudes einen steinernen Erker und zwischen diesem und dem alten Kloster ist ein großer gewölbter Küchenschornstein. Die westliche Dachrinne fällt auf das alte Kloster und hier hänget das Schloß mit dem Klostergebäude zusammen. [...] Im Schloß der Tafelsaal mit gotischer Stuckdecke, Cabinet, Antichambre, Schlafgemach der Markgräfin mit Stuckdecke, einem holländischen Kamin und 28 holländische gemalten Fliesen. Darin ein Mauerspint. Das Gemach ist sehr baufällig. Über eine zehnstufige Treppe kommt man zum Flur der zweiten Etage des kleinen Gebäudes. [...] Der Schloßkeller ist gewölbt, ebenso die Küche und die danebenliegende Kammer. Auf fünf Mauerstufen kommt man durch das sogenannte Fuchsloch in das Klostergebäude hinein.«

1746 ist alles Baufällige bis auf das heute noch vorhandene sogenannte Verwalterhaus beseitigt worden. Heute erinnert an dieses Gebäude nur noch das frühere Gutshaus.

### Klosterkirche

Als 1732 die Fachwerkkirche im »Städtchen« Friedland wegen Altersschwäche einzufallen drohte, entschloß man sich, die wüst liegende Klosterkirche (damals Hofkirche genannt) wieder instandzusetzen. Sie ist eine Feldsteinkirche mit einem später zugefügten backsteinernen Turm nach Entwürfen von K.F. Schinkel. Nur noch wenig erinnert heute an die Kirche aus der Klosterzeit (z.B. originale Fußbodensteine oder eine im Fußboden eingemauerte Rosette). Die zweifellos sehr schön gewesenen drei schlanken Ostfenster sind geschlossen, vieles wurde verändert. Am Ostgiebel befindet sich eine neuzeitliche Inschrift mit dem Wortlaut: »O Land, Land, Land höre des Herrn Wort. Um das Jahr 1230 wurde das Gotteshaus als Kirche der Zisterzienserinnen zu Friedland erbaut und der Jungfrau Maria geweiht. Nach Einführung der Reformation wurde das Nonnenkloster um 1540 aufgehoben und die Kirche geriet in Verfall. Fast 200 Jahre später wurde sie wiederhergestellt und am Neujahrstag 1734 fand hier der erste evangelische Gottesdient statt. Von 1936 bis 1938 wurde sie außen und innen erneuert. Jahrhunderte hindurch ward Gottes Wort verkündet in diesen Mauern. ›Der Herr schenke für weitere Jahrhunderte Schutz und Segen.‹«

### Geschichte des Klosters

Das Gründungsjahr des Klosters ist unbekannt. Urkundlich erwähnt wird es zum ersten Mal 1271. Vermutlich entstand das Kloster schon früher, nämlich bald nach 1230, als der Barnim in festen Händen der Askanier war und Zisterzienser des öfteren angesiedelt wurden. Die Askanier reagierten auf die Besiedelungstätigkeit Heinrich I. im Lande Lebus, indem sie mittels der Barnim-Besitzungen des Klosters Zinna und der Ländereien der Friedländer Nonnen lückenlos die Löcknitz-Stobberow-Grenze von der Spree bis zum Oderbruch besetzten. Der Name »Vredeland« (befriedetes Land) kann in diesem Sinne gewissermaßen als Symbol verstanden werden.

Die Ausgangssituation des hiesigen Klosters ist der anderer einstiger Zisterziensernonnenklöster Brandenburgs vergleichbar: Nach der Eroberung slawischer Gebiete durch die Askanier entstanden Nonnenklöster meist als Abschluß deutscher Kolonisation. Die Entstehung des Altfriedländer Klosters hatte also nicht nur soziale und religiöse Gründe, sondern gewiß auch politische wie etwa den der Grenzsicherung, befand es sich doch inmitten eines Territoriums, worin weltliche (Otto V., Albrecht III., Heinrich I.) wie geistliche Siedlungsinteressen (Templer, Serviten, Prämonstratenser, Augustiner, Zisterzienser) aufeinandertrafen.

Am Rande des Oderbruchs und an der wichtigen Handelsstraße Stettin–Frankfurt/Oder gelegen, war Friedland einst eine Stadt mit hölzernem Roland (»Schöffenbank neben dem Roland«) und anderen Merkmalen eines mittelalterlichen Marktfleckens. In einer Klosterurkunde von 1300 ein Oppidum genannt, waren die Geschicke des Ortes damals eng an das Kloster und dessen Funktion als nordöstlicher Besitz der Askanier am Rande des Oderbruchs geknüpft.

Siegel der Äbtissin des Klosters Friedland auf einer Urkunde von 1524

Daß es im Zusammenhang mit dem Wirken der Klöster zu Stadtgründungen kam, war nicht selten. Auch seitens des Klosters Zinna hatte es den Versuch gegeben, an der Löcknitz-Grenze eine Stadt (mit dem Namen Liebenberg) zu gründen – was freilich mißlang, denn schon 1247 wird das »oppidum levenberch ab edificiis destructum« genannt. Heute erinnern daran lediglich noch der Liebenberger See und die gleichnamige Mühle, bei der ein Ackerstück noch im 15. Jahrhundert die »alte Stadt« hieß. Die Auflösung des Klosters und schließlich der Dreißigjährige Krieg führten auch zum Niedergang Altfriedlands als Stadt.

### Unverbrauchte Kulturlandschaft

Nachhaltige Veränderungen brachten die 1747 unter Friedrich II. begonnenen Meliorationsarbeiten des damals riesigen natürlichen Überschwemmungsgebietes der Oder. Schon gegen Ende des 18. Jahrhunderts soll die Siedlung endgültig zum einfachen Dorf geworden sein. Das von Reformen in der Agrarwirtschaft geprägte 18. und 19. Jahrhundert verbindet sich in Altfriedland und dessen unmittelbarer Umgebung mit Namen wie Albrecht Daniel Thaer (1752–1828), der in Möglin seine bahnbrechende landwirtschaftliche Versuchs- und Bildungsanstalt unterhielt, sowie mit Charlotte Helene von Lestewitz, gen. Frau von Friedland (1754–1803) in Kunersdorf, die als Besitzerin des Amtes Friedland (so hieß der ehemalige Klosterbesitz nach der Säkularisation) von 1788 bis zu ihrem frühen Tode hier besondere Verdienste um die Verbesserung der Landwirtschaft nach englischem Vorbild erwarb. Unter ihrem Einfluß wurde Kunersdorf zu einem berühmten wissenschaftlich-kulturellen Zentrum. Heute, 250 Jahre nach diesen damals drastisch anmutenden Eingriffen in die Natur, ist Altfriedland dennoch ein Dorf inmitten einer einmaligen unverbrauchten alten Kulturlandschaft.

**Hauskloster des Barnim-Adels**

Der Territorialadel, dessen unverheiratete Töchter im Kloster Aufnahme fanden, stattete den überlieferten Urkunden zufolge das Altfriedländer Kloster reich mit Grundbesitz aus. Am 18. Februar 1271 übereigneten die askanischen Markgrafen Otto V. und Albrecht III. dem damals wohl schon vollständig eingerichteten Kloster fünf Hufen Land in Lüdersdorf bei Wriezen und das Kirchenpatronat über Ringenwalde (Oberbarnim). Aus Dokumenten zur Herkunft der Mitglieder des Nonnenklosters (Propst, Äbtissin, Priorin, Subpriorin, Schaffnerin, Küsterin, Scholastica, Nonnen) läßt sich schließen, daß es sozusagen »Hauskloster« war der von Pfuel, von Ihlow, von Löben, von Barfus, von Hohendorf, von Eichendorff, von Krummensee, von Hoppenrade usw. Daß darüber hinaus aber auch bürgerliche Töchter im Kloster Aufnahme fanden, läßt ein Reliquienkelch vermuten, den eine schon 1378 in Eberswalde urkundlich nachgewiesene Patrizierfamilie dem Kloster schenkte.

Zisterziensernonne zu werden war ein nur wenigen vorbehaltenes Privileg. Einerseits galten die strengen Regeln des zisterziensischen Zusammenlebens, andererseits fanden die Nonnen im Kloster Geborgenheit, Sicherheit und Beschäftigung. Eine Urkunde von 1381 gibt Einblick in den inneren Klosterbetrieb, berichtet von den Regeln der Klosterordnung, aber auch vom Mühsal, diese einzuhalten. Es gab im Kloster ein Hospital und eine Schule. Auch in der Paramentik kannten sich die Nonnen offenbar aus, wie ein Hinweis zu Überlieferungen aus der Klosterzeit (Kelchdecke von weißer Leinwand mit farbiger, leider nur in Resten erhaltene Stickerei) aus dem Jahr 1527 andeutet.

**Reicher Landbesitz**

Der durch Überlassungen, Schenkungen, Käufe, Verkäufe, Pfändungen, Stiftungen usw. gemehrte Besitz des Klosters umfaßte schließlich zehn Dörfer, zwanzig Einzelgüter, den Großen und den Kleinen Tornowsee bei Pritzhagen, den Buckower-, Schermützel-, Weißen- sowie den Griepensee. Zehn Kirchenpatronate, darunter die Liebfrauenkirche zu Wriezen und die in romanischem Stil erbaute Feldsteinkirche in Ringenwalde, gehörten zum Kloster. Zeuge aus der Klosterzeit ist die Dorfkirche von Ringenwalde, ein Granitquaderbau aus dem 13. Jahrhundert. Die Siedlung

Kelch mit der Inschrift: Margareta memorial Johanes welsekendorp

Das Pfarrhaus von Altfriedland

Ringenwalde, Dorfkirche

Die Nonneneiche, ein Naturdenkmal im ehemaligen Gutspark

Ringenwalde ist eine Gründung aus askanischer Zeit. Die Bauart der Dorfkirche läßt vermuten, daß der an der großen Heerstraße nach Wriezen gelegene Ort einst ein Siedlungskastell war. 1271 wird Ringenwalde erstmals in einer Besitzstandsurkunde des Klosters genannt. Angesichts eines solchen Besitzstandes kann man annehmen, daß das Kloster wohlhabend war und die Arbeit der Klosterbediensteten wohlorganisiert verlief. Es unterhielt Mühlen (Batzlower Wassermühle, Dornbuschmühle, Mühle Lubecke u.a.), bewirtschaftete Fischteiche und Fischgewässer (Kietzer- und Klostersee, Stobberow, Fischteich der Alebrandmühle u.a.) sowie Weinberge (u.a. in Wriezen). Wirtschaftliche Einnahmen kamen aus den zehn Dörfern, die im Besitz des Klosters waren (Altfriedland, Biesdorf, Bollersdorf, Damerow, Gersdorf, Karutz, Lüdersdorf, Metzdorf, Ringenwalde, Slawe) sowie aus zwanzig Einzelgütern in Pritzhagen, Buckow, Kaprow, Wriezen, Alt-Bliesdorf, Leuenberg, Beiersdorf, Bernau, Börnicke, Ladeburg, Klein-Barnim, Marzahn, Gottesgabe, Wesendahl, Batzlow, Dahmdorf, Prötzel, Kruge, Dolgelin, Brunow, Falkenberg und Kunersdorf.

**Auflösung des Klosters**

Die Einführung der Reformation machte dem Klosterleben ein Ende. Die ursprüngliche Absicht, Brandenburger Nonnenklöster in evangelische Stifte umzuwandeln und sie so als Versorgungseinrichtungen adliger Töchter zu erhalten, wie es zum Beispiel in Heiligengrabe, Stepenitz, Lindow oder Zepernick der Fall war, mißlang. 1540 mußten die Altfriedländer Nonnen die neue kurfürstliche Kirchenordnung annehmen; ihre Besitzungen übereignete sich der Kurfürst Joachim II. 1546 verpfändete dieser das Kloster an Balthasar von Beerfelde. 1564 wurde es vom Kurfürst an Joachim von Roebel verkauft, der die letzten sechs Zisterziensernonnen am 22. Dezember 1568 zum Auszug veranlaßte.

**Überkommene Zeugnisse**

Heute gibt es neben der Klosterruine und einem wunderschönen Kelch recht wenig direkte Zeitzeugnisse für das fast 300 Jahre lange Wirken des Zisterziensernonnenklosters in Altfriedland. Eine stattliche Eiche, die sogenannte Nonneneiche, und manches andere in der herrlichen Umgebung erinnern aber dennoch an die Klosterzeit. Zu ausgedehnten Wanderungen laden beispielsweise die Eichendorfer und die Pritzhagener Mühle sowie Seen wie Klostersee, Kesselsee, Lettinsee oder Dolgensee ein, ferner alte Fischzuchtteiche oder Dörfer wie Ringenwalde mit seiner alten Feldsteinkirche aus der Klosterzeit oder Kunersdorf und Gottesgabe. Sie liegen sämtlich in einer uralten Kulturlandschaft, die nicht nur durch die großen Meliorationsleistungen aus der Zeit Friedrichs II. geprägt sind, sondern auch markante Spuren des Wirkens der Zisterzienser aufweisen.

## Touristische Informationen

**Anfahrt**

- Auto: über B 1 (Berlin–Küstrin), Abzweig Seelow, B167 (Frankfurt/Oder–Wriezen), Abfahrt Altfriedland
- Bahn: Trebnitz (9 km), Neutrebbin (10 km)
- Bus: ab Strausberg, Seelow, Wriezen, Bad Freienwalde, Letschin

**Sehenswertes in Altfriedland und Umgebung**

- Klosterruine, Klosterkirche (Konzerte)
- Pfarrhaus, ehemaliges Gutshaus, Gutspark
- Naturdenkmale (Napoleon-Eiche, Nonneneiche)
- Vogelbeobachtungskanzel
- Fischereibetriebe (Fischerfeste)
- Tabakscheunen
- Seen, Teiche, Fließgewässer, Badestrände
- Gedenkstätte auf den Seelower Höhen
- Buckow: Brecht-Weigel-Haus und die Wurzelfichte
- Schloß Neuhardenberg mit Park

**Informationen**

Fremdenverkehrsamt Altfriedland e.V.
Herr Alfred Effert
Hauptstraße 20
15320 Altfriedland
Tel.: (03 34 76) 509 57

Fremdenverkehrsamt Märkische Schweiz
Wriezener Straße 1a,
15377 Buckow
Tel.: (03 34 33) 575 00, 659 82
Mail: fva@stadt-buckow.de

# Boitzenburg

Monasterium Sanctimonialium in Boicenborch ordinis Cisterciensis

*Uta Puls*

## Lage und Entstehung

Zwischen Prenzlau und Templin liegt das uckermärkische Boitzenburg. Es wird durch sein Schloß und die abseits in einer Talsenke liegenden malerischen Ruinen seines einstigen Zisterziensernonnenklosters geprägt. Die wald- und wasserreiche Gegend im Grenzgebiet, wo Brandenburg, Pommern und Mecklenburg aufeinandertreffen, ist uraltes Siedlungsland mit reicher Vergangenheit. Wer einst von Fürstenberg über Lychen nach Prenzlau reisen wollte, kam am »Städtchen« (oppidum) Boitzenburg vorbei. Auch vom Zisterzienserkloster Himmelpfort aus nahm man vermutlich diesen Weg. Die günstige Lage und der Handels- und Durchgangsverkehr förderten Boitzenburgs Rolle als uckermärkischer Marktflecken. Heute spürt man davon nur noch wenig. Abgeschieden vom großen Verkehr liegt das Dorf als Idylle in einer unverbrauchten Landschaft.

## Die Klostergebäude

Das Baugefüge des Klosters ist lediglich als Ruine erhalten. Nach seiner Auflösung 1538 wurden die Gebäude von den neuen Besitzern von Arnim für Wohn- und Wirtschaftszwecke benutzt, nur der Chor blieb für gottesdienstliche Zwecke erhalten. Es gab Brandschäden, Leerstand und seit dem 18. Jahrhundert fortschreitenden Verfall. Schließlich wurden große Teile abgetragen und als Baumaterial für die Schloßerweiterung und andere Bauarbeiten im Dorf benutzt. Heute findet man inmitten einer von Wiesen und großen alten Bäumen geprägten hügeligen Landschaft, nahe einem Mühlenteich mit seinem Wasserlauf, noch die Westwand und den Südgiebel des Konventshauses sowie die Nordwand mit dem halben polygonalen Chor der Kirche. Die Klosterkirche, die über Jahrhunderte hinweg als malerischer Rest erhalten geblieben war, fand wegen ihrer vollendeten Bautechnik und formschöner Details das besondere Interesse von Kunsthistorikern und Malern. Ein Kupferstich nach Albertis Guache von 1790 sowie Lithographien von I. Schlegel aus dem Jahre 1860 vermitteln daher einen Eindruck, wie die Klosterruinen noch vor etwa 200 Jahren ausgesehen haben.

### Ausgrabungen

1936 fanden unter Heinrich Jerchel umfangreiche Grabungen im Boitzenburger Klostergebiet statt. Sie bestätigten die große Ähnlichkeit der Kirche mit der des Klosters Chorin. In der Formgebung zwar einfacher, doch von ähnlicher Ästhetik und Schönheit der Bauausführung, wird sie als der schlichtere Schwesterbau Chorins betrachtet. Die Bestandsaufnahme von 1936 vermittelte ein annäherndes Bild von der einstigen Beschaffenheit des Klosters und brachte manch schönes Detail ans Licht.

### Klosterkirche

Die heute nur als Ruine erhaltene Klosterkirche war einschiffig; die Nordwand und der Chor waren mit Strebepfeilern versehen. Letztere lagen in dem zweigeschossigen Westteil zwischen je zwei Fensterachsen, in dem für Gewölbe angelegten Ostteil zwischen

Die Klosterruine 1790, Kupferstich nach einer Guache von Alberti

Ansicht des Konventshauses von Westen, im Hintergrund das Innere der Kirche, Lithographie von I. Schlegel, 1860

Konventshaus nach Süden, Lithographie von I. Schlegel, 1860

Reliefplatten, gefunden an der Westwand der Klosterkirche

Ruine des Konventshauses

Die sichtbaren Reste des Klosterkirche

jedem der durchgehenden hohen Fenster. Ein durchgehender Sockel verlief vom schräggestellten Strebepfeiler bis zum äußersten südlichen Polygonpfeiler. Die Strebepfeiler waren in halber Höhe mit Rundstab gegurtet. Das Hauptgesims bestand aus Plattenfries, Rundstab und Kehle. Die erhaltenen Portale in der Nord- und Südwand weisen ein dreistufiges, in der Westwand ein vierstufig wechselndes Birnstabprofil auf.

Der Verlauf der West- und Südwand wurde durch Grabungen festgestellt. Dabei wurden Formsteine mit achtblättrigem Stern gefunden. Im Nordteil der Westkirche entdeckte man Spuren eines Rundfensters, darunter befand sich eine Nische mit Ausflußloch. Im Obergeschoß war noch das Gewände eines über Traufhöhe reichenden Fensters erhalten mit Schräge, Kehle und in der Mitte mit einer von zwei kleinen Rundstäben flankierten Vorlage.

Anhand der Grabungen ließ sich teilweise auch der innere Aufbau der Klosterkirche rekonstruieren: Der zweigeschossige Westteil muß in beiden Geschossen flach gedeckt gewesen sein, für Gewölbe angelegt war nur der Teil ostwärts des Triumphbogens. Unter einem Teil der Kirche befand sich ein Keller, von dem in der Südwand noch ein, in der Nordwand noch zwei Fenster erhalten sind.

**Kreuzgang und Konventsgebäude**

Der Verlauf des Kreuzgangs wurde ebenfalls durch Grabungen festgelegt. Er zog sich an der Südwand der Kirche entlang und verband diese mit dem Konventshaus. In der Nordmauer befand sich eine Tür zum Kirchenvorplatz, deren westliches Gewände mit zweistufigem Birnstabprofil erhalten blieb. Die Fensterprofile des Kreuzganges gleichen denen des Chores. Ein Ostflügel scheint nicht vorhanden gewesen zu sein, an seiner Stelle fanden sich die Fundamente eines langgestreckten Gebäudes. Der Westflügel lehnte sich an das in nordsüdlicher Richtung verlaufende Konventsgebäude an.

Südgiebel des westlichen Klosterflügels. Die gestaffelte Dreifenstergruppe gehört zum Dormitorium. (Ende 13.Jahrhundert, nach Schmoll)

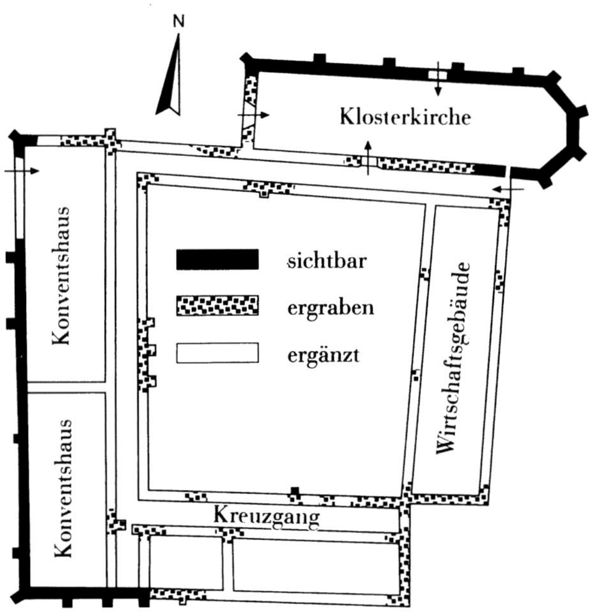


Grundriß der Klosteranlage

Der Südgiebel zeigt im Untergeschoß innen einen Maueransatz für eine Längswand, die einen dem Kreuzgang entsprechenden Raum von 2,50 m lichter Weite vom Untergeschoß abteilte. Derselbe Maueransatz war an der Nordwand durch Grabungen festgestellt worden. Das Obergeschoß zog sich über die ganze Breite hindurch. Diese Teilung war auch bei der Fenstereinteilung des Südgiebels zu erkennen. Unten gab es zwei breitere Fenster mit den gleichen Profilen wie im Chor und ein schmaleres zum Kreuzgang.

Vom Westflügel des Kreuzganges stehen nur vier Pfeiler über dem Erdboden mit glatten Gewänden und Vorlagen zum Hof. Sie sind im Gegensatz zum übrigen Mauerwerk unter starker Verwendung von Feldsteinen unregelmäßig aufgemauert. Von den Gewölben des Untergeschosses haben sich noch einige Konsolen und Schildbögen erhalten. An dem Südgiebel des Konventsgebäudes sind in beiden Geschossen Ansätze für einen weiteren Anbau nach Osten hin zu erkennen.

Ein großer Teil der Fenster ist im 16./17. Jahrhundert durch eine einen halben Stein starke Vermauerung verkleinert bzw. ganz zugesetzt worden.

Anhand dieser Bestandsaufnahme, die noch viele weitere Details aufdeckte, aber gleichermaßen viele Fragen unbeantwortet ließ, konnte in groben Zügen der Grundriß des Boitzenburger Nonnenklosters rekonstruiert werden.

**Versuch einer Rekonstruktion**

Die Klosterkirche, ein Backsteinbau von sehr großem Steinformat (300×150×110 mm), besaß einen Chor mit hochragenden großen Spitzbogenfenstern. Das unmittelbar anschließende Langhaus war in zwei Gaden (Stockwerke) geteilt, im oberen befand sich die Nonnenempore, der Raum unter der Empore war den Konversen vorbehalten. An der Mitte der Westseite des Langhauses befand sich die Eingangstür für die Konversen. Im Norden des Chores, unter den Fenstern, lagen innen die Nischen für Kredenz, Altar und Taufstein. Die oberen Spitzbogenfenster des Langhauses hatten beiderseits schlichte Gewändeschrägen, worunter sich mehrere kleine Wandschränkchen für die Gebetsbücher der Nonnen befanden.

Die Lücke zwischen Kirche und Klostergebäude schloß ein wahrscheinlich zweistöckiger Übergang und stellte im oberen Teil die Verbindung her zwischen Nonnenschlafsaal und Nonnenempore. Vermutlich befanden sich auch an der Süd- und Ostseite des viereckigen Kreuzgangs Klostergebäude. Im Erdgeschoß des westlich des Kreuzgangs stehenden Gebäudes lag das Refektorium mit schönen Spitzbogenfenstern nach der Südseite hin. Die Gewölbe des Refektoriums bildeten zwei Schiffe und ruhten an den Wänden auf nasenförmig profilierten Schildbögen. Die Erwärmung des Raumes geschah durch eine unterirdische Heizkammer, deren Gewölbe zwar verschüttet ist, die aber aus dem dazugehörigen erhaltenen Schornstein nachweisbar ist. Sein Rauchrohr lag im vorletzten nördlichen Joch des Refektoriums (in der Außenwand). Es begann schon unmittelbar über dem Fußboden, was vermuten läßt, daß es der Rauchabzug für einen unterirdischen Ofenraum war.

Im nördlichen Teil der Klosterruine zeigt das Portal eine von einer Spitzbogenblende umrahmte Stichbogentür mit reich profilierten Rund- und Bündelstäben. Hier war offenbar der Zugang zur Klausur, der zunächst über eine Vorhalle mit Pförtnerstube führte, die ostwärts mit dem Kreuzgang in Verbindung stand. Es liegt nahe, daneben das Zellarium des Klosters anzunehmen. Der Kapitelsaal dürfte sich im übrigbleibenden mittleren Raum befunden haben.

Vom Kreuzgang ist fast nichts mehr erhalten. Zwischen seine Streberpfeiler spannten sich Schildbögen. Die besonders breiten Streberpfeiler waren notwendig, weil der Kreuzgang mit dem Obergeschoß überbaut war.

Hier im Westflügel lag der Schlafsaal mit an den Langseiten vielen kleinen schmalen Fenstern. Dessen noch erhaltener Südgiebel zeigt drei symmetrisch angeordnete hohe Öffnungen, von denen die mittlere die seitlichen an Höhe überragt. Aus ihnen ergibt sich, daß der Raum weit in den Dachstuhl hinein gereicht haben müßte. Den oberen Giebelteil schmückte einst eine große Blendrosette aus unprofilierten Steinen und zwei kleinen Rundblenden. Eine Darstellung von 1864 zeigt den Südgiebel des westlichen Klostergebäudes: Die gestaffelte Dreifenstergruppe ist typisch für die Architektur der Zisterzienser.

### Geschichte des Klosters

Stifter des Klosters waren die Brandenburger Markgrafen Johann II., Otto IV. und Konrad, nachgewiesen durch eine Schenkungsurkunde von 1271. Noch vor 1281 wurde das Kloster, das sich ausdrücklich als zum

Siegel des Klostergründers Heinrich von Stegelitz

Siegel der Äbtissin

Zisterzienserorden gehörend bezeichnete, mit dem von Heinrich von Stegelitz 1269 bei Flieth und Stegelitz gegründeten Benediktinerinnenkloster Marienpforte vereinigt. Nach dem Baubefund wurde das Kloster wohl bald nach 1300 errichtet. Ob das für Zisterzienserklöster Charakteristische – Eigenwirtschaft mit Laienbrüdern und Lohnarbeitern, Grangien, Förderung der Kolonisation usw. – auch für das Zusammenleben im Kloster Boitzenburg zutrifft, ist nach der Art seines Standortes, der Anlage seiner Gebäude und nach der Struktur seiner Besitzungen zu vermuten. Hinweise wie das Einrichten von Schulzenstellen in den Klosterdörfern oder Bemerkungen wie »1430 haben mecklenburgische Ritter vom Klostergute Boitzenburg 16 Pflugpferde geraubt« lassen darauf schließen, daß

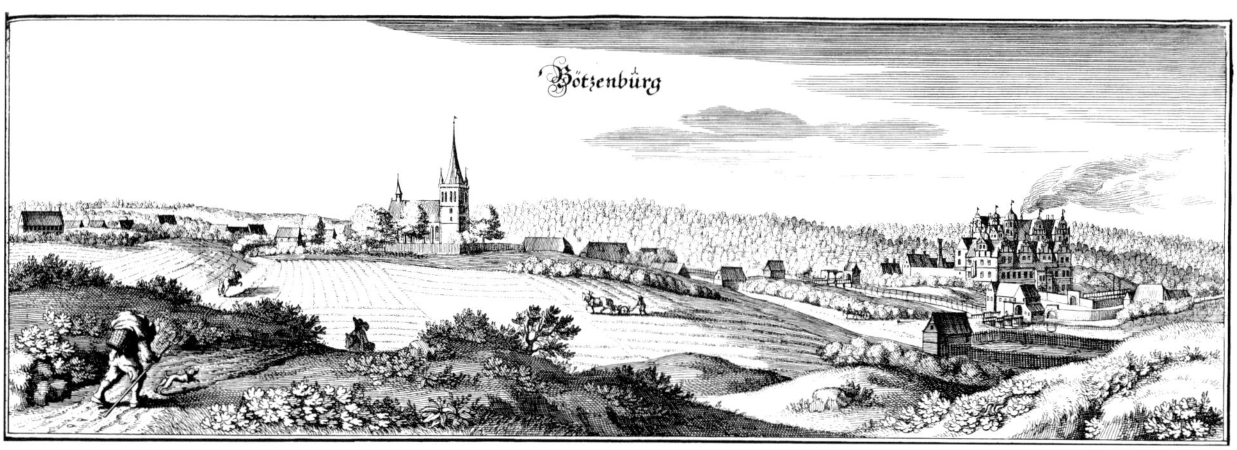


Ansicht vom Marktflecken und Schloß, um 1650, Stich von Merian

das Kloster einen Eigenbetrieb unterhielt. Urkundlich nachgewiesen ist der enge Kontakt zu anderen Nonnen- und Mönchsklöstern des Ordens im Norden Brandenburgs wie zu Chorin, Himmelpfort, Lindow, Seehausen oder Zehdenick. Wie in anderen abgeschieden liegenden Landklöstern der Zisterzienser fanden hier Reisende, Kranke und Schwache Gastlichkeit, Unterkunft und Pflege. Auch der Abt vom Zisterzienserkloster Himmelpfort wählte bei seinen Reisen nach Prenzlau vermutlich den Weg über Lychen und kam so beim Boitzenburger Nonnenkloster vorbei.

Die Klostermühle am Mühlenteich, heute Mühlenmuseum

Bilder links und links oben: Der Boitzenburger Mühlenteich, ein typischer Bestandteil zisterziensischer Siedlungsgebiete und der von diesem Orden geprägten brandenburgischen Kulturlandschaft

### Reicher Klosterbesitz

Unverheiratete Töchter aus dem Territorialadel, später auch aus dem wohlhabenden Bürgertum fanden Aufnahme im Kloster als Nonnen, Sacristae (Gesangsmeisterin), Porteria (Pförtnerin), Camerariae (Kämmerin), Priorin oder Äbtissin. An der Spitze der Klosterverwaltung stand jeweils ein Propst. Mit Schenkungen statteten die Markgrafen das Kloster mit reichem Landbesitz aus, ferner mit Mühlen, Dörfern, Seen und Kirchenpatronaten.

Seine Lage im Grenzgebiet hatte zur Folge, daß das Kloster unter wechselnder Landesherrschaft stand und vielen kriegerischen Gefahren ausgesetzt war.

Relativ rasch kam das Kloster durch weitere Schenkungen adliger Familien, durch Kauf oder Tausch in den Besitz ganzer Dörfer und erstarkte wirtschaftlich. 1281 war es bereits imstande, für 200 Talente Land zu kaufen. In der Zeit der Auseinandersetzungen zwischen Brandenburg und Pommern um den Besitz der Uckermark im 14. Jahrhundert dehnte sich der Klosterbesitz nach Westen in Richtung Fürstenberg aus. Um 1350 verschlechterte sich jedoch die wirtschaftliche Situation, weshalb das Kloster zu großen Verkäufen gezwungen war.

Zu Beginn des 15. Jahrhunderts wurden die Verluste aufgrund der von Pommern erfolgten Belehnung mit dem Städtchen Boitzenburg teilweise noch einmal ausgeglichen, zu größeren Erwerbungen kam es bis zur Reformation jedoch nicht mehr. Der Klosterbesitz umfaßte schließlich ein großes abgerundetes Gebiet in der nördlichen Uckermark mit Einkünften aus 27 Dörfern und Grundbesitz bzw. Einkünften in den Städten Wittstock, Fürstenberg, Templin und Prenzlau. Vielerorts reichte das Boitzenburger Klosterland bis an Besitzungen der anderen Zisterzienserklöster wie Himmelpfort, Seehausen, Walkenried oder Zehdenick heran, wodurch die nördliche Uckermark unter ausgeprägtem zisterziensischen Einfluß stand.

Das Boitzenburger Nonnenkloster war vermutlich nicht nur reich an Landbesitzungen, Pachten und anderen Einnahmen, sondern verfügte auch über einen beachtlichen Klosterschatz. Das Inventarverzeichnis vom 18. Januar 1536, unterzeichnet von Hans von Arnim, dem Landvogt der Uckermark, zählt z.B. folgende Kleinodien auf: »Eine silbernn mostrance vorgueltt, Ein klein Viaticum vorgueltt, Sechs kelcke, hiermangh vhiere vorgueltt, Czwe silberne pacificalia vorguellt, Noch ein klein silberne vorguellt pacificall, Czwe silbernn Apullenn, Eine swarcze czammitten Chorkappe, feunnff silbernn spannghen, Eine Kasell mith eszlichenn steinen, Eine swarze czammittenn kasell. Noch eczliche Kaselenn mith spannghen, Auch etzliche Deinströghe vnn alte Kaselenn, Czwe pallenn mith spannghenn.«

### 4500 Brandenburgische Gulden für ein Kloster

Die Säkularisation des Klosters geschah früh. Schon 1536 ließ Kurfürst Joachim II. durch den uckermärkischen Landvogt Hans von Arnim den Klosterbesitz inventarisieren und übergab diesem 1538 das Kloster mit allen Besitzungen, Urkunden und Siegeln. Der so belehnte von Arnim kaufte ein Jahr später vom Kurfürst für eine Geldsumme von »vierthalb Tausend Gulden Brandenburgischer Währung« den gesamten Klosterbesitz: Dörfer, bebaute und unbebaute Dorfstellen, Pachten, Renten, Zinsen, Vorwerke, Schäfereien, Viehzuchten, Nutzungen, Fischereien, Teiche, Teichstätten, Mühlen, Mühlenstätten, Seen, Fließe,

Schloß Boitzenburg, von 1528 bis 1945 Stammsitz der Familie von Arnim und in der DDR-Zeit Erholungsheim für Offiziere der Nationalen Volksarmee

Schloß Boitzenburg um 1860 (Alexander Duncker)

Gewässer, Weiden, Wiesen, Triften, Hütungen, Holzungen, Heiden, Pirschen, Wälder, Jagden für Groß- und Kleinwild, Kirchlehen sowie Einkünfte aus oberer und niederer Gerichtsbarkeit. Einzige Bedingung war: Der Landvogt und seine Erben mußten sich verpflichten, die Äbtissin und die nach der Auflösung noch im Kloster verbleibenden Nonnen bis an deren Lebensende zu versorgen. Zu ähnlichen Bedingungen ging 1542 auch der Besitz der Klöster Himmelpfort und Lindow an die Familie des Landvogts Hans von Arnim über. Katharina von Arendsdorf war die letzte Nonne des Boitzenburger Klosters. Die Familie von Arnim hatte im unweit gelegenen, heute etwas ramponierten Schloß bis 1945 ihren Stammsitz.

## Touristische Informationen

**Anfahrt**

- Auto: Autobahnanschluß: Berliner Ring – Prenzlau (A 11), Abfahrt Pfingstberg, Bundesstraße B 109
- Bahn: Der nächste Bahnhof ist Templin
- Bus: ab Templin und Prenzlau

**Sehenswertes**

- Klostermühle am Mühlenteich (Mühlenmuseum)
- Schloß und Schloßpark
- Erbbegräbnis der Familie von Arnim
- Tiergarten
- Verlobungsstein

**Veranstaltung**

- Mühlenfest jährlich am Pfingstmontag

**Informationen**

Klostermühle Boitzenburg
Herr Benthin
Mühlenweg 5
17268 Boitzenburg
Tel.: (03 98 89) 236
Öffnung: Di–So 10–17 Uhr, im Winter bis 16 Uhr
Führungen nach Anmeldung

Fremdenverkehrsverein Templin e.V.
Nebenstelle Boitzenburg
Wegguner Straße 1a
17268 Boitzenburg
Tel.: (03 98 89) 77 44

# Chorin

Ecclesia sancte Marie virginis in Koryn

*Stephan Warnatsch*

## Lage und Entstehung

Im Ergebnis der seit spätestens 1255 geplanten Herrschaftsteilung zwischen den Brüdern Markgraf Johann I. und Markgraf Otto III. von Brandenburg im Jahr 1258 ergab sich für die johanneische Linie der Askanier die Notwendigkeit, ein neues Haus- und Grablegekloster zu gründen, da das alte Familienkloster Lehnin beim ottonischen Zweig verblieb. Noch im selben Jahr wurde daher ein solches als zweite Filiation Lehnins auf der Insel Pehlitzwerder im Parsteiner See unter dem Namen Mariensee (Stagnum sancte Marie virginis) gegründet. Nur wenige Jahre später jedoch, zwischen 1270 und 1272, wurde das mit vier Dörfern und sieben Seen neben dem eigentlichen Hausareal an sich recht gut ausgestattete Kloster wohl aus wirtschaftlichen Erwägungen nach Chorin verlegt, dessen slawischen Siedlungsnamen man dabei übernahm.

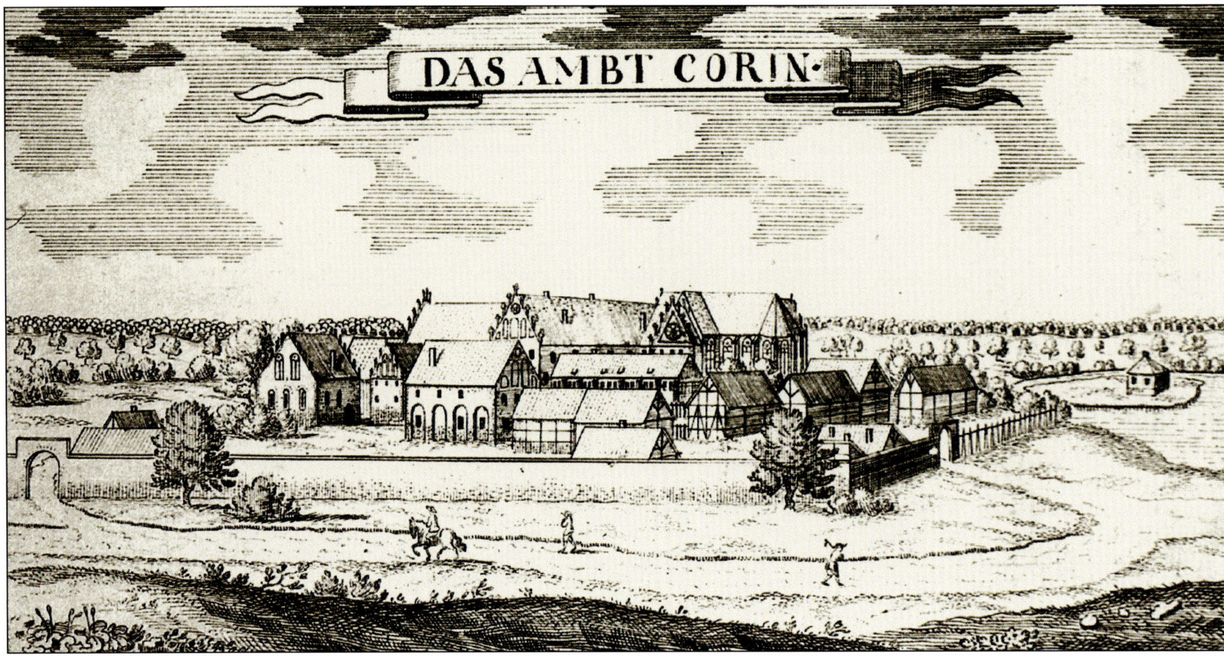


Schon im Gründungsjahr 1258 wurde der Zisterze das bis dahin prämonstratensische Marienhospital im bei Oderberg gelegenen Dorf Barsdin beigegeben. Der hier seit 1232 ansässige Prämonstratenserkonvent des Klosters Gottesstadt hatte sich offenbar aufgelöst. Und bereits 1261 kam ein weiteres Hospital in Greiffenberg unter Choriner Verwaltung.

Der 1260 einziehende Konvent bestand zunächst aus Lehniner Mönchen, rekrutierte dann seinen Nachwuchs aber aus Adels- und Bürgerfamilien der weiteren Umgebung Chorins: Im 13. und 14. Jahrhundert sind mehrfach die Familien von Niemegk, von Greiffenberg und von Tornow zu belegen.

**Mariensee und die Verlegung nach Chorin**

Schon bald nach der Besiedlung der provisorischen Konventsgebäude in Mariensee dürften die Arbeiten an den dortigen Kirchen- und Klausurgebäuden begonnen worden sein: Mitte des 18. Jahrhunderts waren hier noch ansehnliche Grundmauern und Reste von Keller- und Gewölbebauten zu finden, heute sind es im wesentlichen die Reste des Ostteils der Kirche. Diese scheint als stattliche dreischiffige Pfeilerbasilika, deren drei Schiffe auf einer Linie gerade abschlossen, konzipiert gewesen zu sein. Sie weicht damit deutlich von der Lehniner Konzeption ab.

Dennoch mag es denkbar sein, daß der in der Besiedlungsurkunde für Mariensee auftretende »magister operis« Konrad, damaliger »Baumeister« in Lehnin, an den Anfängen des Baus in Mariensee mitgewirkt hat. Die Kirche auf dem Pehlitzwerder ist aber aufgrund der baldigen Verlegung des Klosters unvollendet geblieben.

Nach dem Umzug nach Chorin, den die Äbte von Mariensee, Lehnin und Kolbatz mit Zustimmung des Generalkapitels in Cîteaux vom Landesherren bei gleichzeitiger Bestätigung aller bisher gewährten Rechte erbaten und zugestanden bekamen, wurde der Klosterbesitz stetig ausgebaut. Die für den Umzug ursächlichen Umstände, mögliche Widrigkeiten und Beschwernisse, sind leider nicht mehr zu eruieren. An dem neuen Ort, der zumindest verkehrstechnisch günstiger gelegen war – nämlich in unmittelbarer Nähe eines Handels- und Heerweges –, florierte jedenfalls in der Folgezeit das klösterliche Wirtschaftsleben auf allen Ebenen. Getragen wurde es nicht zuletzt durch großzügige Zuwendungen der askanischen Stifterfamilie.

**13.–15. Jahrhundert**

Die Kämpfe mit den Pommern (1283) oder mit Bogislaw von Wolgast (1295) vermochten nicht, die Entwicklung des Klosters nachhaltig zu belasten. Auch der päpstliche Bannspruch, der im Zuge des Streits um die Reichsunmittelbarkeit der Bischöfe von Brandenburg und Havelberg über die Markgrafen Konrad I. und Otto IV. mit dem Pfeil verhängt worden war, ließ das Kloster unberührt: Konrad wurde 1304 trotz gültigen Interdikts in Chorin beigesetzt. Selbst das gestörte Verhältnis zu den Nachfolgern der Askanier, den Wittelsbachern, sowie die damit verbundenen kriegerischen Streitigkeiten um den Herrschaftsanspruch in der Mark, die unsägliche Politposse um den »falschen Waldemar« und die daraus resultierenden zeitweilig chaotischen Verhältnisse und selbst den Verlust der östlichen Uckermark an die Pommern (1354) scheint Chorin recht gut verkraftet zu haben, wie man 1375 dem Landbuch Kaiser Karls IV. entnehmen kann.

Dagegen müssen die später folgenden Kämpfe zwischen den Hohenzollern und den pommerschen Herzögen um den Besitz der Uckermark – obwohl 1415 zugunsten der Brandenburger entschieden – dem Kloster empfindlichen Schaden zugefügt haben. Dies zeigen Eingaben des Choriner Konvents an den Papst von 1422 und eine Urkunde Markgraf Johanns aus dem Jahre 1431.

Insgesamt aber erwies sich Chorin fast durchgängig als wirtschaftlich kräftig und expansionsbereit: So konnte man 1421 das Dorf Niederfinow, 1431 als letzte Gemarkung am Parsteiner See das Dorf Bölkendorf und 1466 das Dorf Klein-Ziethen erwerben und damit die historisch größte Besitzausdehnung des Klosters erreichen, die im übrigen weitgehend derjenigen des späteren Amtes Chorin um 1600 entsprach.

Wie die Äbte des Mutterklosters Lehnin, so gewannen auch die Äbte Chorins unter den Hohenzollern erhebliche Bedeutung für die brandenburgische Politik und Gesellschaft: Sie trugen den Titel eines kurfürstlichen Rates, und 1458 trat z.B. Abt Tobias (1441–63), dessen Grabplatte sich noch heute in der Klosterkirche befindet, als geistlicher Richter im Prozeß gegen die uckermärkischen Waldenser auf, Anhänger einer als häretisch verfolgten religiösen Reformbewegung. Um 1500 jedoch geriet das Kloster im Kontext nicht enden wollender Streitigkeiten um die Choriner Abtswahl, die sogar die römische Kurie beschäftigten, in eine schwere innere Krise, die sich auch in seinem wirtschaftlichen Niedergang widerspiegelte.

**Auflösung und Schicksal der Klosteranlage**

Die anbrechende Reformation trug zu dieser Entwicklung ebenfalls bei – trotz aller gegenläufigen Bemühungen der Äbte. Immerhin berief Kurfürst Joachim I. 1527 den Choriner Abt zum geistlichen Richter über seine der Lutherei verdächtige Gattin Elisabeth, und die auch in Chorin einsetzenden zaghaften Reformationsversuche wurden von Joachim II. noch 1536 ausdrücklich untersagt, was ihn freilich nicht hinderte, bald selber die wirtschaftlichen Möglichkeiten der Reformation zu nutzen, die sich ihm als Landesherren boten: 1542 fiel auch Chorin der Säkularisation zum Opfer. Ein Jahr später ging das neue Kammergut als Pfandbesitz für 20 000 Taler an den Potsdamer Amt-

Chorin, Lithographie von Paul Brecht, 1854

mann Kaspar von Köckeritz über. 1546 wieder eingelöst, blieb es nun kurfürstliches Domänenamt. Von 1654 bis 1662 findet es sich im Besitz des Joachimsthalschen Gymnasiums, und von 1706 bis 1772 war es Sitz einer Invalidenabteilung.

Die Klosterkirche verfiel nach dem Dreißigjährigen Krieg und wurde zeitweilig sogar als Viehstall benutzt. 1884/85 und 1912 wurde sie restauriert. Das Kloster blieb in all dieser Zeit Sitz des Amtes Chorin. Das Amtshaus selbst dient seit 1821 als Oberförsterei, und bis auf den heutigen Tag untersteht das Kloster der Forstverwaltung

## Die Klosterkirche

### Baugeschichte

Die Klosterkirche in Chorin ist eine dreischiffige kreuzförmige Basilika. Sie gehört zu den bedeutendsten Schöpfungen der norddeutschen Backsteingotik und beeindruckt darüber hinaus mit einer stattlichen Außenlänge von gut 68 Metern, obgleich die aufgegebene Großkirche von Mariensee ein, wie es scheint, noch monumentaleres Bauwerk hatte werden sollen.

Nach dem spätestens 1266 beschlossenen Umzug des Konvents von Mariensee nach Chorin (1273) wurde umgehend der Kirchenneubau in Angriff genommen und zügig vorangetrieben: Das Presbyterium, die Querhäuser und der östliche Teil des Langhauses gehören alle in eine erste Bauphase zwischen 1273 und 1285. Dieser zügige Baubeginn setzte aber eine 1273 bereits abgeschlossene Gesamt- und Detailplanung der Anlage voraus, da neben dem eigentlichen Grundriß der Kirche auch viele andere Entscheidungen, wie etwa die Frage der Wandgliederungen oder der Gewölbekonzeption, von Anfang an relevant waren.

Noch während der Planungsphase für Kirche und Klosterbauten dürfte der Um- und Ausbau der in Chorin schon stehenden Mühle zu einem Maschinenhaus eingeleitet worden sein, da die Produktionen aus diesem neuen Werkhaus für den Kirchenneubau benötigt wurden. Die Bautechnik des Mühlenhauses scheint älter als diejenige des Klosters zu sein. Darüber hinaus mußten provisorische Klosterbauten mit Kirche und Konventsunterkünften errichtet werden, bevor die Mönche nach Chorin übersiedeln konnten, denn ehe die geplante Klosteranlage genutzt werden konnte, würde man über mehrere Jahrzehnte hin in diesem Provisorium beten, wohnen und arbeiten müssen. 1273 war all dies aber wohl erledigt. Der hölzerne Vorläuferbau befand sich vermutlich an der Stelle des heutigen westlichen Langhauses.

Apsis und nördliches Querhaus von Nordosten

Der Ostteil der Abteikirche ist der älteste, wie sich vor allem an den beiden Gewändeportalen zwischen Sakristei und Südquerhaus und zwischen Ostflügel des Kreuzgangs und östlichstem Joch des Seitenschiffs ablesen läßt.

Konkrete Baudaten sind aufgrund der dürftigen Quellenlage selten zu ermitteln. Da aber 1281 Markgraf Johann II. und die Gattin Markgraf Konrads, Constantia, in der Klosterkirche bestattet wurden, muß diese damals zumindest im Querhaus bereits nutzbar gewesen sein.

1883 wurden hier mehrere Gräber gefunden: vier im nördlichen Querschiffarm, vier im südlichen und drei im Sanktuarium vor den Stufen zum Hochaltar. Die Identität der Leichname ist nicht zweifelsfrei zu ermitteln, doch könnte es sich bei letzteren um Otto IV. mit dem Pfeil († 1308) oder Waldemar den Großen († 1319) handeln.

Tatsächlich scheint als erster Bauteil der südliche Querhausarm mit dem Ansatz des südlichen Seitenschiffs hochgezogen worden zu sein. Parallel entstanden die südlich anschließende Sakristei und der darüberliegende Schlafsaal der Mönche.

Gemeinsam mit dem südlichen Querhausarm sind die vier Sanktuariumsseitkapellen und damit die Südwand des Hochchores mit der Zelebrantennische errichtet worden. Die zweistöckigen Kapellen waren jeweils zweijochig und ihre Obergeschosse vom Dormitorium aus zugänglich.

Blick auf das südliche Querhaus

Das imposante Wahrzeichen Chorins: die Westfassade

Eine erste Altarstiftung sowie eine ausdrücklich auch für den Bau der Kirche bestimmte Schenkung im selben Jahr legen die Vermutung nahe, daß diese Bauteile trotz der erst zwei Jahre zuvor erfolgten offiziellen Verlegung nach Chorin schon 1275 ihrer Fertigstellung nahe waren.

Wie Detailformen belegen, entstanden zeitlich mehr oder minder parallel zum Ostteil der Kirche auch Teile der Konventsbauten, so etwa im östlichen Bau der Klausur der Kapitelsaal und der Kreuzgang. Auch der Konversenflügel im Westen – mit der Klosterküche und dem Konversenrefektorium im Unter- sowie dem Dormitorium der Laienbrüder im Obergeschoß – wurden vorangetrieben. Die Abteikirche scheint dagegen zunächst nur in ihrem Ostbau fortgeführt worden zu sein.

Nach dieser ersten Bauetappe der Kirche wurde sie möglicherweise mit dem hölzernen Übergangsbau an

Baunaht zwischen Ost- und Westteil der Klosterkirche

der Stelle des späteren westlichen Langhauses zu einer Nutzungseinheit verbunden. Die Apsis wurde über sieben Seiten eines Zwölfecks geschlossen. Die Einwölbung konnte nicht vor der Abstützung durch den Langhausansatz begonnen werden, doch dürften schon um 1280, also nach etwa sechs Jahren Bauzeit, Sanktuarium, Querschiff mit Seitkapellen und Langhausansätze fertiggestellt gewesen sein. Anschließend wurde der Bau des Langhauses nach Westen fortgeführt. Die Einwölbung der Ostteile der Kirche dürfte um 1285 erfolgt sein. Möglicherweise ruhte der Bau des Kirchenschiffs im folgenden bis 1290, bevor er dann, wiederum ausgesprochen zügig (wie es scheint bis 1300 oder 1305), zu Ende geführt wurde. – Derartige zeitliche Periodisierungen müssen freilich bei aller im Einzelfall gegebenen Wahrscheinlichkeit Vermutungen bleiben, da es für die meisten Fakten an unzweifelhaften urkundlichen, archäologischen oder sonstigen materiellen Belegen fehlt.

Den zeitlichen Einschnitt zwischen den beiden Bauetappen kann der Besucher noch anhand einer sichtbaren Baufuge ablesen, einer senkrechten Mauerstörung mit leichten Farbunterschieden im Backsteinmaterial zwischen dem – von Osten her gezählt – vierten und fünften Obergadenfenster.

In den letzten Jochen des westlichen Langhauses wurde um 1300 eine repräsentative Herrscherempore eingerichtet, von der aus die askanische Stifterfamilie mit ihren Gästen den Gottesdiensten beiwohnte. Damit verwies dieser Bauteil auf alte kaiserliche und eigenkirchliche Traditionen.

Wie in der Westempore innen, so manifestierte sich auch in der berühmten Choriner Westfassade außen die herrschaftliche Konzeption dieses Kirchenbaus: Sie war als repräsentative Schauwand konzipiert. Nach der Verlegung des Klosters von Mariensee nach Chorin war die Niederlassung in die unmittelbare Nähe des Handels- und Heerweges gekommen, der aus der Mittelmark nach Norden in die neu erworbenen Gebiete der Uckermark und weiter zur Ostsee führte. Hier verdeutlichte die weithin sichtbare Schauwand den unbedingten Machtanspruch der Stifterfamilie.

Die Schauwand in Chorin war auf freiem Feld errichtet. Das heute so markante Verschwinden in gärtnerisch angelegtem Bewuchs war erst eine Folge romantischer und späthistoristischer Landschaftsgestaltung, vor allem durch Peter Joseph Lenné.

Der Kern der alten Klosteranlage blieb über die Jahrhunderte erhalten, obwohl nach den Brandschatzungen und Plünderungen im Dreißigjährigen Krieg die Klostergebäude als billiger Steinbruch dienten und die Kirchenruine zeitweise sogar zum Viehstall degradiert wurde. Karl Friedrich Schinkel stoppte im Auftrag Kronprinz Friedrich Wilhelms von Preußen Verfall und Materialraub und sicherte in den Jahren 1828–33 die verbliebenen Ruinenteile. 1884/85 und 1912 wurde die Klosterkirche weitgehend wiederhergestellt. 1957/58 wurde dann auch der bis dahin zu Wohnzwecken genutzte Ostflügel der Konventsgebäude weitgehend stilgerecht restauriert.

**Baubeschreibung**

Die Kirche war, der Ordensregel gemäß, in drei Raumabschnitte untergliedert, die sich noch gut an den Bodenstufen erkennen lassen. Den Mönchen war der Psallierchor im Ostteil vorbehalten – das Sanktuarium, die Vierung und das Mittelschiff bis zum letzten der reicher gestalteten Pfeiler umfassend. Bei diesem Pfeiler durchläuft eine doppelte Stufe den Boden von Mittel- und Seitenschiffen. Auf ihr war ehemals eine Chorschranke errichtet. Die dann nach Westen hin bis

Mittelschiff und Apsis nach Osten

Mittelschiff nach Westen

in die Nähe der Empore folgenden Joche mit ihren einfachen Kreuzpfeilern waren für die Konversen bestimmt. Den Abschluß bildete auch hier beim dritten westlichen Kreuzpfeiler eine Stufe, auf der ebenfalls eine Schranke errichtet gewesen sein dürfte. Die Basen der beiden letzten Kreuzpfeiler, die die Empore tragen halfen, liegen tiefer als die des Konversenchores. Sie liegen also in der dritten Ebene des sich in drei Stufenflächen aufbauenden Fliesenbodens der Kirchenschiffe. Dieser nun die drei westlichen Joche umfassende Raum stand bei den öffentlichen Messen an den zahlreichen Festtagen der Familia, also den Klosterbediensteten sowie den Bewohnern der Klosterbesitzungen oder den im weiteren Sinne dem Kloster irgendwie Zugehörigen zur Verfügung, späterhin wohl auch allgemein der umgebenden Landbevölkerung. Am Westende des Langhauses befand sich die Empore, deren Abbruchreste noch gut zu sehen sind. Sie ruhte auf Konsolen an Wänden und Pfeilern sowie auf vier freistehenden Stützen, wodurch sich für das kreuzrippengewölbte Untergeschoß sechs niedrige Joche ergaben, spärlich beleuchtet durch die drei unteren Lanzettfenster. Diese Westempore war der Stifterfamilie und ihrem Hof vorbehalten.

In den Ostteilen endet das queroblonge Joch des Sanktuariums mit einer polygonalen Apsis. Die Kapitelle tragen hier frühgotische Blattzier. An der Ostseite der Querschiffe befanden sich ehemals zweigeschossige Kapellenbauten, von denen aber nur noch die Bogenöffnungen zu erkennen sind.

Die Konzeption der Kirche ist im wesentlichen einheitlich. Das System des Langhauses ist basilikal, das heißt, das Mittelschiff ist höher als die Seitenschiffe und erhält durch die schmalen Spitzbogenfenster des sogenannten Obergadens direkte Belichtung. Die spitzbogigen Arkadenreihen gliedern den großen Raum. Im östlichen Langhaus finden sich zwei Pfeilertypen in rhythmischem Wechsel: rechteckige Kreuzpfeiler und Bündelpfeilern ähnelnde Stützen. Das Vierungspfeilerpaar eingerechnet, ergibt sich so bis zur ehemaligen Chorschranke, erkennbar an der Doppelstufe, ein Wechsel aus drei schlichten Pfeilern und drei reicheren Säulen, ein architektonisches Zitat des romanischen Stützenwechsels des gebundenen Systems, das hier zwar ohne eigentliche Folgen für die bauliche Konstruktion des Gebäudes bleibt, dennoch aber Funktion hat: Es setzt in der Raumgliederung deutlich Chorraum von Laienkirche ab. Daneben erkennen wir darin auch den Schnitt zwischen zwei Bauphasen. Es ist nicht zu vergessen, daß diese Trennung früher auch noch durch eine Chorschranke, vielleicht sogar durch einen Lettner manifestiert wurde.

Der Obergaden ist in jedem Joch von einem schlanken, zweiteiligen Spitzbogenfenster durchbrochen. Deren stark restauriertes, der Hausteingotik entlehntes Maßwerk zeigt reich wechselnde Paßbildungen. Die Fensterreihe im nördlichen Seitenschiff hat ihren Maßwerkschmuck verloren und ist zum Teil zugemauert worden. Die Fenster waren zumeist mit Überfangglas, sogenannten Grisaillen (Grautechnik), verglast.

In der südlichen Querschiffswand, deren unterste Hälfte die ältesten Formen des ganzen Klosterbaus aufweist, befindet sich ein großes romanisches Rundfenster mit dreifach gestufter Laibung und einem Band aus übereckgestellten Ziegeln, das sich ehemals in das Mönchsdormitorium öffnete. Von den beiden Türen dieser Wand führte die rechte aus dem Schlafsaal, an einem putzgeritzten Weihekreuz in der Westwand des Querschiffs vorbei, zur Kirche hinab, die andere über ein hölzernes Podest – die Balkenauflagen sind noch sichtbar – zum oberen Geschoß des südlichen Kapellenbaus, der möglicherweise den ehemaligen Archivraum beherbergte.

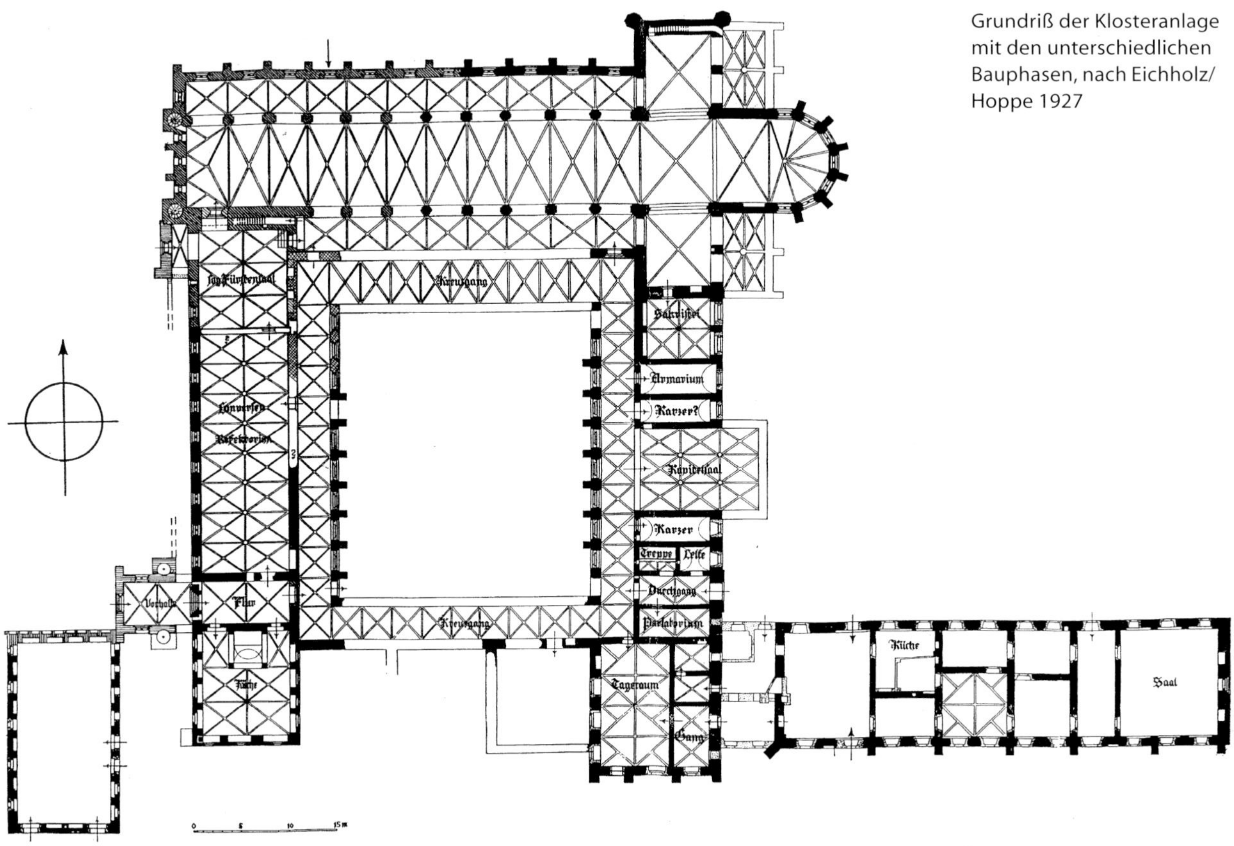


Grundriß der Klosteranlage mit den unterschiedlichen Bauphasen, nach Eichholz/ Hoppe 1927

Schematische Rekonstruktion des ehemaligen Choriner Baubestandes, Zeichnung: Stephan Warnatsch

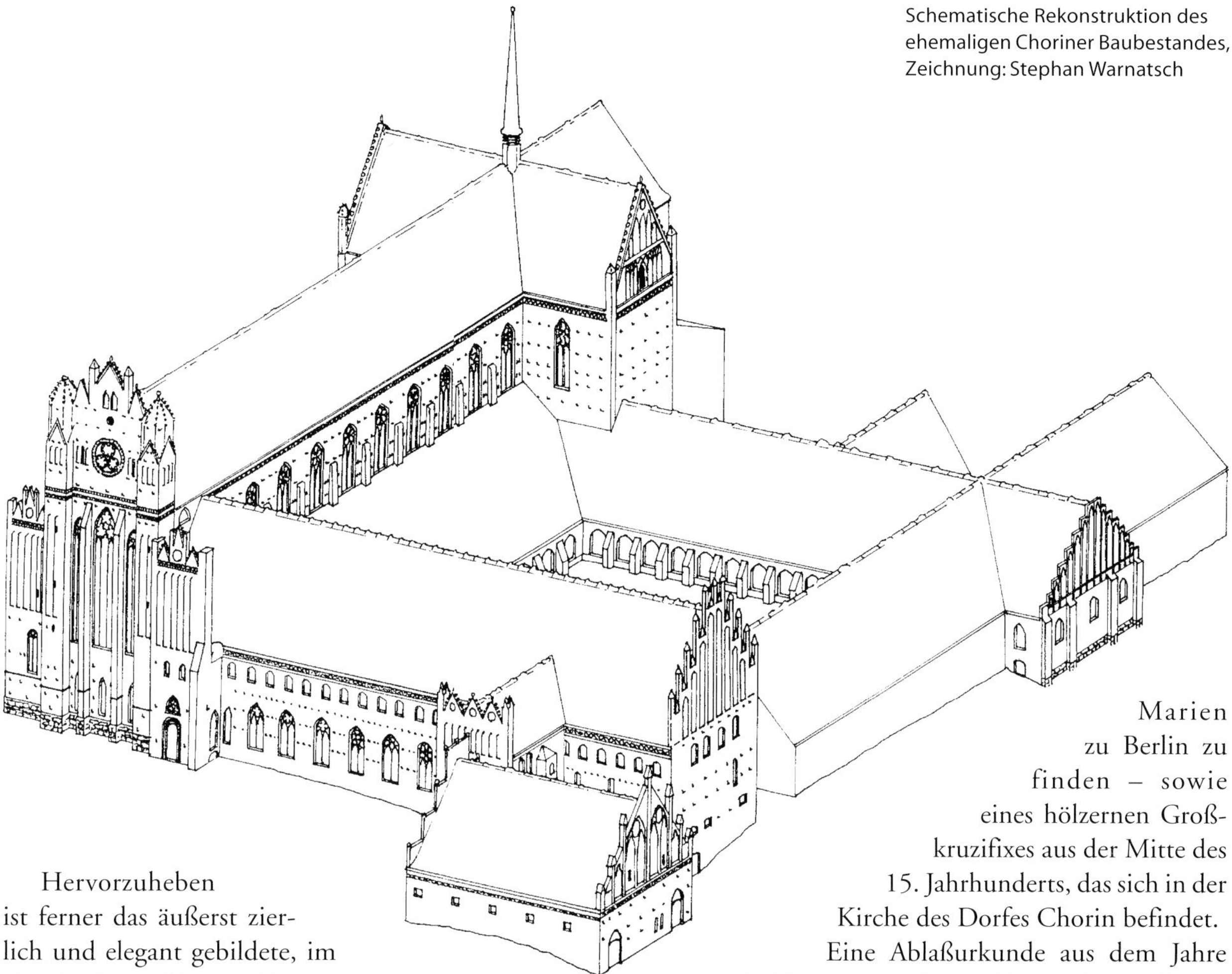

Hervorzuheben ist ferner das äußerst zierlich und elegant gebildete, im Rundstab profilierte Blendmaßwerk einer flachen spitzbogigen Nische auf der Südseite des Chores, die als architektonischer Hintergrund für den dreiteiligen Priestersitz diente.

Das ganze Innere der Kirche war an den glatten Wandflächen mit einem harten hellen Putz überzogen. An den tragenden Gliedern wechselte die natürliche Farbe des Steins teils mit diesem hellen Putz, teils mit weißer Bemalung, so daß ihr funktionaler Charakter noch unterstrichen wurde. Auch Deckenmalereien, wie sie etwa für Lehnin nachweisbar sind, dürfen wir unterstellen. Da die Choriner Gewölbe aber gänzlich fehlen, ist dies nicht mehr zu überprüfen.

Ebenso ist die Ausstattung der Kirche weitgehend verschwunden, mit Ausnahme eines Kelches (um 1267) und einer Patene (um 1290) – beide heute in St. Marien zu Berlin zu finden – sowie eines hölzernen Großkruzifixes aus der Mitte des 15. Jahrhunderts, das sich in der Kirche des Dorfes Chorin befindet.

Eine Ablaßurkunde aus dem Jahre 1334 erwähnt sieben Altäre, die in diesem Jahre geweiht wurden. Der Hochaltar galt der Gottesmutter Maria, die übrigen sechs Altäre, die vermutlich in den Sanktuariumsseitkapellen standen, waren Maternus und Evortius, Johannes dem Täufer und Johannes dem Evangelisten, Benedikt und Bernhard, Stefan und Laurentius, Katharina und Agathe sowie allen Heiligen gewidmet. Darüber hinaus werden sich auch in den Seitenschiffen Altäre befunden haben.

Die Grabplatte des Abtes Tobias, die 1886 in die Nordwand des nördlichen Querhauses eingelassen wurde, ist das letzte Überbleibsel der zahlreichen Abtsgräber. Sie zeigt in Ritzzeichnung einen Abt mit Stab und Buch unter einem gotischen Baldachin, darüber die Klosterkirche. In den Ecken befanden sich die vier

Kelch, Ausstellungsstück in St. Marien zu Berlin, um 1267

Aufgemauertes Fundament des ehemaligen Brunnenhauses im Kreuzhof

Evangelistensymbole. Die Inschrift ist mittlerweile fast völlig verwittert.

Das äußere Erscheinungsbild des Klosters wird vor allem von der großartigen Westfassade geprägt. Imposant erhebt sich der Mittelbau, der von drei schlanken maßwerkgeschmückten Großfenstern, deren mittleres dreiteilig ist, dominiert wird. Auch die Strebepfeiler zwischen den Fenstern betonen die vertikale Tendenz, die noch einmal von den beiden vorspringenden, mit schmalen Blendfenstern belebten, pfeilerartigen Treppentürmen aufgenommen wird. Sie ersetzen die entsprechend der Ordensregel fehlenden Westtürme und enthalten die Aufgänge zum Dachstuhl der Kirche. Sie laufen in achteckigen, helmbekrönten Aufsätzen aus, die die Fassadenkrone einfassen. Die beiden Seitengiebel, die über die Höhe der Nebenschiffsdächer hoch hinauswachsen, nehmen mit ihren schmalen Blenden und krönenden Abschlüssen die Motive des Mittelteiles in schlichterer Form noch einmal auf.

Die Westfront gehört mit ihrem schlichten und klaren Aufbau zum Schönsten, was die Backsteingotik hervorgebracht hat, und gibt gleichsam eine gesteigerte Zusammenfassung aller am Äußeren des Baus auftretenden Schmuckmotive. Prächtiger noch als die dortige, verweist die Choriner Westfassade in ihrem Repräsentationswillen deutlich auf Lehnin. Überhaupt folgt die Klosterkirche in Chorin in ihrer Grundkonzeption weitgehend dem Lehniner Vorbild.

In vielen Details zwar dem neuesten Stil folgend, ist doch ihre Gesamtgestalt wie in Lehnin die einer gestreckten Pfeilerbasilika mit einem Querschiff, doppelgeschossigen Sanktuariumsseitkapellen und abschließender Apsis.

Diese zur Bauzeit Chorins durchaus nicht mehr moderne Konzeption darf als bewußter Verweis auf die Traditionen askanischer Herrschaftsarchitektur verstanden werden. – Die Baubefunde der nie vollendeten Kirche von Mariensee deuten dagegen auf eine viel progressivere, beim Umzug nach Chorin aber verworfene Konzeption hin. Über die Gründe des gewandelten architektonischen Ansatzes gibt es nur vage Vermutungen.

Deutlicher noch als in Lehnin ist die Westfassade in Chorin das Abbild einer Dreiturmgruppe und damit Zeichen des weltlichen Herrschers in kirchlicher Architektur. Die Klosterkirchen von Lehnin und Chorin haben den Bauteil für den weltlichen Herrscher konzeptionell in die zisterziensische Baugestalt integriert und damit den Markgrafen als Klosterherren eine sonst in Reformklöstern nicht übliche Möglichkeit zur Repräsentation geboten. Die Westfassade von Chorin wird um 1300 datiert, doch ihr Habitus verweist auf ältere Baukonzeptionen und muß als Ausdruck einer späten Blüte feudalaristokratischer Architektur gesehen werden.

Ihr gegenüber schließt die bis zum Dach des Mittelschiffs hochgeführte Sanktuariumsapsis den Bau ab.

Die dekorativen Mittel an den schlanken, hohen Fenstern sind einfach und sparsam angewandt. Das zweite, vierte und sechste der sieben Chorfenster zeigen in rhythmischer Abfolge eine Bereicherung ihrer Profile durch Verwendung des Rundstabes im Maßwerk und im Gewände.

Der Dachreiter über der Vierung aus dem Jahr 1912 entspricht einem alten an der gleichen Stelle, der auch für das Jahr 1662 belegt ist. Damals hing noch eine Glocke darin. Das mächtige Satteldach ist ebenfalls 1912 zur alten Höhe aufgebracht worden.

Der schräge Kalkstreifen an der Südmauer des südlichen Querschiffs entspricht dem Verlaufe des alten Daches des östlichen Klosterflügels, das jetzt, nachdem dieser zweigeschossige Bau 1769 sein Obergeschoß zur Gewinnung eines Kornbodens verloren hat, seitlich verschoben in die westliche Mauerfläche des Querhauses einschneidet.

**Die Klostergebäude**

Die bauliche Gliederung der Choriner Klausur und ihre Nutzung entsprechen weitgehend dem zisterziensischen Idealplan.

Der Ostflügel (zwischen 1273 und 1285) war ursprünglich zweigeschossig. Im Obergeschoß befand sich das Mönchsdormitorium, von dem aus über Portal und Treppe das südliche Kirchenquerschiff und die dortigen Kapellen zu erreichen waren, wie dies die auch nachts gehaltenen Stundengebete der Mönche notwendig machten. Der heutige Ostflügel ist freilich im wesentlichen eine Rekonstruktion des 20. Jahrhunderts. Im Erdgeschoß dieses Klausurflügels folgten vom Kirchenquerschiff her die Sakristei, die Bibliothek und der zentrale Kapitelsaal, an den sich noch Karzer, Treppenaufgang, Durchgang, Parlatorium und der Tageraum der Mönche anschlossen. Von dort war auch

Blick von Süden: links das Choriner »Brauhaus«, rechts der Konversenflügel, im Hintergrund die Klosterkirche

Klosterpforte

Giebelwand des Pfortenhauses

das nicht mehr erhaltene Latrinengebäude zu begehen, das durch den vom Amtssee her gespeisten Schwemmkanal ebenso entsorgt wurde wie die an der Westecke der Klausur gelegene Klosterküche. Nördlich der Mühle wurden die Abwässer in die Ragöse geleitet.

Am Südende des Ostflügels schloß nach Osten hin das ursprünglich freistehende Abtshaus (zwischen 1280 und 1290) an, quasi als Fortsetzung des Südflügels über das Klausurgeviert hinaus. Es war zweigeschossig und hatte im Osten einen hohen, gewölbten repräsentativen Saal.

Im Südflügel (zwischen 1285 und 1290) befanden sich der Wärmeraum und vor allem der Speisesaal der Mönche, dem im Kreuzgang das Brunnenhaus vorgela-

Westlicher Kreuzgang nach Süden

Die Klosterküche

Umzeichnung der Wandmalerei im Fürstensaal (Jan Raue)
links: Anbetung der Heiligen Drei Könige,
rechts: Kindermord zu Bethlehem
Mitte links: Taufe Christi (Übermalung)
oben: thronender Prophet oder König

gert war, wo man sich die Hände säuberte. Der dortige Laufbrunnen wurde im übrigen über eine eigene Trinkwasserquelle und nicht etwa über den zuvor erwähnten Schwemmkanal gespeist. Von hier verliefen fortführende Wasserleitungen auch zum Abtshaus und zum Hospitalgebäude nordöstlich der Klosterkirche.

Am Südende des Westflügels (zwischen 1273 und 1285) schloß sich, quasi direkt neben dem Refektorium, die Klosterküche mit ihrer imposanten Feuerstelle an, wo Konversen die Speisen bereiteten. Überhaupt ist der Westflügel der Klausur traditionell der Konversenbau, der ursprünglich meist vom Kreuzgang der Mönche abgesetzt war, oft fast freistehend, getrennt durch einen schmalen, offenen Hof, durch den die Laienbrüder in den Westteil der Kirche zogen. Der Konversenflügel beherbergte im Obergeschoß deren Dormitorium sowie im Erdgeschoß Refektorium und Arbeitsräume, unter denen sich noch Vorratskeller befanden.

Hervorzuheben sind in diesem Bereich vor allem: die gleich neben der Küche gelegene Klosterpforte, der bereits um 1300 das Neue Pfortenhaus vorgesetzt wurde, so daß aus der Außen- eine Innenpforte wurde; das Konversenrefektorium, der größte Raum der Klausur; und der sogenannte »Fürstensaal«, die Kirchenvorhalle für die Laien. Hier finden sich auf der nördlichen Stirnwand auch noch Reste einer originalen Wandmalerei von um 1300. Dargestellt sind Szenen aus dem Leben Jesu.

Südwestlich der Klausur, an diese durch das Neue Pfortenhaus um 1300 angebunden, befindet sich das sogenannte Brauhaus. Sein Name leitet sich von späte-

»Brauhaus« und Klosterküche von Süden

Reste der Klostermühle

rer Nutzung ab, denn ursprünglich war das »Brauhaus« schlicht ein Wirtschaftsbau, der Speicherraum für Getreide wie auch Werkstätten bot.

Chorin verfügte, wie bei den Zisterziensern üblich, über ein ausgeklügeltes Wassersystem, das sich der Ragöse und des kleinen Chorin-Sees sowie eines Schwemmkanals südlich der Klausur, eines Durchstichs nördlich des Klosters und des fünf Kilometer langen Nettelgrabens zum Weißen See bediente. So wurden nicht nur die Abwasser des Klosters entsorgt oder der Laufbrunnen im Brunnenhaus am südlichen Kreuzgangflügel gespeist, sondern beispielsweise auch die Klostermühle betrieben. Diese scheint im übrigen bereits vor der Verlegung des Klosters an den heutigen Standort existiert zu haben. Mit ihren maximal sieben Wasserrädern diente sie nicht allein als Mühle im herkömmlichen Sinne, sondern quasi als eine Art Maschinenhalle für alle durch Wasserkraft mechanisierbaren Arbeitsabläufe.

Nördlich der Kirche lag der Klosterfriedhof, wo nicht nur Mönche und Konversen bestattet wurden, sondern auch solche Laien, die durch Zuwendungen an den Konvent ein Liegerecht erworben hatten. Nur die askanischen Markgrafen ruhten in der Abteikirche selbst. Ihre Gräber liegen in den beiden Querschiffen und im Sanktuarium. Abtsgräber sind im Kirchenschiff zwar nicht auszuschließen, aber eher unüblich. Die Äbte wurden zuweilen im Kapitelsaal, meist aber im Kreuzgang bestattet, wo sich auch die heute im nördlichen Kirchenquerhaus befindliche Grabplatte des Abtes Tobias (15. Jahrhundert) fand.

Konzert im Kreuzgang

Östlich des Friedhofes war 1372 ein neuer Hospitalbau errichtet worden, um das damals aus Barsdin hierher verlegte Hospital aufzunehmen. Das Gebäude existiert nicht mehr, ebensowenig wie auch die ehedem westlich davon gelegene und möglicherweise baulich mit ihm verbundene Karner-Kapelle, von der aber noch 1740 ein Mauerrest erwähnt wird.

## Touristische Informationen

**Anfahrt**

- Auto: Autobahn A 11, Abfahrt Britz, dann Ausschilderung nach Chorin; oder Bundesstraße B 2
- Bahn: Bahnhof Eberswalde, dann Bus nach Chorin

**Informationen**

Klosterverwaltung, Amt 11, 16230 Chorin
Tel./Fax: (03 33 66) 703 77
www.kloster-chorin.com
www.infotheken.net/kloster.htm

**Öffnungszeiten**

April–Oktober, täglich 9–19 Uhr
November–März, täglich 9–16 Uhr

**Sehenswertes**

- Spaziergang um den Amtssee
- Dorfkirche des ehemaligen Dorfes Chorinchen
- Schiffshebewerk Niederfinow

**Veranstaltungen**

- Choriner Musiksommer (Vorverkauf u.a. über: Choriner Musiksommer e.V., F.-Ebert-Straße 5, 16225 Eberswalde, Tel.: (0 33 34) 65 73 10
- Kapellenkonzerte im ehemaligen Brüdersaal Informationen: Evang. Pfarramt, Dorfstraße 11, 16230 Brodowin, Tel.: (03 33 62) 708 08

# Doberlug-Kirchhain

**(Dobrilugk)**

Monasterium sancte dei genitricis et virginis Marie de Doberluch

*Oliver H. Schmidt*

## Lage und Entwicklung

Das älteste Zisterzienserkloster zwischen Elbe und Oder verdankt seine Entstehung nicht den Askaniern, Welfen oder Magdeburgern, sondern einer Seitenlinie der Wettiner. Konrad I., Markgraf der Ostmark und von Meißen, teilte bei seinem Tod 1156 seinen Besitz unter seinen Söhnen auf. Der älteste Sohn, Otto, erhielt die Mark Meißen und wurde dort im Jahr 1162 der Gründer der Abtei Altzelle (an der Freiberger Mulde). Sein Bruder Dietrich von Landsberg erhielt u.a. die den Wettinern 1136 verliehene Niederlausitz. Er wurde, wohl im Jahr 1165, zum Gründer des Klosters Dobrilugk, das als Hauskloster und Grablege seiner Linie ausersehen war. Die Landsberger Seitenlinie hatte jedoch keinen Bestand, und schon Ottos Sohn Dietrich der Bedrängte vereinigte 1210 die Niederlausitz wieder mit der Mark Meißen.

Die Klosterstelle lag im westlichen Teil der Niederlausitz, durchaus verkehrsgünstig an einem Übergang über die Niederungen der Schwarzen und der Kleinen Elster. Die bedeutende West-Ost-Verbindung von Torgau nach Spremberg und Schlesien führte in späterer Zeit unmittelbar am Kloster vorbei. Bereits 1005 wird »Dobraluh« in der Chronik Thietmar von Merseburgs genannt, denn hier trafen sich die Heere Heinrichs von Bayern und Jaromirs von Böhmen mit den Truppen König Heinrichs II., um gegen Boleslaw von Polen zu ziehen. Ob das Kloster an eine ältere Siedlung dieser Zeit anknüpfte, ließ sich archäologisch bislang nicht nachweisen. Der slawische Name, dobra luh, »gute Wiese«, bezeichnet eine Lichtung im ansonsten dichten Waldgebiet. In unmittelbarer Nähe der Klosterstelle waren Rodungen nicht erforderlich. 1937 wurde der Ortsname Dobrilugk aus ideologischen Gründen als Doberlug eingedeutscht, 1950 erfolgte die Zusammenlegung zur heutigen Doppelstadt Doberlug-Kirchhain.

Mutterkloster der jungen Gründung wurde die Abtei Volkeroda in Thüringen, aus der Filiation des Klosters Kamp. Wie die vergleichbar frühen Gründungen Zinna und Lehnin blieb auch die Entwicklung Dobrilugks von erheblichen Schwierigkeiten nicht verschont. Erst mit dem Ende der Reichskrise zwi-

## Walther von der Vogelweide und das Kloster Dobrilugk

Im folgenden Lied hat Walther von der Vogelweide der mühevollen körperlichen Arbeit der Zisterzienser gedacht, die um 1210 offensichtlich sprichwörtlich war. Der mittelhochdeutsche Text ist wiedergegeben, um die Reimkunst des Sängers zu illustrieren: Die fünf Strophen reimen sich jeweils ausschließlich auf einen Vokal, und zwar in der alphabetischen Reihenfolge a, e, i, o, u. Schon dieser Kunstgriff verrät, daß Walther Dobrilugk nicht so sehr wegen besonders strenger Regelauslegung als vielmehr aufgrund der Reimfolge auswählte. Der Zusammenhang verrät aber weder Bewunderung noch Spott für die Mönche, wie viele Autoren nahelegen wollen:

| | |
|---|---|
| Diu welt was gelf, rôt unde blâ,<br>grüen in dem walde und anderswâ:<br>kleine vogele sungen dâ.<br>nû schrîet aber diu nebelkrâ.<br>pfliget si iht ander varwe? jâ:<br>sist worden bleich und übergrâ.<br>des rimpfet sich vil manic brâ. | Die Welt war einst strahlend, rot und blau,<br>grün im Wald und anderswo:<br>kleine Vögel sangen da.<br>Jetzt schreit aber die Nebelkrähe.<br>Hat die Welt eine andere Farbe? Ja:<br>sie ist bleich und grau in grau.<br>Da rümpft sich manche Augenbrau'. |
| Ich saz ûf eime grüenen lê;<br>da entsprungen bluomen unde klê<br>zwischen mir und eime sê:<br>der ougenweide ist dâ niht mê.<br>dâ wir schapel brâchen ê,<br>dâ lît nû rîfe und ouch der snê.<br>daz tuot den vogellînen wê. | Ich saß auf einem grünen Hügel;<br>da wuchsen Blumen und Klee<br>zwischen mir und einem See:<br>diese Augenweide gibt es dort nicht mehr.<br>Wo wir einst Blumen brachen,<br>da liegt jetzt Reif und Schnee.<br>Das tut den Verliebten weh. |
| Die tôren sprechent »snîâ snî«,<br>die armen liute »owê owî«.<br>des bin ich swære alsam ein blî.<br>der wintersorge hân ich drî.<br>swaz der und der andern sî,<br>der wurde ich alse schiere frî,<br>wær uns der sumer nâhe bî. | Die Toren rufen »Schnei, oh schnei!«,<br>die armen Leute »Oh weh, oh wei!«<br>inzwischen bin ich schwer wie Blei.<br>Der Wintersorgen hab' ich drei.<br>Was die angeht und andere,<br>die würde ich sofort los,<br>wenn uns der Sommer nahe wär'. |
| Ê danne ich lange lebte alsô,<br>den krebz wolte ich ê ezzen rô.<br>sumer, mache uns aber frô!<br>dû zierest anger unde lô:<br>mit den bluomen spilt ich dô,<br>mîn herze swebete in sunnen hô:<br>daz jaget der winter in ein strô. | Eh' ich noch länger so lebte,<br>würde ich einen rohen Krebs essen.<br>Sommer, mache uns endlich froh!<br>Du schmückst die Wiese und den Wald:<br>mit den Blumen [Mädchen] würde ich da spielen,<br>mein Herz schwebte im höchsten Liebesglück:<br>das jagt der Winter in ein Lager aus Stroh. |
| Ich bin verlegen als ê sû:<br>mîn sleht hâr ist mir worden rû.<br>süezer sumer, wâ bist dû?<br>jâ sæhe ich gerner veltgebû.<br>ê deich lange in solher drû<br>beklemmet wære als ich bin nû,<br>ich wurde ê münch ze Toberlû. | Ich bin träge wie eine Sau:<br>mein glattes Haar ist mir rauh geworden.<br>Süßer Sommer, wo bist Du?<br>Ja, ich würde lieber Feldarbeit sehen.<br>Bevor ich länger in solcher Falle<br>eingeklemmt wäre, wie ich es jetzt bin,<br>würde ich Mönch in Dobrilugk. |

schen Kaiser Friedrich I., Barbarossa und dem Welfenherzog Heinrich dem Löwen wurde ein gesicherter Ausbau des Landes möglich. Ob Dobrilugk ähnlich wie Zinna und Jüterbog unter dem Pommerneinfall von 1179/80 gelitten oder die unsichere Lage bis zu diesem Zeitpunkt eine Besiedlung der Klosterstelle überhaupt unmöglich gemacht hatte, muß offenbleiben. Jedenfalls gibt es Nachrichten für eine Neubesiedlung der Klosterstelle in den Jahren 1184 oder 1185. Für diese Zeit ist auch die Aufnahme der Bautätigkeiten an den Klostergebäuden bezeugt.

### Klösterliche Eigenwirtschaft

Das Kloster lag recht genau im Zentrum seines 1199 erstmals urkundlich bezeugten Besitzes beiderseits der Kleinen Elster, dessen Ausbau nun konsequent betrieben wurde. Von allen in diesem Band beschriebenen Zisterzen kamen wohl die Mönche von Dobrilugk dem ursprünglichen Ordensideal der Eigenbewirtschaftung des Besitzes am nächsten, das Kloster erwarb sich den Ruf der »bestorganisierten Grundherrschaft« ostwärts der Elbe. Die sofort begonnene Einrichtung von Grangien, also klösterlichen Wirtschaftshöfen, die von Konversen und Klosterhörigen betrieben wurden, erreichte einen Umfang, der in Ostelbien einmalig blieb. Im klösterlichen Kernbesitz waren dies die Höfe Schulz und der Kleine Hof, im ab 1231 erworbenen Besitzkomplex am Ostufer der Elbe (zwischen Torgau und Mühlberg) Wiesitz, Cranewitz, Grautitz und Cunzwerder, im Bereich um Luckau hören wir von einer Grangie Falkenberg (1276) und dem möglicherweise kurzzeitig in Eigenwirtschaft genommenen Freesdorf (1297), östlich der Oder schließlich von einer vor 1239 gegründeten Grangie bei Semmeritz, die zwischen 1259 und 1286 als Neu-Dobrilugk zu einem eigenständigen Tochterkloster erwuchs (auch bekannt als Blesen, poln. Bledzew, wohin das Kloster 1407 verlegt wurde). Die schnelle Ausweitung der Besitzkomplexe, die bis 1430 andauerte, erforderte jedoch von vornherein auch die Nutzung der Möglichkeiten der Pachtwirtschaft. Während die verstreut liegenden Besitzungen bevorzugt mittels Grangien betrieben wurden, fand der Ausbau des Kernbesitzes mit Hilfe zinspflichtiger Bauern statt. Hiervon ausgenommen war lediglich ein Umkreis von etwa vier Kilometern um die eigentliche Klosterstelle, der der Eigenwirtschaft vorbehalten blieb.

Wenn wir auch über die Größe des Konvents nicht unterrichtet sind, so lassen die bekannten Namen einiger Mönche immerhin Rückschlüsse auf das Einzugsgebiet der Abtei zu: Wir finden Bürgersöhne aus Luckau, Cottbus, Herzberg, Mühlberg, Eilenburg, Leipzig und Halle. Daneben legt die bezeugte Grangienwirtschaft nahe, daß das Kloster einen bis 1430 andauernden Zustrom an Konversen gehabt haben muß.

Trotz der geographisch weiten Streuung des Besitzes blieb das Kloster das geistige und wirtschaftliche Herz des Konvents. Hierher führten die Grangienmeister die erwirtschafteten Überschüsse ab, und von hier verteilte sie der Cellarius zum Verkauf an den durch das Kloster gegründeten Markt in Kirchhain bzw. den Stadthof in Luckau. Dieser Stadthof, 1298 erstmals erwähnt, besaß eine auch den Bürgern offenstehende Kapelle, die ab etwa 1390 Festtagsbesuchern bzw. Stiftern einen vierzigtägigen Ablaß gewähren durfte.

### Wirtschaftszweige

Auch über die betriebenen Wirtschaftszweige sind wir für das Kloster Dobrilugk außergewöhnlich gut unterrichtet. Dem Ackerbau, neben dem Getreideanbau insbesondere von Mohn, Flachs, Hanf und Lein, stand annähernd gleichbedeutend die Viehwirtschaft zur Seite. Die durch die Hochwassergefahr für Ackerbau ungeeigneten Elbauen waren bevorzugtes Weidegebiet,

Das Gestüt Graditz nahe Torgau, einst eine Grangie des Klosters Dobrilugk

während die noch nicht gerodeten Waldflächen als Weide für Schweine genutzt wurden. Eine Spezialität der Grangie Grautitz an der Elbe hat sich bis in unsere Tage erhalten: Hier befand sich das Zentrum der klösterlichen Pferdezucht, und auch die Auflösung des Klosters konnte der Qualität des erst kurfürstlichen, dann staatlichen Gestüts nichts anhaben. Lediglich der Name des Ortes veränderte sich: Aus Grautitz wurde Graditz.

Der hochmittelalterliche Landesausbau führte den Obst- und Gartenbau in die Gebiete östlich der Elbe. Auch von einem Weinberg bei Belgern wird berichtet, im 20 km nordwestlich Doberlug-Kirchhains gelegenen Schlieben hat sich die klösterliche Weintradition sogar bis in unsere Zeit erhalten – die erhaltenen Pflanzungen und Weinkeller seien für einen Abstecher ausdrücklich empfohlen.

Von Waldwirtschaft in forstwirtschaftlichem Sinn war man zwar noch weit entfernt, jedoch gewannen Waldflächen neben der traditionellen Bedeutung als Weide und Bienenzuchtgebiet zunehmend Beachtung als Bau- und Heizstofflieferant: Die Zunahme der Bevölkerung im Verein mit den intensiven Rodungen machten eine gelenkte Bewirtschaftung der Ressourcen erforderlich. Die Ernährungsrichtlinien der Zisterzienser ließen der Fischzucht ein starkes Augenmerk zukommen, wie überhaupt die Wasserwirtschaft für die in Niederungen angelegten Klöster besondere Bedeutung hatte. Die Nutzung der Wasserkraft für Mühlen hatte dabei oberste Priorität, doch auch Hämmer für die Verarbeitung von Raseneisenstein finden sich verschiedentlich, für Dobrilugk nahe beim Kloster am Hammerteich und in Wahrenbrück an der Schwarzen Elster. Schließlich besaß die Verarbeitung von Ziegelerde, deren Vorkommen sich häufig in der Nähe der Klosterstellen befanden, eine hohe Priorität.

**Das unruhige 14. Jahrhundert**

Bis gegen 1300 entwickelte sich das Kloster relativ ungestört zu einem der führenden Kulturzentren der Niederlausitz. Ab 1304 veränderten sich durch dynastische Verwicklungen jedoch die politischen Rahmenbedingungen. Die Landesherrschaft ging an die Askanier über und blieb nach dem Tod Waldemars 1319 zwischen Wettinern und Wittelsbachern umstritten. Es folgte eine Zeit der Wirren, in der es auch zu verstärkten Fehden zwischen dem Kloster und umliegenden Adelsgeschlechtern gekommen zu sein scheint.

Dobrilugk, das Schloß um 1925

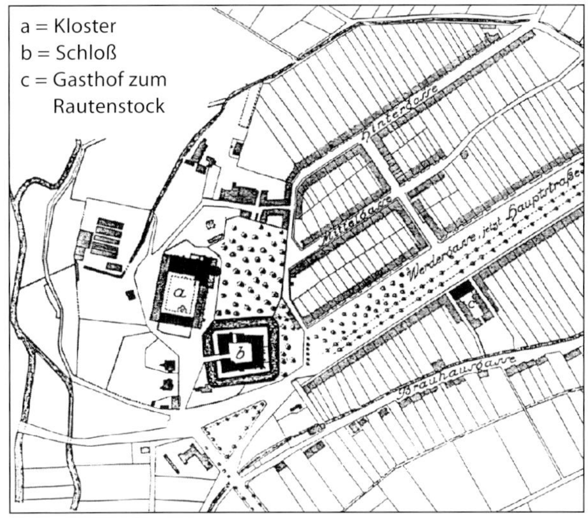


Dobrilugk, Plan der Stadt (Ausschnitt)

Dem Erhalt, nicht der Ausdehnung des Besitzstandes galt nun die Aufmerksamkeit des Cellerars. Inwieweit das Kloster an der Ermordung des Burggrafen Hermann von Golßen teilhatte, blieb ungeklärt, jedoch läßt die Höhe der vom Kloster anerkannten Buße auf ein erhebliches Schuldbewußtsein schließen.

Erst 1370, mit der Einverleibung der Lausitz in die böhmischen Kronlande durch Karl IV., wurde der Landfrieden um das Kloster erneut gesichert. 1373 wurden dem Kloster 26 Dörfer im Kern- sowie 13 Dörfer und vier Grangien in Streubesitz verbrieft, bis 1434 konnte der Besitz noch einmal beträchtlich ausgebaut werden und erreichte mit 65 Dörfern und Grangien seine größte Ausdehnung. Zu diesem Zeitpunkt aber war der Höhepunkt des Klosterlebens bereits überschritten. 1431 hatte das Kloster und sein Besitz unter der Plünderung durch Hussiten erheblich zu leiden, einige Bauten wurden nicht wiederhergestellt. Jedoch hören wir im Gegensatz zu den nördlichen Schwestern auch jetzt nichts über einen ausgeprägten Sittenverfall.

**Auflösung und Schicksal der Klosteranlage**

Erst nach dem Ausbruch der reformatorischen Unruhen läßt uns eine Nachricht das schwindende Leben des Konventes beleuchten: 1533 floh der Abt Balthasar aus dem Kloster und nahm einen Teil des Klosterschatzes mit sich. König Ferdinand von Böhmen erwog aufgrund dieser Erfahrung die Auflösung des Konvents. Doch bevor es dazu kommen konnte, besetzte 1541 der Kurfürst Johann Friedrich von Sachsen wegen einer Schuldforderung das Kloster und behielt es nach dem Vertrag von Speyer 1544 als Pfand. Der Abt und einige Mönche blieben zunächst am Ort, jedoch war 1547 das Kloster offensichtlich verwaist. In diesem Jahr erhielt Ferdinand von Böhmen den Klosterbesitz nach der für den Schmalkaldischen Bund verlorenen Schlacht von Mühlberg zurück und verpfändete ihn in der Folge an verschiedene Familien des Landadels, bis er schließlich nach mehrmaligem Wechsel des Eigentümers 1624 durch Kurfürst Johann Georg I. von Sachsen gekauft wurde. Der Dreißigjährige Krieg hinterließ beträchtliche Schäden am Gebäudebestand und am Grundbesitz.

Ab 1551 wurde anstelle und unter Einschluß des ehemaligen Abtshauses ein Schloß für die Pächterfamilie von Gersdorff errichtet, das ab 1623 erweitert wurde. Zwischen 1661 und 1676 erfolgte der Ausbau

Klosterkirche, Blick auf Chor und Apsis von Osten

zum heute noch bestehenden vierflügligen barocken Wasserschloß, das als Nebenresidenz und Witwensitz der Seitenlinie von Sachsen-Merseburg diente. Ab 1661 entstand auch die planmäßige Anlage der Barockstadt Dobrilugk. Mit der Vereinigung des Fürstentums Sachsen-Merseburg mit Kursachsen 1738 sank die Bedeutung von Schloß und Stadt freilich schon bald wieder.

Von den einstigen Klostergebäuden sind heute lediglich die Kirche und das den Südflügel der Klausur einnehmende Refektorium erhalten, letzteres aber durch jahrhundertelange Umnutzung, zuletzt durch die Nationale Volksarmee der DDR, so stark überformt, daß es als solches kaum noch erkennbar ist. Der Kreuzgang wurde bereits 1670 niedergelegt, Ost- und Westflügel der Klausur jedoch erst infolge eines Brandes 1852.

## Baugeschichte der Klosterkirche

Der Bau der Klosterkirche wurde wohl ab 1184 begonnen, 1209 war das Gebäude immerhin so weit unter Dach, daß die Markgräfin Elisabeth, eine polnische Königstochter und Gemahlin des letzten Landsbergers Konrad, hier bestattet werden konnte. Als Weihejahr gilt 1228, jedoch ist die Baugeschichte urkundlich nicht gesichert. Es handelt sich um eine kreuzförmige, rippengewölbte Pfeilerbasilika im gebundenen System von fünf Mittelschiffjochen. Sanktuarium, ausgeschiedene Vierung und die Querschiffarme weisen jeweils einen quadratischen Grundriß auf. Abgeschlossen ist der Bau durch eine halbrunde Apsis, die sich außen durch spätromanisches Baudekor oberitalienischer Prägung auszeichnet. Die ehemals an den Querschiffarmen anschließenden je zwei Seitenkapellen sind 1622 abgebrochen worden. Bemerkenswert ist im Ostteil des Innenraums, daß neben den Diensten auch die Pfeilervorlagen bis zum Boden heruntergeführt sind, während sie im Langhaus oberhalb der Kämpfer der Pfeilerarkaden enden, so daß hier nach zisterziensischer Gewohnheit die Flächigkeit der Mittelschiffswände besonders betont wird.

Vergleichbar den Kirchen von Lehnin und später Chorin gilt auch die Kirche von Dobrilugk als einer der bedeutendsten Backsteinbauten des norddeutschen Binnenlandes. Sie weist jedoch stilistisch keine engen Bezüge zur annähernd zeitgleichen märkischen Schwester Lehnin auf, sondern ist dem Typus der kurz vorher entstandenen Klosterkirche von Altzelle vergleichbar. Während uns dort aber ein Wechsel von Backstein und Sandstein begegnet, ist die Einheitlichkeit des Mate-

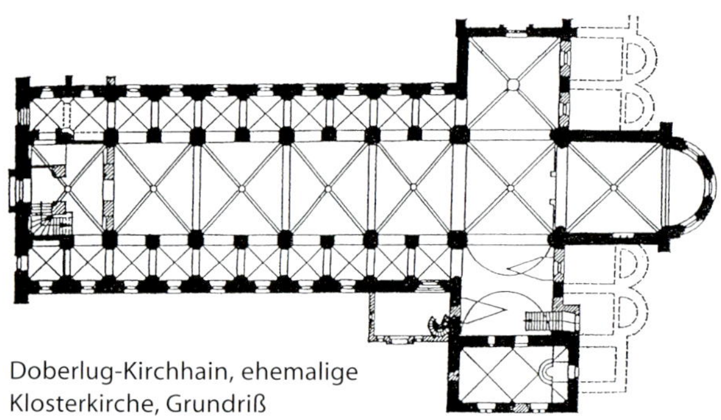

Doberlug-Kirchhain, ehemalige Klosterkirche, Grundriß

Langhaus nach Westen

Langhaus nach Osten

rials in Dobrilugk besonders auffallend. Auch am ersten mitteldeutschen Backsteinbau mit oberitalienischen Eigenheiten, der von Kaiser Friedrich I. gestifteten Augustinerkirche in Altenburg (1172 geweiht), finden sich noch Sockel, Kämpfer, Kapitelle und Schmuckglieder aus Werkstein. Ihre Vorbilder stehen in Cremona und Pavia, und deren Apsisgliederung greift die Kirche von Dobrilugk auf. Sie gehört damit nicht in die märkische Tradition des Backsteinbaus, sondern ist der mitteldeutschen Gruppe zuzurechnen.

Nach neuen Befunden war in Dobrilugk der Außenbau rot geschlämmt und mit weißen Fugenstrichen gezeichnet, ganz in der Art, wie man sie heute an der Westfassade erleben kann. Der Verputz wurde erst zwischen 1673 und 1676 angebracht, als die Kirche zur Hofkirche der Herzöge von Sachsen-Merseburg umgebaut wurde.

Klosterkirche, Altar

Das leerstehende Schloß Doberlug

Der Dachreiter über der Vierung nach dem Vorbild von Altzelle wurde erst 1905/06 aufgebaut, gleichzeitig der als unansehnlich empfundene Dachreiter auf dem westlichen Langhaus barockisiert, gleichsam um die wesentlichen Bauepochen der Kirche bereits aus der Ferne sichtbar zu machen. Auch das Westportal wurde neobarock neugestaltet.

Ihr heutiges Gesicht im Innenraum aber verdankt die Kirche im wesentlichen einer umfassenden Neugestaltung der Jahre 1905–09 unter der Leitung von Carl Weber. Hierbei ist der gesamte Raum in einer Mischung von gotisierenden und barocken Gestaltelementen überformt worden, deren ausdrucksstarke Wirkung nur vor Ort erfahrbar ist. Die ornamentale Bemalung der Dienste und Rippen basiert teilweise auf originalen Befunden. Der überwiegende Teil der Ausstattung ist während der Restaurierung neu angefertigt worden, da die Reste der mittelalterlichen Ausstattung während einer Restaurierung 1859 überwiegend entfernt worden waren.

Erhalten blieb der große, backsteinerne Blockaltar mit Sandsteinplatte aus der Bauzeit, während der Altaraufsatz eine Neuschöpfung des Jahres 1905 darstellt, in den jedoch die geschnitzten Figuren einer Mondsichelmadonna und der Apostel Petrus und Paulus sowie, in der Predella darunter, eine Anbetung der Könige aus der Zeit um 1500 eingesetzt wurden. Diese Stücke stammen gleich den Passionsdarstellungen des Nebenaltars in der Sakristei (um 1490) aus Senftenberg und sind im Zuge der Restaurierung nach Dobrilugk gekommen. Weitere Arbeiten im Innenraum haben in den Jahren 1985 bis 1989 stattgefunden und die Bewahrung des Bestehenden zum Ziel gehabt.

## Sehenswürdigkeiten in Doberlug-Kirchhain und in der Umgebung

Das bereits oben erwähnte Schloß in Doberlug, direkt neben der Klosterkirche, ist vollständig erhalten, im Inneren jedoch durch Nutzung als Kaserne bzw. Verwaltungsgebäude sehr kleinräumig umgestaltet und heute ungenutzt. Ein Förderverein engagiert sich für den Ausbau zu einem gewerblichen, kulturellen und touristischen Zentrum der Region. Ob eine Besichtigung möglich ist, ist vor Ort zu erfragen. Das Ortsbild der barocken Stadt ist recht gut bewahrt, besonders sehenswert ist das Gebäude des ehemaligen Gasthofes »Rautenstock« in der Ortsmitte.

Im Ortsteil Kirchhain befindet sich das einzigartige Weißgerbermuseum, das ausführlich über die

rechts: Lindena, Dorfkirche

unten: Lindena, Altar

unten rechts: Predella des Altars

Geschichte der Lederverarbeitung informiert und gleichzeitig als Touristeninformation fungiert.

Hier findet sich auch die Stadtkirche St. Marien, die einst dem Klostermarkt gedient hat. Ihr romanischer Turm stammt im unteren Teil noch aus der Zeit um 1175. Im Inneren der Kirche befindet sich u.a. eine möglicherweise zeitgenössische Darstellung des Besuchs Kaisers Maximilians II. 1564 auf dem Kleinhof, nachdem er sich von den Ständen der Niederlausitz in Lübben hatte huldigen lassen.

Die im Hintergrund dargestellten Gebäude sollen das Kloster zeigen. Daneben finden sich hier Grabdenkmale der Familie von Gersdorf.

Bemerkenswerte Kirchen mit teilweise mittelalterlichen Ausstattungsdetails weisen im Umland auch

Schönborn, Lindena, Lugau, Frankena, Werenzhain und Trebbus auf. Alle diese Orte sind mit der Klosteranlage durch einen 1996 eröffneten Radrundweg »Auf den Spuren der Mönche von Dobrilugk« von 40 km Länge verbunden. Er führt auch an erhaltenen Landschaftsmerkmalen vorbei, die vom Schaffen der Mönche künden, so der Hammerteich, Fischteiche und eine Reihe von Mühlen. Der Bürger- und Heimatverein hat eine begleitende Reihe von Erläuterungsblättern herausgebracht, die auch dem Nichtradfahrer interessante Anregungen und Adressen vermitteln können.

Die dreischiffige Kirche des Klosterdorfes Lindena, in der ersten Hälfte des 13. Jahrhunderts aus Raseneisen- und Backstein errichtet, besticht durch ihren Flügelaltar mit der Darstellung zweier Äbte und zweier Mönche im rechten Teil der Predella. Das Nordfenster der Apsis weist eine besondere Kostbarkeit auf: Ein vermutlich um die Mitte des 13. Jahrhunderts gefertigtes Glasfenser in Grisaillemalerei, das im oberen Teil den Stifter zeigt, begleitet von den lateinischen Worten »Volmarus, Ritter aus Liebenwerda, hat mich gestiftet«. Auch der spätromanische Taufstein verdient Aufmerksamkeit.

In Lindena existiert in einem 400 Jahre alten Gehöft ein weiterer Anziehungspunkt in Form eines Bauernmuseums, das auch über einen kleinen Getreide- und Kräutergarten verfügt und in dessen Backstube auf dem Hof auf Wunsch auch noch Waffeln wie zu Großmutters Zeiten gebacken werden.

## Touristische Informationen

### Anreise

**Bahn:** Doberlug-Kirchhain liegt am Kreuzungspunkt der Linien Berlin–Dresden und Leipzig–Cottbus–Frankfurt/Oder und ist entsprechend gut zu erreichen (40 min. von Cottbus, je 50 min. von Berlin-Schönefeld oder Dresden, 70 min. von Leipzig). Wegen der Weitläufigkeit der Doppelstadt empfiehlt sich die Mitnahme eines Fahrrads.

**Auto:** Man erreicht den Ort am einfachsten über die A13 (Berlin–Dresden). Von Norden kommend empfiehlt sich die Abfahrt Duben und die Fahrt über die B 87 und dann die B 96, in Sonnewalde auf die Landstraße nach Schönewalde/Doberlug-Kirchhain abbiegen. Bei Anfahrt von Süden verlassen Sie die Autobahn an der Ausfahrt Freienhufen und folgen der B 96 bis Finsterwalde, von dort über die Landstraße nach Doberlug. Von Westen kommen Sie über die B 101 oder B 183 nach Bad Liebenwerda und folgen der Landstraße über Schönborn nach Doberlug.

### Auskünfte

- Herr Horst Schultz, Goethestraße 7,
  03253 Doberlug-Kirchhhain
  Tel.: (03 53 22) 304 22
- Buchhandlung Monika Anders, Hauptstraße 24,
  03253 Doberlug-Kirchhhain
  Tel.: (03 53 22) 28 81 oder 317 09
- An der Kirche sind weitere Kontaktadressen angeschlagen.

### Sehenswertes

- Weißgerbermuseum (auch Touristeninformation),
  Potsdamer Straße 18, 03253 Doberlug-Kirchhain,
  Tel.: (03 53 22) 22 93
  Di–Do 9–12, 14–17 Uhr, Fr. 10–12, 14–16 Uhr,
  Sa nach Voranmeldung, So 14–16 Uhr
- Bauernmuseum Lindena,
  Arno Golz, Dorfstraße 19a, 03238 Lindena,
  Tel.: (03 53 22) 20 71

# Heiligengrabe

Cenobium ad sanctum sepulchrum in Thegow

*Uta Puls*

## Lage und Entstehung

Im Nordosten Brandenburgs in der Prignitz, zwischen den Städten Wittstock und Pritzwalk, liegt das Klosterstift zum Heiligengrabe, hervorgegangen aus einem 1287 gegründeten Zisterziensernonnenkloster. Einst führte hier eine alte Heer- und Handelsstraße nach Lübeck vorbei. Heute liegt der Ort abseits vom Massenverkehr, ja fast versteckt – in einer weiten Wiesensenke mit Bächen, Büschen und Gehölzgruppen in einer Landschaft, wie sie typisch ist für die Prignitz. Vor wenigen Jahren noch hieß der Ort Heiligengrabe-Techow, was auf eine slawische Siedlung hindeutet.

Heiligengrabe, einst ein bekannter Wallfahrtsort, hat eine bewegte und interessante Geschichte gleichermaßen als zisterziensisches Nonnenkloster wie als evangelisches Damenstift. Über die Wirren von sieben Jahrhunderten hinweg hat es sich behauptet und zieht auch heute noch zahlreiche Besucher an.

## Die Klosteranlage

Heiligengrabe war seinerzeit das bedeutendste Nonnenkloster der Prignitz. Heute ist es das einzige in Brandenburg, dessen Gebäude, die von einer alten Feldsteinmauer umschlossen werden, fast vollständig erhalten geblieben sind.

Mit der Klosterkirche im Süden bilden die drei Klosterflügel und der Kreuzgang ein Viereck. Der Westflügel mit Kapitelsaal und Dormitorium hatte Zugang zur ehemaligen großen Nonnenempore der einschiffigen Kirche. Diese Empore gibt es nicht mehr. Sie fiel wie manches andere verheerenden Bränden zum Opfer, die insbesondere im Dreißigjährigen Krieg der Anlage Schäden zugefügt haben.

Der Klosterkirche westlich gegenüber steht die spätgotische Heiliggrabkapelle. Sie ist gleichfalls einschiffig, hat Sterngewölbe und reichgegliederte Backsteingiebel. Allein schon der wunderschön verzierte Westgiebel ist eine Augenweide. Aber auch die übrigen Gebäude sind von beeindruckender architektonischer Formenvielfalt.

Ein Lageplan von etwa 1907 zeigt grob umrissen, wie die Klosteranlage einst war. Manches hat sich seitdem verändert, hat sich neuen Bedürfnissen und Funktionen angepaßt. Die alte Feldsteinmauer, die einst das Kloster umschloß, ist auf dem Plan noch zu sehen. Die besonders im Süden und Südosten nicht mehr vorhandenen Mauerteile sind als punktierte Linie dargestellt. Mitten in dem umschlossenen Gebiet befinden sich die Kirche sowie die den alten Klosterfriedhof einschließenden vier Flügel des Klausurgebäudes mit dem Kreuzgang. Westlich der Klosterkirche steht die Kapelle, die nach der Überlieferung als »Heiliggrabkapelle« gilt. Die Propstei, später die Wohnung des Stiftshauptmannes, liegt nordwestlich davon. Die südliche Ecke des Klostergebietes füllt der Wirtschaftshof. Südlich der Kirche schließen sich der neuere Kirchhof und östlich die Wohnhäuser der Stiftsdamen an. Außerhalb der Klostermauer liegen im Nordwesten mehrere kleine Weiher, bei denen einst eine Mühle stand. Zwischen Weiher und Propstei befand sich auch der Haupteingang zum Kloster, während im Osten eine Pforte durch die Mauer nach den außerhalb gelegenen Gärten führte. Diese Gärten wurden später mit einer neueren Backsteinmauer umgeben und so ins Stiftsgelände eingeschlossen.

Die Klosteranlage heute

### Die Klosterkirche

Die gegen Ende des 13. Jahrhunderts erbaute Klosterkirche entspricht in ihrer schlichten Ästhetik ganz den zisterziensischen Vorstellungen einer Nonnenkirche: ein einschiffiger Saal, der über sieben Joche mit einem einfachen Kreuzrippengewölbe versehen ist und mit einem fünfseitigen Chor im Osten, gleich breit wie das Kirchenschiff, abschließt. Die an der Südseite der Kirche zweigeschossig angeordneten Fenster erinnern an die ehemalige Nonnenempore, die sich ursprünglich über die fünf westlichen Joche ausbreitete. Große Wandflächen, namentlich am Westteil, sind aus schwach bearbeiteten Feldsteinen in vertikalen Streifen hochgemauert, der überwiegende Teil ist Backsteinmauerwerk mit dem typischen Klosterziegelformat (280–300 × 130 × 80 mm). Auch äußerlich entspricht die Kirche den zisterziensischen Tugenden: schlichte und ebenmäßige Formen durch Maßwerk (Kleeblattform), Backsteinfriese (Gitterform), rote und schwarz glasierte Steine, reich profiliertes Spitzbogenportal, Stufengiebel usw., wodurch Architekturmotive von

Westfront der Klosterkirche

Klosterkirche, Portal

bewundernswerter Schönheit entstanden. In späteren Jahrhunderten notwendig gewordenen Bauarbeiten, besonders nach den verheerenden Bränden von 1636 und 1719, haben die Klosterkirche zwar beträchtlich verändert, ihr zisterziensischer Charme aber hat sich bis heute erhalten.

### Die Klausurgebäude

Die Klausurgebäude liegen im Norden der Kirche und umschließen in vier Flügeln den quadratischen Klostergarten, der einst als Friedhof diente. Der vom Kreuzgang umgebene schön gepflegte Garten war jahrhundertelang letzte Ruhestätte der Heiligengraber Nonnen. Sie wurden hier der Überlieferung zufolge in ihrem Ordensgewand und mit einer hölzernen Schale auf dem Gesicht, jedoch ohne Sarg beigesetzt.

Die Anordnung der Klosterräume wurde vor allem durch die Lage der Nonnenempore im Westen der Kirche bestimmt. Im Gegensatz zu den Mönchsklöstern befanden sich deshalb die wichtigsten Räume im Westflügel, was die kürzeste Verbindung zur Empore ermöglichte. Besonders die Schlafräume müssen wegen der Teilnahme an den nächtlichen Andachtsstunden in seinem Obergeschoß gelegen haben. Im Westflügel befand sich vermutlich auch das Refektorium mit anschließender Küche. Im Ostflügel dagegen lagen die Wirtschaftsräume. Durch spätere Umbauten (z.B. für Archiv, Bibliothek, Brunnen, Treppen, Fenster, Verbindungsbauten) wurde manches der Klosteranlage verändert oder umgenutzt, doch wie an keinem anderen Zisterzienserkloster Brandenburgs läßt sich in Heiligengrabe nachvollziehen, wie der ursprüngliche Zustand einst war.

### Heiliggrabkapelle

Die Heiliggrabkapelle liegt westlich der Klosterkirche und außerhalb der Klausur. Sie verbindet sich mit der Gründungslegende und gab dem Kloster seinen Na-

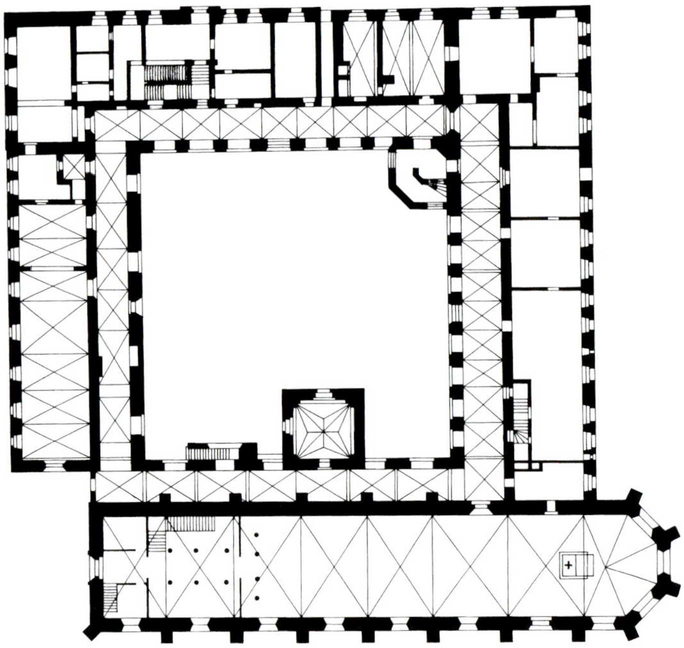

Grundriß der Klosterkirche und der Klausurgebäude

Kreuzgang, westlicher Flügel

Blick in den
Klostergarten

men. Die Kapelle, die in der für Zisterzienserbauten üblichen Schlichtheit als einschiffiger spätgotischer Backsteinbau errichtet wurde, ist eine architektonische Kostbarkeit. Den vierjochigen Innenraum der Kapelle überspannt ein Sterngewölbe. Wesentlicher Außenschmuck sind die reich gegliederten Giebel. Das Bauwerk besticht durch seine Formenvielfalt der Maßwerkmuster. Das untere Backsteinmauerwerk ist durchsetzt mit sorgfältig bearbeiteten Feldsteinen. Beeindruckend sind ferner der West- und der Ostgiebel in ihrer schlichten, aber formenreichen Gestaltung. Maßwerkartige Zierfriese bilden den oberen Wandabschluß und stellen einen glanzvollen Übergang zu den Giebeln dar. Die reich dekorierten Stufengiebel aus spätgotischen Formsteinen wurden Vorbild für eine Reihe von Dorfkirchen der Prignitz, z.B. für die Ziergiebel in den Kirchen von Alt-Krüssow, Falkenhagen und Wulfersdorf. Beim Einbau einer Fußbodenheizung (1986) fand man in der Heiliggrabkapelle Fundamente, die von einem Vorgängerbau etwa aus dem 13. Jahrhundert stammen. Archäologische Bodenuntersuchungen brachten aus der Mitte des alten Kirchenschiffes ein aus Ziegeln gemauertes Gruftgewölbe ans Tageslicht. Mit einem Meter Länge war es zu klein, um einen Menschen aufnehmen zu können, doch bot es Platz genug für das nach der Legende verehrte Grab der Hostie. Aufgefundene Skelette von offenbar durch Gewalteinwirkung Umgekommener lassen vermuten, daß an dieser Stelle einst ein Richtplatz war.

Heiliggrabkapelle von Westen

Heiliggrabkapelle, historische Postkarte

## Zur Geschichte des Klosters

### Gründungslegende

Das Kloster wurde 1287 durch Markgraf Otto V. gegründet. Als im frühen 16. Jahrhundert das einträgliche Wallfahrtswesen allgemein zunahm, versuchte auch Heiligengrabe daran zu partizipieren und erschuf eine vorgeblich »alte« Gründungslegende. Dabei griff man auf das Stereotyp des jüdischen Hostienfrevels zurück, das bereits kurz zuvor im mecklenburgischen Sternberg und in Brandenburg tödliche Folgen für die kleinen Gruppen noch geduldeter Juden gehabt hatte. Ein durchreisender Händler aus meißnischen Landen

Deckengewölbe in der Heiliggrabkapelle

– ein Jude – soll aus der Techower Kirche Kirchengerät und eine geweihte Hostie entwendet haben. Von Gewissensbissen geplagt, wollte der Mann sie wieder loswerden und vergrub sie in der Nähe des Dorfes, am Galgenberg. Während er grub, begann die Hostie zu bluten und zeichnete ihn untrüglich. Der Jude flüchtete. Techower Bauern spürten den Frevler im nahegelegenen Pritzwalk auf, überführten ihn und brachten ihn an den Galgen. Die Hostie freilich blieb in Pritzwalk – und alles Warten auf ein erneutes wundersames Zeichen war umsonst. Kurze Zeit später erkrankte der Havelberger Bischof schwer. Dem Tode nahe, gedachte er der Hostie und gelobte, sie, so sie ihm hülfe, an den Ort ihres Grabes in Techow zurückzubringen. Der Bischof wurde gesund, stand zu seinem Wort und brachte die Hostie in ihr heiliges Grab auf dem Galgenberg zurück. Pilger kamen, Opfergelder flossen. Auch Markgraf Otto V. kam. Als er mit seinem Gefolge am Ort zu Tische saß, sollen sich vor seinen Augen Speisen in Blut verwandelt haben. Nachts befahl ihm eine Stimme, am Ort des Wunders ein Nonnenkloster zu errichten, was der Markgraf denn auch tat. – 1532 entstanden in Heiligengrabe fünfzehn Tafelbilder, auf denen die Legende vom Wunder des Heiligen Blutes mitsamt der Verleumdung der Juden als Hostienschänder dargestellt wurde. Sechs von ihnen sind in recht unterschiedlichem Zustand noch heute erhalten und vermitteln ein anschauliches Bild von der damaligen Geisteswelt.

Vierte der Heiligengraber Legendentafeln von 1532: Der Jude vergräbt die Hostie unter einem Galgen, Inschrift: »Wo de Jode dat hillige sacrament under de galgen begroff 1287«

**Zisterzienser und Kolonisten zum Schutze der Prignitz**

Die Hintergründe für die Entstehung des Zisterziensernonnenklosters Heiligengrabe waren rein irdischer Natur: Es ging um die Stabilisierung der Machtverhältnisse im Norden der Prignitz, um Grenzsicherung, um die Versorgung der Töchter adliger Territorialherren und sicher auch um die Schaffung eines wirtschaftlich starken Gebietes östlich der alten Hansestadt Pritzwalk bzw. westlich der Stadt Wittstock. Die Ansiedlung eines Klosters und von Kolonisten war der beste Grenzschutz eines Landes, wobei die Ordensregeln der Zisterzienser offenbar am besten den strategischen Zielen des Markgrafen entsprachen. Mit Gründung des Klosters Heiligengrabe und dessen Besitzausdehnung stand ein weiterer Landstrich in Grenznähe zwischen Mecklenburg und Brandenburg unter zisterziensischem Einfluß. Östlich von Wittstock, in Dranse, hatte sich bereits 1233 das Zisterzienserkloster Amelungsborn mit einem 60 Hufen großem Wirtschaftshof (Curia) niedergelassen. Östlich davon, im Gebiet um Zechlin, hatten Zisterziensermönche des Doberaner Klosters eine Curia aufgebaut. Damit reichte ihr Einfluß im Norden Brandenburgs mehr oder weniger vom äußersten Westen (Kloster Marienfließ Stepenitz) über Kloster Heiligengrabe, Mönchshof Dranse, Kloster Lindow, Kloster Himmelpfort, Kloster Boitzenburg bis hin zu Besitzungen des Klosters Seehausen im Osten.

**Kloster für Töchter des Landadels**

Das Kloster, eine Ausgründung des Zisterziensernonnenklosters Neuendorf in der Altmark, nahm insbesondere Töchter des regionalen Landadels auf. Der Konvent zählte etwa siebzig Nonnen. Äbtissinnen und Priorinnen des Klosters in Heiligengrabe kamen aus den Familien von Osterburg, von Rohr, von Wartenberg, von Kunow, von Lüderitz, von Quitzow, von Klitzing, von Alvensleben, von Rochow, von Königsmark, von Krakow, um nur einige zu nennen. Den überlieferten Namen der Nonnen nach zu urteilen findet man hier den gesamten Territorialadel der Prignitz vertreten: neben den schon Genannten auch Töchter aus den Familien von Bismarck, von Jagow, von Blumenthal, von Platen, von Schulenburg und von Oppen. In Heiligengrabe unterhielten sie eine Klosterschule, widmeten sich der Seelsorge, pflegten Arme und Kranke und fertigten Paramente an. Ein in den letzten Nachkriegswirren leider verloren gegangenes sogenanntes Hungertuch in weißer Leinenstickerei, das unter anderem die klugen und törichten Jungfrauen darstellt, und manch andere kunstvolle Handarbeit zeugen vom Geschick der Klosterbewohnerinnen.

Der Prignitzsche Landadel stattete das Kloster großzügig mit Grundbesitz aus. Das Kloster besaß Besitzungen in siebzehn Dörfern, darunter in Blesendorf, Boddin, Bölzke, Breitenfeld, Damelack, Halenbeck, Kemnitz, Kolrep, Alt- und Neu-Krüssow, Langnow, Rapshagen, Sadenbeck, Sarnow, Schönebeck, Techow, Wilmersdorf und Klein-Woltersdorf; ferner mehrere Wüstungen. Umsichtige Pröpste führten die Wirtschaft, mehrten den Klosterbesitz und sorgten für das materielle Wohlergehen der 180 Menschen (einschließlich der ständig im Kloster verpflegten Armen und Siechen) umfassenden und damit relativ großen Klostergemeinde. Rechnungsbücher des Klosters aus der Zeit um 1513 überliefern ein Bild vom mittelalterlichen Klosterleben in Heiligengrabe. Den Aufzeichnungen zufolge muß der Alltag für die Nonnen und das Klosterpersonal sehr maßvoll gewesen sein. Die klösterliche Eigenwirtschaft war darauf ausgerichtet, im wesentlichen alles Notwendige im Kloster selbst herzustellen.

**Klösterliche Eigenwirtschaft**

Mitten in einem durch kleine Gehölze unterbrochenen, anmutigen Wiesental lag zwischen Gärten und Fischteichen das Klausurgebäude mit der Klosterkirche, etwas abseits die Heiliggrabkapelle. Wohngebäude, Gasthaus und Armenhaus schlossen sich an. An einem der Fischteiche lag die Propstei mit der Kemenate, der Mittelpunkt des klösterlichen Wirtschaftslebens. Daneben gab es einen kleinen Wirtschaftshof und Viehhof sowie Wirtschaftsgebäude (Kornhaus, Backhaus mit Brotkeller, Brauerei mit Malzhaus und Darrofen), einen Ziegelofen, einen Reitstall und eine Wassermühle. Der Klosterhof war von einer hohen Mauer umfriedet.

Das verschollene Hungertuch (Größe 3,20 × 1,50 m), Leinenstickerei, Anfang 14. Jahrhundert

Einige hundert Meter entfernt lag, ebenfalls im Schutze der Mauer, der eigentliche Wirtschaftshof des Klosters, das Vorwerk Kutschow, mit Scheunen und Ställen und einem Wohnhaus für das Klostergesinde. Im Dorfe Halenbeck befand sich eine Meierei. Zu den Berufsgruppen, die innerhalb und außerhalb des Klosters Heiligengrabe für dessen Versorgung tätig waren, zählten Müller, Köche, Mälzer, Fischer, Höpfner, Heizer, Reit- und Fuhrknechte, Hirten, Hüter, Mägde, Schreiber, es gab eine Apotheke und die Ziegelei. Neben den klostereigenen Arbeitskräften mußten aber auch viele städtische Gewerke herangezogen werden. In den Rechnungsbüchern von um 1513 werden z.B. genannt: Ziegler, Töpfer, Glaser, Kessel-, Grob- und Kleinschmiede, Schlosser, Klempner, der Glockengießer aus Pritzwalk, Stellmacher, Böttcher, Tischler, Säger und Tierarzt. Kluge Wirtschaftsführung vermehrte den Klosterbesitz, der bald 16 000 Hektar ordentlich bestelltes Land umfaßte. Dennoch vollzog sich das Leben der Heiligengraber Nonnen in maßvoller Bescheidenheit.

**Widerstand gegen die Säkularisation**

Unter der Äbtissin Anna von Quitzow und der Priorin Elisabeth von Alvensleben widerstand der Konvent unbeirrt der Einführung der Reformation. In deren Verlauf nahm das Kloster 1543 zwar eine neue Kirchenordnung an, widersetzte sich aber mit Unterstützung der verwandten Adelsfamilien der landesherrlichen Verfügung über den 1542/43 bereits verpfändeten Klosterbesitz. Dieser mußte nach längerer Auseinandersetzung dem Kloster zurückgegeben werden und wurde nicht Teil des landesherrlichen Domänenbesitzes. Heiligengrabe wurde 1549 in ein evangelisches Damenstift umgewandelt und besteht als solches noch heute.

Manches Wertvolle im Klosterstift zum Heiligengrabe wie die wunderschönen Paramente (auch das berühmte Hungertuch) ging in den Wirren der Jahrhunderte verloren. Vieles jedoch erinnert noch unmittelbar an die längst vergangene Zisterzienserzeit: Die ehrwürdigen alten Gebäude und Teiche gehören dazu, ebenso der einstige Klostergarten mit seinen in

die dicken Feldsteinmauern eingelassenen Pforten, aber auch Relikte aus dem Alltagsleben im Kloster. Davon erzählt auch eine im Kreuzgang stehende Grabplatte für die Brüder Hans und Wedigo von Platen, was in einem einstigen Nonnenkloster ungewöhnlich ist und sich mit der Sage um die eingemauerte Nonne Anna verbindet. Auch die im Kreuzgang liegenden Mahlsteine und die alten stattlichen Eichen sind Zeitzeugnisse dieser Geschichte von Heiligengrabe. Im ehemaligen Stiftshautptmannshaus schließlich wird die Dauerausstellung »Lebenswerke – Frauen im Klosterstift zum Heiligengrabe zwischen 1847 und 1945« gezeigt.

Im Jahr 2004 erregte eine zwiefache Denkmalwanderung die Gemüter. Als erstes wurde der seit Ende des Zweiten Weltkriegs in der Klosterkirche von Heiligengrabe befindliche Marienaltar zurück an seinen ursprünglichen Standort, den Dom von Brandenburg, verbracht. In Heiligengrabe sollte die dadurch entstandene Lücke gefüllt werden, indem man hier einen überwiegend spätgotischen geschnitzten Marienaltar aus der Berliner Marienkirche aufstellte. Dieser hatte ursprünglich der im Krieg zerstörten Berliner Franziskanerklosterkirche gehört und war dann von der nahen Marienkirche übernommen worden. Doch nach heftigen Protesten der Berliner Gemeindemitglieder und Denkmalschützer wurde die ursprünglich als Dauerleihgabe gedachte Bestückung in Heiligengrabe zeitlich begrenzt auf acht Jahre. Zunächst aber wird der Marienaltar dort restauriert.

Alte Eichen in der Nähe des Klosterstifts

## Touristische Informationen

**Anfahrt**

**Auto**

- Autobahn Berliner Ring – Hamburg (A 24), Abfahrt Pritzwalk
- Autobahn Berliner Ring – Rostock (A 19), Abfahrt Wittstock
- Bundesstraßen B 103, B 107, B 189, B 321 bis Pritzwalk, dann Richtung Wittstock

**Bahn**

- Über Pritzwalk oder Wittstock bis Bahnhof Heiligengrabe

**Kontakt**

Kloster Stift zum Heiligengrabe
Stiftsgelände, 16909 Heiligengrabe
Tel.: (03 39 62) 80 80, 80 831 (Voranmeldungen)
Fax: (03 39 62) 80 830
Mail: klosterstiftzumheiligengrabe@t-online.de
www.klosterstift-heiligengrabe.de

**Führungen**

April–Oktober: Di–Sa 11 + 14 Uhr, So 12.30 + 14 Uhr
Januar–März: Di–So 14 Uhr
Montag geschlossen
Tag des Offenen Denkmals (2. Sonntag im September)

**Sehenswertes in der Umgebung**

- Wittstock: Historischer Stadtkern mit 2,5 km langer Backstein-Stadtmauer und Museen Alte Bischofsburg (Amtshof 1–5)
- Schloßruine und Neues Schloß in Freyenstein
- Renaissanceschloß Demerthin, Plattenburg

**Veranstaltungen**

- Konzerte im Klosterstift zum Heiligengrabe (Mai–August Sa 19 Uhr), Tel. (03 39 62) 50 381
- Sommerkonzerte in der St. Marienkirche in Wittstock (Mai–September)
- Truckerfestival

# Himmelpfort

Ecclesia beate Marie virginis in Celiporta

*Stephan Warnatsch*

## Lage und Geschichte des Klosters

Markgraf Albrecht III. von Brandenburg gründete am 25. November 1299 im Zuge einer familieninternen Landesteilung des ottonischen Zweiges der brandenburgischen Askanier die Zisterze Himmelpfort als Haus- und Grablegekloster im Lande Lychen. Der Name, lateinisch »Coeli Porta«, ist anders als die Siedlungsnamen »Lehnin« und »Chorin« oder der Filiationsname »Neu-Zelle« ein sprechender Name, der – ähnlich wie im Falle des ersten Lehniner Tochterklosters, Paradies – der Heilserwartung der hier lebenden Mönche Ausdruck gab.

Himmelpfort war die dritte Filiation des Klosters Lehnin in der Zauche und erhielt mit sechs Dörfern, 100 weiteren Hufen Landes, zehn Mühlen, mehreren Jahreshebungen und der stolzen Zahl von 39 Seen eine sehr großzügige Grundausstattung. Ein deutsches Dorf bestand bei der Klostergründung noch nicht, und das vormals vermutlich slawische Dorf Stolp – noch 1307 als villa bezeugt – wurde von den Zisterziensern bald nach der Klosterbesiedlung um 1308 im Interesse ihrer Eigenwirtschaft beseitigt.

Himmelpfort, das Langhaus der ehemaligen Klosterkirche nach Westen

Bereits seit 1304 war das Land Lychen als Lehen Markgraf Hermanns des Langen von Brandenburg in der Hand Fürst Heinrichs II. von Mecklenburg, wodurch auch das Kloster Himmelpfort späterhin für fast 140 Jahre unter mecklenburgische Herrschaft geriet. Die askanischen Markgrafen machten Himmelpfort aber auch in den ersten mecklenburgischen Jahren noch Zuwendungen, denn die kriegerischen Auseinandersetzungen zwischen Brandenburg und Mecklenburg zogen das noch junge Kloster früh in Mitleidenschaft. Zum Ausgleich für die erlittenen Schäden übereignete Markgraf Waldemar den Mönchen in Himmelpfort beispielsweise im Mai 1317 einen Kalkofen in Storkow und die vier Dörfer Redelsdorf, Zotzen, Krumbeck und Rutenberg, und im Mai 1318 erhielten sie schließlich noch das Dorf Sommerfeld.

Konventssiegel, 1299

## Das 14. und 15. Jahrhundert

Nach dem Aussterben der Askanier in der Mark Brandenburg 1319/20 stand die Entwicklung des Klosters nie unter einem glücklichen Stern: Im mecklenburgisch-brandenburgischen Grenzgebiet gelegen, verödeten wegen der dortigen Grenzkonflikte die Klosterdörfer. Die Beziehungen zu den mecklenburgischen Landesherren blieben immer eingeschränkt und deren Zuwendungen sporadisch.

Das Verhältnis zu seinen Nachbarn war immer wieder von Streitigkeiten geprägt, bei denen es vor allem um die wirtschaftlich wichtigen Mühlen- und Fischereirechte ging. Zum Beispiel mußte Heinrich II. von Mecklenburg und Stargard 1315 im Streit um die dem Kloster gehörende, aber in Lychen gelegene Mühle zwischen der Stadt und dem Konvent vermitteln. Diese Auseinandersetzungen zogen sich über mehr als zwei Jahrhunderte, wie die wiederholten Schlichtungsurkunden von 1331, 1435 und 1504 belegen.

Ähnlich anhaltend und intensiv waren auch die Auseinandersetzungen zwischen den Städten Lychen und Fürstenberg einerseits und dem Kloster Himmelpfort andererseits um Fischfang und Fischverkauf, beurkundet 1320, 1361, 1414, 1428, 1435, 1472 und 1483. Auch von direkten Übergriffen auf den Klosterbesitz berichten die Urkunden, so etwa 1394 durch Bürger der Stadt Templin oder 1483 durch den Herrn von Redern auf Schwante.

Unter der mecklenburgischen Herrschaft über das Land Lychen (1304/17–1440) blieb Himmelpfort relativ bedeutungslos und konnte auch nach der erneuten Eingliederung unter brandenburgische Landeshoheit kaum an die Stellung anderer Klöster, wie etwa Lehnin oder auch Zinna, heranreichen, die über die Zeit ganz andere wirtschaftliche und politische Möglichkeiten gehabt hatten. Nur weniges ist nach Maßgabe der Quellen bemerkenswert. Lediglich anläßlich des Aufenthalts des Priors Johannes im Nonnenkloster Marienpforte zu Boitzenburg (1328), der Aufnahme der Frauenzisterze Wanzka bei Stargard in die Gebetsbruderschaft Himmelpforts (1335) und angelegentlich des Prozesses gegen den vormaligen Abt von Lehnin, Arnold van Monnikendam (1469), gewinnen wir Einblicke in die Beziehungen dieses Klosters zum überregionalen Ordensleben.

Immerhin hat der Abt von Himmelpfort offenbar in der zweiten Hälfte des 15. Jahrhunderts – wie sein Vaterabt aus Lehnin – die Auszeichnung erworben, Bischofsinsignien führen zu dürfen, da in einem Verzeichnis des Himmelpforter Silberschatzes von 1536 auch ein silberner Bischofsstab belegt ist.

## Auflösung und Schicksal der Klosteranlage

1541 wird das Kloster säkularisiert und der recht bescheidene Klosterschatz beschlagnahmt. Von 1542 bis 1551 ist es mit allem Zubehör Pfandbesitz des Landvogts Hans von Arnim zu Boitzenburg, bevor Adam von Trott zu Badingen den Besitzkomplex 1557 als kurfürstliches Lehen erhält. Nach dem Aussterben dieser Famile im Jahre 1727 bleibt Himmelpfort beim Domänenamt Badingen. Von den einstigen Klostergebäuden

haben sich nur Teile der Klosterkirche, deren Chor heute als Pfarrkirche dient, das sogenannte »Brauhaus« und Reste der nördlichen Umfassungsmauer erhalten.

## Baugeschichte der Klosteranlage

Wann man mit dem Bau der Klosteranlage begann, ist nicht urkundlich belegt, doch wohl keinesfalls vor 1307/08. Für diesen Zeitraum ist die Übersiedlung des Konvents aus Lehnin anzunehmen. Damals war der Klosterbesitz bereits auf zwanzig Dörfer sowie mehrere Zollfreiheiten und Zehntrechte angewachsen. Einrichtung und Aufbau des Klosters wurden auf dieser Grundlage nun mit Eile betrieben, da der bereits 1300 verstorbene Stifter in seiner Gründung möglichst bald die letzte Ruhe finden sollte. 1309 wurde sein Leichnam von Lehnin nach Himmelpfort überführt und entweder im provisorischen Betkirchlein oder bereits im Chorraum des Kirchenneubaus beigesetzt, sofern letzterer damals schon soweit vorangeschritten gewesen sein mag.

Das ursprüngliche Erscheinungsbild der Klosteranlage ist heute kaum noch zu rekonstruieren. Die nachhaltige Ruinierung des Komplexes in Himmelpfort begann bereits im Zuge der Säkularisierung. Unter anderem wurden die Konventsgebäude wiederholt, besonders intensiv aber wohl im Gefolge des Dreißigjährigen Krieges, als Steinbruch genutzt. Von der inneren Klausur blieb buchstäblich kein Zeugnis mehr, während die Klosterkirche als Ruine überdauerte. 1663 wurden die Reste des Chors und der Vierung zu einer Dorfkirche umgebaut und dabei so stark verändert, daß die ursprüngliche Gestalt dieser Gebäudeteile nur noch schwer erkennbar ist. Andere bauliche Zeugen der Klosterzeit sind noch Reste der Umfassungsmauer und das sogenannte »Brauhaus«. Das stattliche zweigeschossige Gebäude weist westlich noch einen einfachen, aber schön gegliederten Blendgiebel aus dem 14. Jahrhundert auf, ist jedoch um 1850 ebenfalls umfangreichen baulichen Veränderungen unterworfen gewesen. Seine ursprüngliche Bestimmung bleibt unklar. Die zuweilen geäußerte Vermutung, es könne sich um ein Hospital gehandelt haben, bleibt Spekulation. Auf einem Plan von 1814, dem wir auch die Bezeichnung des besagten Gebäudes als »Brauerei« entnehmen, wird noch eine Reihe weiterer Bauten abgebildet, die nicht mehr erhalten sind. Von der nicht sehr sorgfältig aus Feldstein gefügten Klostermauer finden sich im Südwesten des Klosterkomplexes an jener Stelle Reste, wo offensichtlich die ehemalige Pforte lag.

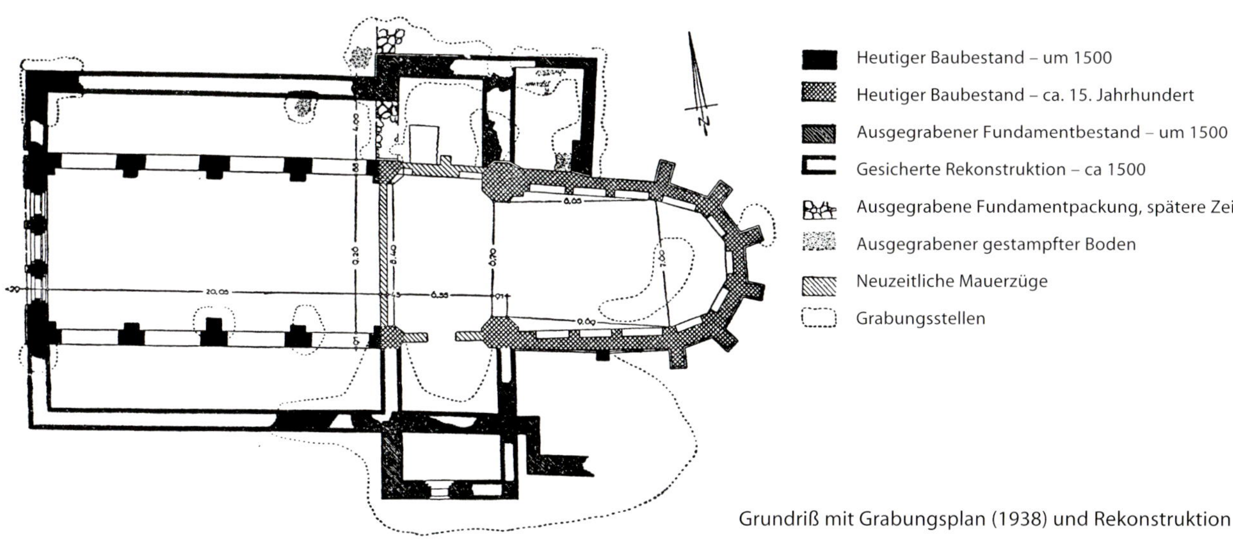


Grundriß mit Grabungsplan (1938) und Rekonstruktion

### Baubeschreibung der Klosterkirche

Die Klosterkirche war eine dreischiffige Backsteinbasilika, die wohl auch ein Querschiff aufwies. Darauf deuten Schildbögen und Gewölbezwickel an den Außenseiten der Langhausmauern sowie Mauerreste im Norden und Süden der Vierung hin. 1938 bestätigten Grabungen die Vermutung, daß die Kirche über einem kreuzförmigen Grundriß errichtet wurde. Außerdem wird 1858 von einem vor der jetzigen Tür zur Kirche gelegenen »unverhältnismäßig weit vorspringenden Glockenthurm« berichtet, der »bis in die neuesten Zeiten« gestanden habe. Dieser »Glockenthurm«, der mit der Kirche baulich verbunden war, wie die verputzten Abbruchspuren zeigen, war offenbar das südliche Querhaus, das die in ihrer Höhe bereits damals stark reduzierten übrigen Gebäudeteile überragte.

Die Osthälfte der Kirche bildet mit der fünfseitigen Apsis einen saalartigen Raum, der heute als Pfarrkirche dient. Die durch eine Zwischenmauer abgetrennte Westhälfte besteht aus zwei Langmauern mit je vier rundbogigen Arkaden und einer Westwand mit drei schmalen Fenstern, deren obere Abschlüsse mit einem Teil der Obergadenmauer abgebrochen sind. Dieser ruinöse Bauteil macht insgesamt einen eigentümlich strengen und archaischen Eindruck. Dazu tragen vor allem die schweren, geduckten Rundbögen, die starken, kaum gegliederten Rechteckvorlagen im Gebäudeinneren und die fast ausnahmslos unprofilierten Kanten bei. Eine nähere baugeschichtliche Bestimmung ist schwierig. Etwa dreißig Jahre nach dem Baubeginn der prachtvollen Choriner Kirche angelegt, ergibt diese Baugestalt wohl nur als bewußte Rückbesinnung auf die regelbetonte Schmuckarmut und Einfachheit früher Zisterzienserkirchen einen Sinn: In dem Bau mit seinen schweren rundbogigen Arkaden, einem geradezu geduckten basilikalen System mit klobigen Gurtvorlagen und in den Einzelformen mit einer fast primitiven Beschränkung auf wenige kümmerliche Profilsteine äußert sich deutlich ein erneuertes asketisches Ideal, das dem architektonischen Entwurf größte Strenge und Zurückhaltung auferlegt.

Die von Kunsthistorikern im Vergleich zu anderen »askanischen« Zisterzienserbauten diagnostizierte mindere künstlerische Qualität des Himmelpforter Kirchenbaus erscheint also als programmatische Entscheidung und nicht als mangelndes Vermögen. So sind zum Beispiel die drei Fenster der Westseite auf der Innenlaibung mit einem Birnstab umzogen, der ausgesprochen zierlich gebildet ist und die Herkunft von hochentwickelten Formen der Choriner Hütte, wie sie auch in Boitzenburg Anwendung fanden, verrät. Das

Die Reste der ehemaligen Klosterkirche beherbergen heute eine Pfarrkirche

aber stützt die Annahme eines gezielten Archaismus. Ausschlaggebend dafür könnte die Lebenserfahrung des Stifters gewesen sein, dessen beide Söhne, Otto und Johannes, 1298 kurz nacheinander gestorben waren, wodurch seine Familienlinie noch vor dem eigenen Tode abbrach. Zur Zeit der ersten Bauplanung für Himmelpfort zog sich der davon schwer getroffene Albrecht III. in strenge Religiosität zurück. Vielleicht tritt uns hier aber auch ein Reflex filiationsinterner Theologiekritik entgegen, indem sich der neue Konvent – möglicherweise unter dem Eindruck des Erfolgs der Bettelorden – von der stark herrschaftlich geprägten Architektur der anderen Zisterzen zurück zum Armutsideal der Regel orientierte.

Der Archaismus, den wir im Grundriß und in den Einzelformen feststellen, zeigt sich am deutlichsten im Aufbau des Langhauses. Hier ist aber für den richtigen Eindruck der Gesamtverhältnisse des Mittelschiffs zu berücksichtigen, daß der Boden ursprünglich fast einen ganzen Meter tiefer lag. Der Bau muß daher bedeutend wuchtiger gewirkt haben. Die Pfeiler standen freier, die Arkadenspanne war luftiger, und wenn man bedenkt, daß die Obermauern heute nur ungefähr bis zur Linie der ehemaligen Sohlbänke des Obergadens reichen, so gewinnt man eine Ahnung von ihrer einstigen Höhe. Um so eindrücklicher ist dann die bewußte Schmucklosigkeit.

Es gibt keine Kämpfer zwischen Pfeilern und Bögen, keine Profile. Die Schildbögen der ehemals eingewölbten Seitenschiffe bestehen auf der Südseite aus abgefasten Formsteinen, im Norden aus einfachen

Apsis der ehemaligen Klosterkirche, heute Pfarrkirche

vorkragenden Ziegeln. Die Beschaffenheit der Fugen an den entsprechenden Stellen legt die Vermutung nahe, daß hier einst einfache Konsolen zur Aufnahme der Gurtbögen der Seitenschiffe vorhanden waren. Die kräftigen Pfeilervorlagen im Innern des Mittelschiffs, deren Kapitellzonen leicht vorkragen, sind teilweise abgeschlagen und verputzt. Die Mittelschiffswände weisen innen zahlreiche Rüstlöcher auf und erreichen wohl noch die Höhe der Sohlbänke der Obergadenfenster. Die drei Fenster in der abgebrochenen Westwand des Mittelschiffes dürften eine Lanzettform gehabt haben. Ähnlich wie in der Choriner Kirche ist das mittlere etwas breiter als die beiden seitlichen. Die Westwand ruht auf einem Sockel, dessen obere Schicht aus abgerundeten Backsteinen besteht. Sie tritt in ihrem oberen Teil etwas zurück, so daß ihr unterer Abschnitt wie eine vorlagenartige Wand-

Klosterkirche, Langhaus, Blick auf die Seitenschiffarkaden

Die Klosterkirche von Südwesten

verstärkung wirkt. Neben dem nördlichen Fenster der Westfassade findet sich noch eine schmale spitzbogige Blende.

Die im Mauerwerk des Westteils der jetzigen Kirche erkennbaren Vierungspfeiler ruhen auf einem profilierten Sockel und tragen an den Kanten gelegentlich erkennbare Rundstabprofile. Die Ansätze der Scheidbögen der Vierung sind noch erkennbar, woraus sich deren ursprüngliche Höhe rekonstruieren lassen müßte. Möglicherweise gab es hier, ähnlich wie in Lehnin und Chorin, Sanktuariumsseitkapellen, die sich zu den Querschiffen hin öffneten, wie die Beschaffenheit der Vierungspfeiler anzudeuten und Grabungen von 1938 zu bestätigen scheinen. Die Filiationsverwandtschaft ließe sogar zweigeschossige Nebenkapellen erwarten, doch ist dies durch nichts zu verifizieren. Vielleicht ist aber hierfür ein Hinweis von 1858, daß damals im als »Glockenthurm« bezeichneten südlichen Querhaus »ein oberer Raum zugleich zu einem Kornspeicher bestimmt« war, als Indiz zu deuten.

Das langgestreckte Sanktuarium wird um die Mitte des 14. Jahrhunderts entstanden sein. Sein Bauabschluß könnte mit dem Weihedatum des Hochaltars von 1358 gleichzusetzen sein. Es weicht aus der Achse des Mittelschiffs etwas nach Süden ab und schließt im Osten mit einem Polygon aus fünf Seiten des Zehnecks.

Die langgestreckte, polygonale Lösung des Sanktuariums ähnelt der ebenfalls von Albrecht III. gestifteten Zisterzienserinnenkirche in Wanzka, die ihrerseits 1335 in die Gebetsbrüderschaft Himmelpforts aufgenommen worden war. Das Sanktuarium ist über einem Granitsockel errichtet, der auch an den sechs Strebepfeilern mit einer umlaufenden Schicht profilierter Formsteine abgedeckt ist. Dieser Gebäudeabschnitt hat freilich 1663 erhebliche Veränderungen erfahren – eine Folge der Plünderung des Baubestandes als Steinbruch: Vor allem wurde er in seiner Höhe drastisch reduziert, quasi abgeschnitten. An den Mauern sind zwischen den Strebepfeilern unterhalb der jetzigen Traufe an einigen Stellen noch die Ansätze der ehemaligen Fensterbögen zu erkennen. Danach dürfte die jetzige Höhe höchstens drei Vierteln der ursprünglichen entsprechen. Im Inneren werden seitdem das ehemals gewölbte Sanktuarium und die Vierung von einer flachen Balkendecke abgeschlossen. Unterhalb der Fenster sind unterschiedlich hohe spitzbogige Nischen in die Wände eingelassen. Altar und Kanzel stammen aus dem 17., vier Inschriftengrabsteine aus dem 17. und 18. Jahrhundert.

## Touristische Informationen

**Anreise**
**Auto:**
- B 96 bis Fürstenberg/Havel, an der Kreuzung Ravensbrück die Landesstraße 15 bis zum Abzweig nach Himmelpfort (ca. 8 km)
- B 96 bis Dannenwalde, Abzweig nach Blumenow, dann über Bredereiche nach Himmelpfort (15 km)

**Bahn:** Berlin – Rostock bis Fürstenberg/Havel, dann mit dem Linienbus nach Himmelpfort

**Führungen**
Führungen sind erst wieder nach Beendigung der Restaurierungsarbeiten in der Kirche möglich.
Auskünfte im Pfarramt, Dorfstraße 33, 16775 Bredereiche, Tel.: (03 30 87) 523 08

**Auskünfte**
Tourismusverein »Fürstenberger Seenland« e.V.
Am Bahnhof, 16798 Fürstenberg/Havel
Tel.: (03 30 93) 322 54, Fax: 323 07
E-Mail: info@fuerstenberg-havel.de

Amt Fürstenberg
Markt 1, 16798 Fürstenberg/Havel
Tel.: (03 30 93) 346 20, Fax: 323 07

»Haus des Gastes«, Klosterstraße 23, 16798 Himmelpfort, Tel.: (03 30 89) 418 94

**Weihnachtspostamt (Adventszeit)**
Weihnachtsmann, 16798 Himmelpfort

**Sehenswertes in der Umgebung**
Fürstenberg: Mahn- und Gedenkstätte Ravensbrück

# Jüterbog

Monasterium sanctimonialium gloriose Crucis Christi semperque virginis Mariae sanctique Laurencii martyris in Jüterbock

*Oliver H. Schmidt*

## Lage und Geschichte

Thietmar von Merseburg beschreibt in seiner Chronik, wie im Jahr 1007 Erzbischof Tagino von Magdeburg die nach Sachsen eingedrungenen Polen zurückwarf. Bei einem Ort namens »Iutriboc« brach die Verfolgung ab. Es handelt sich hier um die früheste Erwähnung der Stadt Jüterbog, damals noch ein slawisches Dorf westlich des heutigen Stadtzentrums.

Die Stadtentwicklung Jüterbogs wurde erleichtert durch den Umstand, daß der Ort nicht Teil der Markgrafschaft Brandenburg, sondern Zentrum und Verwaltungssitz eines »Land Jüterbog« genannten Territoriums war. Dieses aber war Besitz des Magdeburger Erzbischofs und bildete den östlichen Vorposten des Erzstiftes Magdeburg. Das um 1160 erworbene Gebiet wurde durch den Erzbischof Wichmann konsequent ausgebaut. Jüterbog erhielt bereits 1174 das Stadtrecht

Jüterbog, Zisterziensernonnenkloster, Nordflügel der Klausur und Verbindungstrakt

**Die Stadtrechtsverleihung an Jüterbog 1174**

In der folgende Urkunde von 1174 verleiht der Erzbischof Wichmann Jüterbog das Magdeburger Stadtrecht und benennt gleichzeitig den Grund dafür: den Ausbau der Landschaft (provinciam) Jüterbog. Sie steht hier beispielhaft für den Landesausbau auf Betreiben des Landesherrn. (Quelle: H. Helbig, L. Weinrich: Urkunden und erzählende Quellen zur deutschen Ostsiedlung im Mittelalter, Bd. 1, Nr. 13)

Im Namen der heiligen und ungeteilten Dreifaltigkeit. Wichmann, von Gottes Gnaden Erzbischof der heiligen Kirche von Magdeburg. Damit Unser guter Wille und Unser Fleiß, die Wir zum Ausbau der Landschaft Jüterbog haben, ertragreicher und freier sich entwickle und der Erfolg dieses Unseres guten Willens bei den Bewohnern dieser Landschaft und besonders bei allen Neusiedlern um so klarer hervortritt, wollen Wir, es möge allen jetzigen und künftigen (Leuten) bekannt sein, daß Wir den Bürgern von Jüterbog und all ihren Nachfolgern die Freiheit des Rechts geschenkt haben, dessen sich Magdeburg in Ehren erfreut. Und damit die Gnade Unserer Huld sich ihnen um so voller zeige, haben Wir ihnen dies Recht insofern gemildert und verbessert, daß sie von der Verpflichtung, die man gemeinhin vare nennt, immer befreit bleiben sollen und ihr Recht nach Form und Inhalt dem Recht der Stadt Magdeburg entsprechen soll. Und wenn Marktorte in der Landschaft Jüterbog angelegt werden, sollen sie sich nach dem Marktrecht in Jüterbog richten. Wir wollen auch und bestimmen, daß jeder, der aus Magdeburg, Halle, Calbe, Burg und Taucha, um Geschäfte zu machen, nach Jüterbog kommt, von dem dort zu zahlenden Zoll frei sein soll. Und gleichfalls brauchen die Bürger von Jüterbog in den zuvor genannten Orten keinen Zoll zu zahlen. Da es jedoch mit Hilfe der Gnade Gottes und durch Unsere Bemühungen dahin gekommen ist, daß in der Landschaft Jüterbog, wo das Heidentum im Schwange war und oft Verfolgung über die Christen kam, jetzt der christliche Glaube herrscht, Schutz und Schirm der Christenheit stark und gesund ist und Gott dort in den meisten Orten dieser Gegend der schuldige Dienst erwiesen wird, ist es Unser brennender Wunsch, aus Liebe zur Christenheit, Schutz und Wohlfahrt all derer, die in diese Landschaft gekommen sind und noch kommen wollen, mit nicht geringerem Eifer zu fördern als den Ertrag zu Unserem eigenen Nutzen. Da nun die Stadt Jüterbog Anfang und Haupt(-ort) dieser Landschaft ist, wollen Wir rechtmäßig und mit der gütigen Gnade Unserer Huld gern alles übertragen, was Wir denen, die in ihr wohnen, oder um in ihr zu wohnen zu Uns ihre Zuflucht nehmen, an Ehre und Nutzen übertragen können.

Damit sie also über das, was Wir ihnen jetzt gestattet haben, künftig nicht irgendwie beunruhigt werden können, bezeichnen Wir in diesem Unserem Freibrief genau die Weiden, die sie benutzen dürfen; und zwar wollen Wir, daß von dem Dorf Jüterbog (Damm) bis an den jenseitigen Berg (Fuchsberge) nach Zinna hin und auch über die Flamen- und Rutenitzer-Brücke hin deren Weiden liegen sollen, jenseits der westlichen Brücke aber sollen sie die Weiden mit den Burgmannen von Jüterbog gemeinsam haben.

Wir wollen, daß die gesamte Verfügung Unseres Erlasses rechtskräftig und unerschütterlich sei und bestätigen sie daher kraft Unseres Freibriefs mit Unserem Siegel, und zwar unter Hinzuziehung von geeigneten Zeugen, deren Namen folgende sind: Siegfried Bischof von Brandenburg, Martin Bischof von Meißen, Siegfried Abt von Nienburg und von St. Johannes dem Täufer zu Berge, Rothger Dompropst zu Magdeburg, Siegfried Dekan und Propst zu St. Nikolai, Heinrich Propst zu St. Sebastian, Witold Propst in Hundisburg, Viztum Gero, Gunther Propst von Gottesgnaden, Heinrich Propst von Neuwerk; Otto Markgraf von Brandenburg, Graf Gernand, Burchard Burggraf von Magdeburg, Burchard von Falkenstein, Baderich von Bernburg, Friedrich von Wiederstorp, Erich von Gatersleben, Heidenrich Kämmerer von Seeburg, Ehrenfried von Sinterhusen, Knappe Otto, Rudolf von Jerichow, Heidenrich, Konrad von Burg, Alberich und Heidenrich von Grabow, Vogt Dietrich von Magdeburg und sein Sohn Gerbert, Gero und Werner von Loburg, Winemar, Siegfried und Heinrich von Jüterbog und recht viele andere. Verhandelt im Jahre 1174 nach der Geburt des Herrn, 15. Epakte, 1. Konkurrenz, 12. Indiktion. Gegeben zu Jüterbog am 29. April.

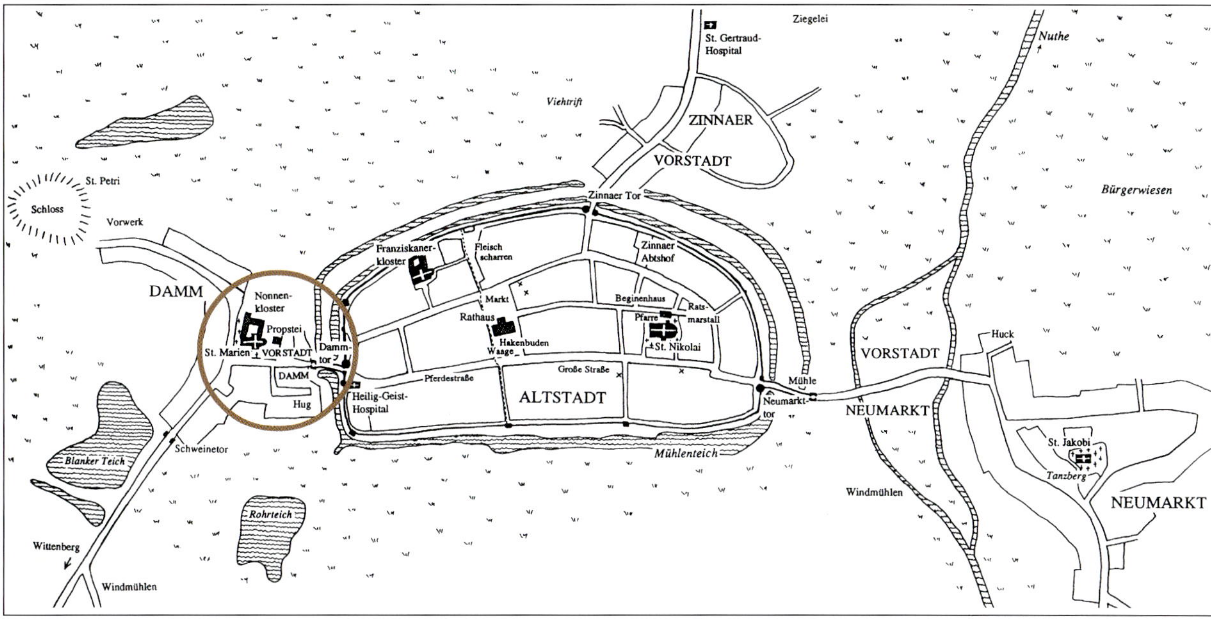


Jüterbog im Mittelalter, Zeichnung (mit freundlicher Genehmigung) von Marcus Cante, Markierung = Zisterziensernonnenkloster

nach Magdeburger Vorbild, und die im selbem Jahr geweihte Marienkirche wurde »ecclesia principalis«, also Hauptkirche und geistlicher Mittelpunkt des Landes.

Die Siedlung lag verkehrsgünstig am Rand eines durch den Flußlauf der Nuthe gebildeten natürlichen Übergangs vom Hügelkamm des Niederen Flämings in das nördlich anschließende Glogau-Baruther Urstromtal, damit am Schnittpunkt der großen West-Ost-Achse Magdeburg–Belzig–Guben mit kleineren Verkehrswegen nach Wittenberg und Leipzig sowie nach Norden, wo sich die Stadt Berlin entwickeln sollte. Schnell stieg die Stadt zum Herz des magdeburgischen Osthandels auf: Es bestanden u.a. Verbindungen nach Schlesien, Polen und bis in die Ukraine. Die Bedeutung der Stadt erlosch erst mit dem Ende des Dreißigjährigen Krieges 1648, als der Magdeburger Besitz zerschlagen wurde und Preußen bzw. Sachsen zufiel. Jüterbog wurde bis 1815 sächsisch und kam in der Folge der napoleonischen Kriege an Preußen.

**Eine ungewöhnliche Gründungsgeschichte**

Erzbischof Wichmann hatte sich bei der Kolonisation des jungen Besitzes nicht nur auf Privatunternehmer gestützt, sogenannte »locatores«, die Siedler in Flandern und den niederdeutschen Ebenen anwarben, sondern auch den Beistand der jungen Reformorden gesucht. Das Prämonstratenserstift Gottesgnaden (nahe Calbe an der Saale gelegen) erhielt das Zehntrecht in einigen neuen Dörfern südlich Jüterbogs. Ungewiß bleibt, ob bewußte Konkurrenz der Orden als Ansporn für besondere Leistungen beim Landesausbau eine der Ursachen für die 1170/71 im Nuthesumpf vier Kilometer nördlich von Jüterbog erfolgte Gründung der Zisterze Zinna durch Wichmann war, jedenfalls sind tatsächliche Erfolge der Prämonstratenser in der Region nicht belegt.

Ein Jahrhundert später, im Jahr 1280, gaben die Gottesgnadener Prämonstratensermöche einen ihnen angeschlossenen Konvent von siebzehn Nonnen an das Zisterzienserinnenkloster St. Lorenz in Magdeburg ab und übereigneten ihm auch die Jüterboger Kirche und ihre Einkünfte. 1282 entsandten die Zisterzienserinnen daraufhin dreizehn Ordensschwestern nach Jüterbog zur Gründung eines Tochterklosters. Der Erzbischof empfahl der Stadt die Unterstützung der Nonnen, die zunächst innerhalb der Stadtmauern

Erzbischof Wichmann, Grabplatte im Magdeburger Dom

Der Heilige Mauritius, Schutzpatron des Erzbistums Magdeburg am Jüterboger Rathaus

Unterkunft fanden, bis sie gegen 1317 in die westlich vor der Stadtmauer errichteten Klostergebäude übersiedeln konnten.

Trotz dieser eindeutig zisterziensischen Gründungsgeschichte wurde das Kloster vom Brandenburger Bischof und nicht vom Orden beaufsichtigt, war also offiziell nicht inkorporiert. Die Frauen trugen jedoch die Zisterzienserinnentracht und lebten wohl auch nach deren Regeln. Darauf deutet ebenfalls hin, daß der Konvent 1495 als Mitglied einer Gebetsverbrüderung genannt wird, die ihren Sitz in Admont (Steiermark) hatte und vorwiegend Benediktiner und Zisterzienser umfaßte.

**Kloster und Stadt**

Mit der Erklärung der Marienkirche zur Hauptkirche des Landes war von vornherein festgelegt worden, daß alle weiteren eventuell in der Stadt Jüterbog zu gründenden Kirchen ihr zugehören sollten. Somit übten die Nonnen das Patronat über die Jakobi- und die Hauptkirche der Kaufmannschaft, die Nikolaikirche, aus.

Ob auch die beiden Hospitäler der Stadt dem Kloster angeschlossen waren, ist unbewiesen.

Die Beziehungen zur Bürgerschaft der Stadt gestalteten sich hervorragend. Reiche Stiftungen wurden dem Kloster von ihrer Seite zuteil, und der überwiegende Teil der Schwestern dürfte aus den wohlhabenden Patrizierfamilien gestammt haben. Während zunächst hauptsächlich Einzelpersonen als Stifter auftraten, so überboten sich im 15. Jahrhundert der Rat, die Schöppen, die Gewerke und die Bruderschaften in der Stiftung von Altären, Kommenden, Messen und auch von Naturalien. Nur drei unbedeutende Streitfälle sind uns zwischen Stadt und Kloster bekannt.

Das Kloster war für seine Größe angemessen versorgt, die Naturaleinkünfte reichten jedoch nicht aus, um den Konvent zu ernähren. Gekauft werden mußten insbesondere Fische, Gewürze (nach den Ordensregeln eigentlich verboten), Öl und Butter, Früchte und Gemüse sowie Wein und Salz. Am Ende des 15. Jahrhunderts besaß der Konvent noch einen bedeutenden Viehbestand in Eigenwirtschaft, nämlich 35 Pferde, 49 Rinder, 227 Schafe (ohne Lämmer), 118 Schweine, neun Gänse, vier Enten und 120 Hühner. Wir wissen auch von der Beschäftigung eines Hofmeisters, eines Meisterknechts, weiterer Knechte, Mägde, Pferde-, Kuh- und Schweinehirten sowie von Tagelöhnern und einem Heizer für die Stube des Propstes! Auch eine eigene Brauerei und bis zu drei Windmühlen wurden betrieben und Zinsen durch Geldverleih erwirtschaftet. 1546 betrugen die Einkünfte aus Abgaben und Schenkungen 49 Wispel 6 Scheffel Korn und 177 Gulden 9 Groschen 8 Pfennige an Bargeld, dazu 33 Hühner. Hierbei ist zu berücksichtigen, daß nach 1500 die Einkünfte dramatisch zurückgingen, insbesondere nach 1520, als sich viele der reichen Kaufleute der neuen, lutherischen Lehre zuwandten und Schenkungen ausblieben. Jedoch ist bereits für die Phase um 1400 von Schulden des Klosters zu hören, die um 1475 auf 253 Schock Groschen angewachsen waren.

Der Konvent hatte stets nur regionale Bedeutung für die Stadt und ihr unmittelbares Umfeld; nicht einmal zum benachbarten Zinna scheinen besondere Kontakte bestanden zu haben. Die beiden überlieferten Urkunden, die von Rechtsgeschäften dieser Klöster handeln, betreffen jeweils den Tausch der Besitzrechte von Dörfern. Sie werden jeweils auf Verlangen des Klosters Zinna erfolgt sein, das bestrebt war, seine südlich Jüterbogs isoliert gelegenen Besitzungen abzutreten und dafür an seinen Kernbesitz angrenzende Dörfer zu erwerben.

**Reliquien**

Einen Einblick in die Ausdrucksformen mittelalterlicher Frömmigkeit gewährt uns eine Liste der Reliquien, die sich im 15. Jahrhundert in der Marienkirche befanden. Die bedeutendste war ein Splitter vom Kreuz Christi, welcher der Kirche auch den Namen »Zum Heiligen Kreuz« gab. Daneben sind genannt: ein Stück vom Leichentuch Jesu, Teile des Grabmals Christi, ein Teil des Tisches, welcher anläßlich der Beschneidung Christi benutzt wurde, ein Stück jenes Steins, auf dem die Jungfrau Maria Jesus gebar, ein Stück der Krippe, ein Stück vom Kleid Marias, Milch Marias, ein Teil des Kopfes des Apostels Jakobus, Teile der Grabmäler der Apostel Petrus und Paulus, ein Teil des Kopfes des Heiligen Blasius, Barthaare Johannes des Täufers, ein Stück des Grabes der Heiligen Katharina, ein Stein vom Berg Sinai, eine Haarlocke der Heiligen Kunigunde, der Frau Kaiser Heinrichs II., in dessen Regentschaftszeit die Ersterwähnung Jüterbogs 1007 fällt, sowie nicht näher bezeichnete Reliquien folgender Heiliger: Agnes, Andreas, Antonius, Apollonia, Barbara, Bartholomäus, Cäcilia, Christopherus, Cordula, Cosmas, Damianus, Dionysius, Dorothea, Elisabeth, Erasmus, Euphemia, Fabian, Franziskus, Georg, Gregor, Gorgonius, Helena, Juliana, Justina, Klemens, Leonhard, Livinus, Lorenz, Margarete, Maria Magdalena, Martin, Nikolaus, Paula, Paulus, Saturnius, Sebastian, Stephanus, Thekla, Ulrich, Ursula, der 11 000 Jungfrauen, Valentin, Viktor, Vincenz sowie vom Heiligen Bernhard – ein weiterer möglicher Hinweis auf die zisterziensische Tradition – und natürlich mehrere vom Schutzpatron des Erzbistums Magdeburg, dem Heiligen Mauritius und seiner thebäischen Legion. Dieser Reliquienschatz deutet auf einen beträchtlichen Reichtum des Klosters oder der Stifter.

**Reformation und Auflösung**

Jüterbog war, trotz seines katholischen Landesherrn, eine nach 1517 schnell reformierte Stadt. 1540 wurde die freie Religionsausübung offiziell zugestanden. Bis zu diesem Zeitpunkt hat sich der Konvent den neuen Ideen gegenüber wohl nicht geöffnet, auch wird uns nichts von einem Verfall der Sitten berichtet. Der Propst war noch 1536 wegen seiner streng katholischen Haltung von Bürgern bedroht worden.

Er vollzog 1540 nach zwanzigjähriger Amtszeit den Übergang, indem er »neue ceremonien« einführte, also den protestantischen Gottesdienst, und angeblich auch die Äbtissin heiratete. Nun wurden nur noch der neuen Lehre anhängende Schwestern angenommen. Über den Verlauf der Auflösung des Konventes sind wir nicht unterrichtet, vermutlich starb er aber von innen heraus aus und es bedurfte keiner Anordnung. 1562 existierte er noch, zählte aber nur drei Jungfrauen; die letzte starb 1594. Die Klostergüter wurden in diesem Jahr dem erzbischöflichen Tafelgut zugeschlagen. Ein Huntertuch aus dem Kloster befindet sich heute im Brandenburger Domschatz.

## Baubeschreibung der Klosterkirche

Die Kirche bietet heute ein wenig geschlossenes Bild. Sie heißt allgemein Liebfrauen- oder Marienkirche, erinnert also im Namen bereits an ihre klösterliche Vergangenheit. Ähnlich wie in Kloster Zinna ist der erste Bau dem Wendenaufstand 1179 zum Opfer gefallen, lediglich die Fundamente blieben erhalten. Im 13. Jahrhundert wurde dann eine kreuzförmige Basilika fertiggestellt, deren Seitenschiffe um 1800 abgebrochen worden sind. Die Feldsteinfassade der Westwand steht im Gegensatz zum Backstein des übrigen Gebäudes, das nicht mehr zeitgemäße Material ist hier möglicherweise als bewußtes Schmuckelement genutzt worden, vielleicht aber auch, um die älteste Kirche der Stadt und ihre Vorrechte architektonisch zu legitimieren.

Der Dachreiter ist in der heutigen Form erst 1890 entstanden. Im Innenraum blieb im Mittelschiff die flache Holzdecke erhalten, so daß der Betrachter einen guten Eindruck des ursprünglichen Raumes gewinnen

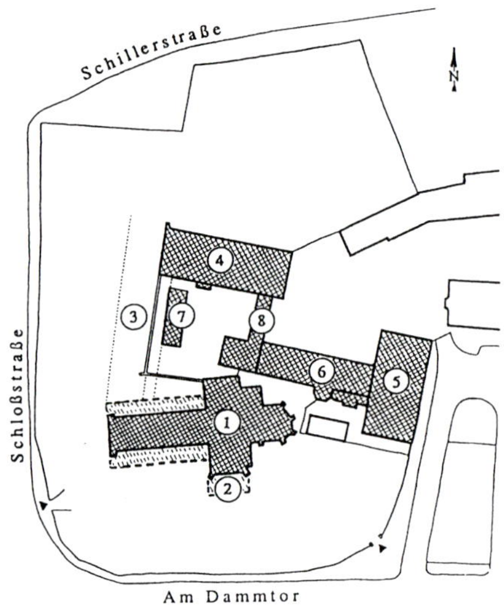


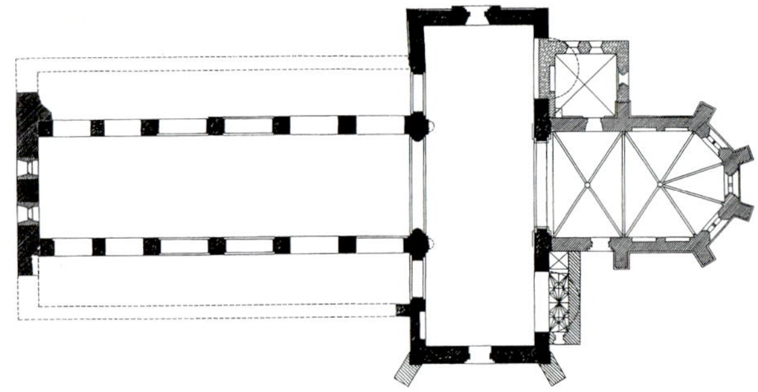

Marienkirche (Liebfrauenkirche), Grundriß

Das ehemalige Zisterzienserinnenkloster in Jüterbog: 1 = Liebfrauenkirche, 2 = ehem. Vorhalle, 3 = ehem. Westflügel der Klausur, 4 = Nordflügel der Klausur, 5 = Amtshaus, 6 = Erweiterungsbau Kreisverwaltung, 7 = Boten-Wohnhaus, 8 = Verbindungstrakt

Die Liebfrauen- bzw. Marienkirche zeigt den Turm über ihrer Westfassade erst seit 1890

kann. Aber Achtung: Die heute sichtbare Bemalung der Decke erfolgte 1936! Jedoch war die Decke auch im Mittelalter farbig gestaltet. Der Hauptchor wurde um 1480 durch eine gotische Apsis ersetzt. Nach der Reformation folgten weitere Umbauten, insbesondere der Anbau der Sakristei und der Bau der Kanzel, 1575.

Die Nonnenempore befand sich über den beiden westlichen Langhausjochen.

Schöne Details der mittelalterlichen Ausstattung sind die Platte des Altars, deren Minuskelinschrift möglicherweise darauf hindeutet, daß der Stein eigentlich als Grabplatte vorgesehen war, und das Taufbecken von 1480.

Nonnenkloster, Klausurnordflügel von Nordosten, vor 1923

Nonnenkloster, Giebel des Klausurnordflügels, nach 1930

**Klostergebäude**
Von den Bauten des Klosters hat sich neben der Kirche nur ein Gebäude erhalten, das im Volksmund »Zellenbau der Nonnen« genannt wird. Auch hier gilt es, sich nicht täuschen zu lassen: Das Gebäude erhielt sein malerisches Aussehen mit Staffelgiebel und Fachwerkgeschoß erst bei einem Umbau 1924, originale Substanz findet sich im Backsteinmauerwerk des Erdgeschosses. Ursprünglich vermutlich ein klösterliches Wirtschaftsgebäude, befand sich von 1930 bis 1945 hier das Kreismuseum des Kreises Jüterbog-Luckenwalde. Heute ist es Sitz eines Teils der Verwaltung des Landkreises Teltow-Fläming.

## Jüterbog – eine mittelalterliche Stadt

Der Gast sollte bei einem Besuch Jüterbogs nicht nur am Kloster verweilen. Die nach dem großen Stadtbrand 1478 bis etwa 1520 wiederaufgebaute Stadt gewinnt heute ihr spätmittelalterliches Gesicht zurück, beginnend mit einem großen Teil der ältesten Stadtbefestigung im heutigen Brandenburg. An jedem der drei Stadttore findet sich der auf die Zeit des Dreißigjährigen Krieges zurückgehende Spruch: »Wer seinen Kindern giebt das Brodt, und leidet nachmals selber Noth, den schlage man mit der Keule tot!« Letztere hängt bereit.

In der Stadt ist das Rathaus vom Beginn des 16. Jahrhunderts besonders sehenswert, in dessen Kellergeschoß die Stadtinformation ihr Domizil hat. An seiner Nordostecke finden Sie eine überlebensgroße Statue des Magdeburger Schutzpatrons Mauritius. Der Heilige sollte an dieser Stelle nicht nur den Markt beschützen, sondern dem Marktbesucher auch vor Augen führen, daß er sich hier auf magdeburgischem Grund und Boden befand. Schließlich sollte er wohl auch die nach städtischer Freiheit strebende Bürgerschaft an ihren Landesherrn erinnern. Die Nikolaikirche

Nikolaikirche, Innenansicht nach Westen

Das Rathaus von Jüterbog

mit ihrer verschwenderischen Ausmalung kündet vom Reichtum der Jüterboger Kaufmannschaft. Hier bewahrt man auch eine Einbaumtruhe aus der Zeit um 1300 auf, in welcher der Dominikanermönch und Ablaßprediger Johann Tetzel 1517 seine Einnahmen verwahrt haben soll, als er in Jüterbog weilte. Da Tetzels Predigten auch von vielen Bürgern aus Wittenberg besucht wurden, deren Uneinsichtigkeit in der Buße dann den dortigen Augustiner Martin Luther zu seinem Thesenanschlag trieb, bezeichnet sich Jüterbog nicht ganz zu Unrecht als »die Stadt, die die Reformation auslöste«.

Stadtzentrum
mit Nikolaikirche

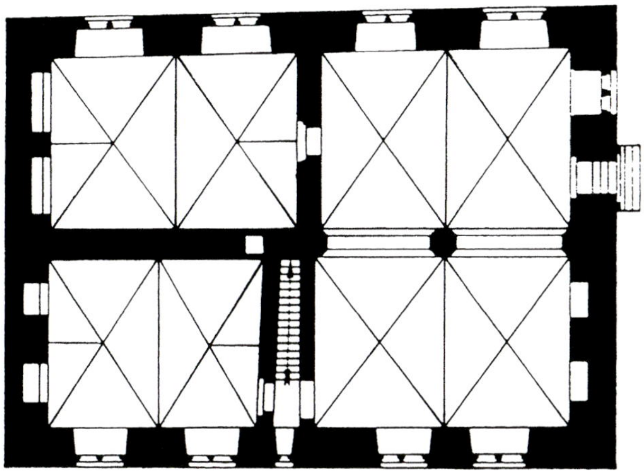

Grundrißrekonstruktion des ehemaligen Abtshofes

Blick vom Turm der Nikolaikirche auf das ehemalige Franziskanerkloster

Auch der Name »Lutheraner« für die Anhänger der neuen Lehre wurde von hier aus in Umlauf gebracht: von den Franziskanermönchen, deren einstiges Kloster heute die wunderschöne Hülle für die Stadtbibliothek, die Theater- und Konzertstätte, das Stadtmuseum und das Stadtarchiv sowie die touristische Stadtinformation abgibt. Dieser »Kulturquartier Mönchenkloster« benannte Komplex ist im August 2005 eröffnet worden. Insbesondere der Besuch des völlig neu gestalteten Museums sei empfohlen. Auf drei Etagen kann man sich hier ein Bild von der tausendjährigen Geschichte Jüterbogs machen, darunter zur Reformation und zur preußischen und sowjetischen Militärgeschichte als besonders prägenden Abschnitten. Die Stadtinformation hat einen Stadtrundgang auf CD für interessierte Gäste im Angebot – Abspielgeräte können ausgeliehen werden.

Noch einen weiteren zisterziensischen Höhepunkt hat die Stadt zu bieten: den einstigen Stadthof des Klosters Zinna (Abb. S. 34). Es handelt sich bei diesem wohl ebenfalls nach dem Stadtbrand von 1478 errichteten Gebäude um den einzigen erhaltenen zisterziensischen Stadthof in Brandenburg. Das in Backstein ausgeführte Gebäude ist eine Verbindung von mittelalterlichem Stadtpalast mit Speicher- und Handelshaus. Hier wohnte der Abt bei Besuchen in der Stadt, hier wurden aber auch durch den Cellarius die Überschüsse der Klosterwirtschaft auf den Markt gebracht und andererseits Produkte, die nicht durch die Eigenwirtschaft oder die Grundherrschaft zu beschaffen waren, eingekauft.

**Sehenswürdigkeiten in der Umgebung**

Von Jüterbog sind es nur vier Kilometer bis Kloster Zinna. Südlich der Stadt liegt das Schlachtfeld von Dennewitz (6. September 1813, jährlich am Wochenende nahe dieses Termins Veranstaltungen), zwanzig Kilometer südöstlich Wiepersdorf, das Schloß Achim und Bettina von Arnims (Konzertveranstaltungen).

Wer überprüfen möchte, ob er genauso gut zu Fuß ist wie die Jüterboger Nonnen, der versuche, ihrem jährlichen Prozessionsweg zu folgen: Am Dienstag nach Mariä Heimsuchung (2. Juli) zogen die Nonnen zu ihrem nächsten Dorf Kaltenborn, wurden dort vom Ortspfarrer bei einem im Feld stehenden Kreuz empfangen und in seinen Garten geführt, wo sie ausruhten und eine Mahlzeit einnahmen. Dann ging der Weg weiter über das Dorf Lindow und von dort durch ein extra errichtetes Ehrentor wieder zurück in das Kloster – eine Strecke von etwa 25 Kilometern.

Eine besondere Attraktion bildet die sogenannte »Flaeming-Skate«, ein hundert Kilometer langer Rundkurs für Inlineskater und Radfahrer, der die Städte Jüterbog und Luckenwalde, aber auch Kloster Zinna berührt. Es ist möglich, auch nur einzelne kürze Rundkurse zu befahren. Ebener Bodenbelag, drei Meter breite Pisten, großzügige Kurven und die Vorfahrtsregel für Läufer und Radler an allen kreuzenden Straßen machen die Strecke zu einem einzigartigen Erlebnis. Jüterbog wird in den nächsten Jahren zu einem Zentrum des Skatesports ausgebaut. Informationen hierzu erteilt der Fremdenverkehrsverein Teltow-Fläming.

## Touristische Informationen

**Anreise**
**Auto:**
- aus Berlin: B 101 (ca. 60 km)
- von Westen oder Süden: A 9, Ausfahrt Niemegk oder Brück/Treuenbrietzen, dann B 102 nach Treuenbrietzen und Jüterbog

**Bahn:** Jüterbog ist von Berlin, Potsdam, Cottbus, Wittenberg, Halle und Leipzig leicht zu erreichen (ca. 40 min. von Berlin-Schönefeld, 70 min. von Potsdam-Stadt, 90 min. von Halle). Der Bahnhof liegt eine Viertelstunde zu Fuß westlich des Stadtzentrums.

**Besichtigungen**
Liebfrauenkirche
Damm, 14913 Jüterbog
Tel.: (03372) 43 25 09
April–Okt. Sa+So 14.30–16.30 Uhr

Städtisches Museum
Kulturquartier Mönchenkloster,
Mönchenkirchplatz 4, 14913 Jüterbog
Tel.: (03372) 40 15 31
Di–Do, Sa, So 13–16 Uhr

**Auskünfte**
Stadtinformation Jüterbog,
Kulturquartier Mönchenkloster,
Mönchenkirchplatz 4, 14913 Jüterbog
Tel.+Fax: (03372) 46 31 13
April–Okt. Di–Fr 10–17, Sa 10–16, So 12–16 Uhr
Nov.–März Mo–Fr 9–17, Sa 9–13 Uhr

Tourismusverband Fläming e.V.
Küstergasse 4, 14547 Beelitz
Tel.: (033204) 628 70, Fax: 62 87 68
E-Mail: info@reiseregion-flaeming.de
Internet: http://www.reiseregion-flaeming.de
http://www.flaeming-skate.de

# Lehnin

Ecclesia sancte dei genitricis Marie in lenyn

*Stephan Warnatsch*

## Lage und Geschichte

Im Jahre 1180 gründete Markgraf Otto I. von Brandenburg, Sohn Albrechts des Bären, die Zisterze Lehnin als Haus- und Grablegekloster der brandenburgischen Askanier. Es war dies die erste Niederlassung des Zisterzienserordens in der Mark Brandenburg. 1183 wurde sie vom Kloster Sittichenbach in der Diözese Halberstadt besiedelt.

Zumindest eine slawische Vorbesiedlung war in diesem Gebiet gegeben. Darauf weisen Reste wendischer Siedlungen und slawische Ortsnamen hin, darunter auch der slawische Siedlungsname »Lehnin« selbst, der sich vermutlich von einem Personennamen ableitet. Möglicherweise darf auch der in den Altarstufen der Klosterkirche befindliche verkieselte Eichen-

## Sage und Namensgeschichte

Eine alte Gründungslegende, die uns in einer böhmischen Chronik des ausgehenden 14. Jahrhunderts überliefert ist, worin der Historiograph Karls IV., Przybyk Pulkawa, die älteste nachweisbare märkische Chronik exzerpierte, berichtet über den Anlaß der Klostergründung folgendes:

Otto I. von Brandenburg, Sohn Albrechts des Bären, ruhte sich eines Mittags an jener Stätte, wo jetzt das Zisterzienserkloster Lehnin steht, allein im Schatten einer Eiche von der Jagd aus, während seine Mannen die Pirsch ohne ihn fortsetzten. Im Traum begegnete ihm nun eine Hirschkuh, die ihn ohne Unterlaß bedrängte und nicht schlafen ließ. Als das Tier ihn immer ungestümer belästigte, ergriff er Pfeil und Bogen und schoß es auf der Stelle nieder. Vom Schlafe erwacht, erzählte er seinen nun eintreffenden Begleitern den Traum, woraufhin einer gleich meinte, die Stätte sei wohl zur Anlage eines Klosters geeignet.
Die meisten rieten ihm aber, hier eine Burg zu bauen, die sich gegen die Slawen, jene heidnischen Feinde des Kreuzes Christi, richten sollte. Darauf erwiderte der Fürst, eine Burg wolle er hier tatsächlich gründen, doch sollten es die Stimmen geistlicher Männer sein, die die teuflischen Widersacher in die Flucht schlügen. Und hier wolle er dann auch ruhig den Jüngsten Tag erwarten. Schnellstens schickte er zum Abt von Sittichenbach und ließ ihn bitten, zu diesem Zwecke Brüder aus seinem Konvent zu entsenden. Seiner Klostergründung gab der Markgraf aber den Namen »Lehnin«, so berichtet die Quelle, während es im Slawischen »lanye«, also »die Hirschkuh«, heiße und er eine solche ja im Traume gesehen habe.

Ähnliche Gründungslegenden, oft in Verbindung mit Hirschen, Bäumen und Traumgebilden, finden sich bei erstaunlich vielen Zisterzienserklöstern. Der pseudoetymologische Klärungsversuch, »Lehnin« in irgendeiner Weise mit einem slawischen Wort für »Hirsch« oder »Hirschkuh« in Verbindung zu bringen – auch »Hirschberg« und »Hirschsprung« sind von neuzeitlichen Historikern angeboten worden –, entspricht der Intention der Gründungslegende, ist aber nicht zu halten. Tatsächlich aber handelt es sich bei dem Namen »Lehnin« schlicht um einen slawischen Siedlungsnamen, der sich vermutlich von dem Eigennamen »Len« ableitet und soviel wie »Ort des Len« bedeuten dürfte, entsprechend also solchen deutschen Ortsnamen wie z.B. »Woltersdorf«, sprich »Walters Dorf«.

klotz als Hinweis auf ein mit der Klostergründung überwundenes Naturheiligtum der slawischen Urbevölkerung verstanden werden. Es hat den Anschein, als seien die Slawen in der Frühzeit des Klosters noch eine Gefahrenquelle gewesen, da z.B. der erste Abt Sibold laut Klostertradition von Nahmitzer Slawen erschlagen wurde und noch 1208 die – offensichtlich deutschen – Klosterbauern von Markgraf Albrecht II. zur Verteidigung ihres Landes gegen die Slawen verpflichtet wurden.

Von den Gräbern der Stifterfamilie in Lehnin ist keines mehr nachweisbar. Sie könnten sich aber im Bereich des Sanktuariums, der Vierung und der beiden Querschiffarme befunden haben. Lediglich der Grabstein Ottos VI. von Brandenburg, der als Mönch und Akoluth, also als Priester des vierten Weihegrades, im Kloster gestorben war, findet sich noch heute in der Kirche, eingelassen in die Nordwand des Sanktuariums, in dessen Mitte er sich früher befunden hat.

Die Zisterze Lehnin war auch nach der askanischen Landesteilung von 1258 Grablege der ottonischen Linie geblieben, während die johanneische Linie eine neue in Mariensee gründete, Lehnins zweite Filiation, die zwischen 1270 und 1272 nach Chorin verlegt wurde.

## Politische und wirtschaftliche Entwicklung unter den Askaniern

Das Kloster Lehnin verdankte den Askaniern bis weit in die Mitte des 13. Jahrhunderts einen Großteil seines Grundbesitzes, den der Konvent so stark ausbaute, daß Lehnin um 1500 das reichste Kloster und einer der größten Grundbesitzer überhaupt in der Mark war. 1540, bei Aufnahme der Visitationsprotokolle in Vorbereitung der Säkularisierung des Klosterbesitzes, zählten das Städtchen Werder, 39 Dörfer und 54 Seen zu seinem umfangreichen Vermögen. Diese insgesamt sehr erfolgreiche Entwicklung überstand die meisten Wirren und Gefahren der ersten zwei Jahrhunderte

Leniner Konventssiegel

Klosteranlage von Südosten, um 1830, von Wilhelm von Schadow (hinten die Kirche, vorn rechts das »Königshaus«)

relativ schadlos: Weder die zum Teil kriegerischen Auseinandersetzungen der Askanier mit dem Magdeburger Erzbischof und den Meißner Wettinern zwischen 1239 und 1245 noch die teilweise chaotischen Verwirrungen nach dem Aussterben der brandenburgischen Askanier und der daran anknüpfende Streit um die Herrschaftsfolge in der Mark – zumal anläßlich der gewaltreichen Farce um den »falschen Waldemar« – scheinen das Kloster nachhaltig geschädigt zu haben. Nichtsdestotrotz gab es erhebliche Beschwernisse und Verluste, und offensichtlich litt auch die innere Verfassung des Konvents unter dem allgemeinen gesellschaftlichen Verfall in der krisengeschüttelten Mark: Innerklösterliche Parteiungen scheinen sich damals gegenseitig bekämpft zu haben; Regelverstöße, lästerliches Leben und sogar Raubmord an ritterlichen Gästen sind uns überliefert.

Nicht immer sind die Quellen dabei in ihrem Inhalt unkritisch hinzunehmen, da sie von in diesen Wirren durchaus parteiischen Seiten stammen, dennoch ist das Faktum des sittlichen Verfalls unzweifelhaft, der auch erhebliche finanzielle Schäden zeitigte. Vor allem die zahlreichen Fehden, die das Kloster in dieser Zeit angesichts der landesherrlichen Schwäche der glücklosen Wittelsbacher, also ohne den Schutz einer Zentralgewalt, überstehen mußte, belasteten die Zisterze schwer. Verschiedene Adelsfamilien, namentlich die von Groeben, von Rochow und von Schlieben, spielten dem Kloster böse mit. Am bekanntesten sind aber fraglos die Quitzows, die in nahezu der ganzen Mark Willkür und Gewalt übten und die hartnäckigsten Widersacher der zur Beruhigung der Verhältnisse bestellten Burggrafen von Nürnberg waren. Gegen diese besonders dreisten Raubritter tat sich Abt Heinrich von Lehnin (1400–32) als ein führender Kopf des märkischen Widerstandes hervor und unterstützte das zielstrebige Durchgreifen des Hohenzollern Friedrich I., wodurch den Lehniner Äbten eine noch gewichtigere Rolle in der Landespolitik zukam als zuvor schon. Unter der sich zuletzt durchsetzenden Hohenzollernherrschaft trug ihnen dies den Titel des kurfürstlichen Rates ein. Doch auch schon für das frühe 13. Jahrhundert läßt sich die herrschaftlich bedeutende Stellung Lehnins nachweisen, zum Beispiel wenn die Äbte 1257 als Schlichter im Grenzstreit zwischen den beiden Bistümern von Kammin und Schwerin herangezogen werden oder wiederholt als päpstliche Legaten auftreten. Auch scheint der Konvent eine nicht unerhebliche personelle Stärke erreicht zu haben, denn zwischen 1230 und 1299 konnte Lehnin immerhin drei Filiationen besiedeln: 1230 Paradies bei Meseritz in Polen, 1258 Mariensee (später Chorin) in der Uckermark und 1299 Himmelpfort im Land Lychen.

### Lehnin im 14. und 15. Jahrhundert

So sehr die askanische Herrschaft eine Blütezeit Lehnins war, so sehr stellte sich für das Kloster die Zeit vom Aussterben der Askanier bis etwa 1412 als wirtschaftliche, politische und spirituelle Krise dar – trotz der zeitweiligen Förderung durch die Wittelsbacher, denen Lehnin 1329 unter Ludwig dem Älteren sogar als Hauptquartier diente, und trotz einer kurzen Beruhigung der Lage unter der Herrschaft Kaiser Karls IV. Denn die zahlreichen Fehden und Bedrückungen brachten erhebliche Verluste für das Kloster mit sich. Auch sind die Mönche allem Anschein nach zuweilen – wider alle Ordensregeln – selbst gegen ihre Widersacher ins Feld gezogen und hielten sich eigene Söldnertruppen. Allerdings ging das Kloster insgesamt weitgehend unbeschadet aus diesen Wirrungen hervor und entwickelte im Gegenteil im 15. Jahrhundert nochmals ungeahnte Potenzen, die die Zeit unter den Hohenzollern dann zu einer zweiten und möglicherweise noch bedeutenderen Blütephase machten. Die frühen Hohenzollern bestimmten das Kloster sogar noch, wie vor ihnen die ältere Linie der Askanier, zu ihrer Grabstätte.

Lehnin entwickelte sich zu einer bedeutenden Finanzmacht, einem aktiven politischen Faktor, aber auch zu einer Pflegestätte geistlicher Gelehrsamkeit, die um 1450 über eine Bibliothek mit rund tausend Bänden verfügte, was für die damalige Zeit herausragend war. Zahlreiche Lehniner Mönche studierten an den Universitäten in Leipzig und Erfurt, aber auch in Wittenberg und Frankfurt (Oder). Joachim I. bediente sich des Klosters auch deswegen als Stütze gegen die vordringende Reformation, die er zu bekämpfen suchte. Im Auftrag des Bischofs von Brandenburg, Hieronymus Scultetus, führte der letzte Lehniner Abt, Valentin (1509–42), Gespräche mit dem aufrührerischen Martin Luther in Wittenberg, dessen Lehren er Kurfürst Joachim I. zu unterdrücken empfahl. Überhaupt taten sich Lehnin und sein Tochterkloster Chorin als besonders hartnäckige Gegner der nach dem Tode Joachims I. (1535) in der Mark nicht mehr aufzuhaltenden Reformation hervor. Und Valentin verstand es, seine Reputation als hochgebildeter und erfahrener Ratgeber des Kurfürsten zu nutzen, um die Auflösung des Klosters bis zu seinem Tode (1542) zu verzögern.

Siegel des Lehniner Abtes Johannes von Lüneburg, 1439

### Auflösung und Schicksal der Klosteranlage

Dann aber verbot Kurfürst Joachim II. die Wahl eines Nachfolgers und wandelte die Klostergüter zu eigenem Nutzen in ein Domänenamt um, das die Hohenzollern später auch wiederholt als Jagdschloß benutzten und entsprechend umbauten. Die romanisch-gotische Klosterkirche verfiel im 18. Jahrhundert zusehends und wurde nach dem Einsturz des westlichen Kirchenschiffs regelrecht als Steinbruch genutzt. Nach 1870 restauriert, dient sie bis heute als Pfarrkirche. Vom Rest der Klostergebäude sind nur noch Teile des östlichen Klausurflügels mit dem Kapitelsaal, das ältere Abtshaus, das Kornhaus, das Gästehaus (Falkonierhaus) und das sogenannte Königshaus erhalten. Letzteres mag das Hospital des Klosters gewesen sein, wurde bis vor kurzem aber meist als das neuere Abtshaus gedeutet, dessen Kapellenanbau nicht mehr erhalten ist. Im Anschluß an das Kloster bildete sich ein Dorf mit eigener Marktgerechtigkeit, die noch auf das Kloster selbst zurückging, das mehrere Nachbargemeinden an sich zog. Heute befindet sich im Kloster das Luise-Henrietten-Stift, ein Diakonissenmutterhaus, das ein Krankenhaus, eine Klinik für geriatrische Rehabilitation sowie ein Altenpflegeheim betreibt und auf dem nordwestlich gelegenen Stiftsgelände unlängst einen Neubau errichtet hat.

## Die Klosterkirche

### Baugeschichte

Die Lehniner Klosterkirche, eine dreischiffige spätromanisch-frühgotische Pfeilerbasilika in Kreuzform, ist einer der bedeutendsten Backsteinbauten der Mark

Klosterkirche von Nordosten – die nördliche Seitenkapelle und Nordwand des Querhauses sind verfälschte Neufassungen

Brandenburg. Die Ostteile der Kirche sind die ältesten des Baus und noch überwiegend original erhalten. Der Baubeginn ist nicht eindeutig zu datieren, darf aber zwischen 1190 und 1195 angesetzt werden. Dies wird neben urkundlichen Indizien unter anderem auch durch den Befund des Feldsteinfundaments, auf dem der Monumentalbau der Backsteinkirche errichtet wurde, und durch die Übereinstimmungen der frühesten Schmuckelemente in Lehnin mit solchen in Jerichow gestützt (dortiger Baubeginn: 1148; ein zweiter Bauabschnitt, in dem entsprechende Formen umgestaltet wurden, war bereits 1200 abgeschlossen).

Schon frühzeitig entschied man sich für eine Änderung des ursprünglichen Bauplans: Die Apsis wurde erhöht und mit einer zweiten Reihe von fünf Fenstern doppelgeschossig gestaltet. Auch stockte man die Sanktuariumsseitkapellen mit Emporen auf. Der Baubefund ist hierin nicht ganz eindeutig, es ist aber wahrscheinlich, daß die Kapellen auf beiden Ebenen jeweils zweigeteilt waren, so daß – wie später im Tochterkloster Chorin – insgesamt acht Sanktuariumsseitkapellen entstanden, die sich zum Querhaus öffneten. Ob die jeweils inneren Kapellen des oberen Stocks von Anfang an auch zum Sanktuarium hin offen waren, bleibt unklar, ist aber recht unwahrscheinlich.

In jedem Fall ist diese Anlage eher ungewöhnlich, doch gibt es für Kapellenemporen einige prominente Beispiele. Da der gesamte Kirchenbau im Zuge dieses Planwechsels höher geführt werden mußte, waren verschiedene Änderungen nötig: Die Trapezkapitelle der Vierungspfeiler wurden aufgegeben und zu Pfeilervorlagen für die Unterzüge der Vierungsbögen umgebildet.

Dieser zweite Bauabschnitt ist dem ersten Jahrzehnt des 13. Jahrhunderts zuzuordnen und dürfte als oberen Raumabschluß wohl noch eine Flachdecke, vielleicht auch ein Tonnengewölbe, aber noch kein Kreuzgewölbe vorgesehen haben.

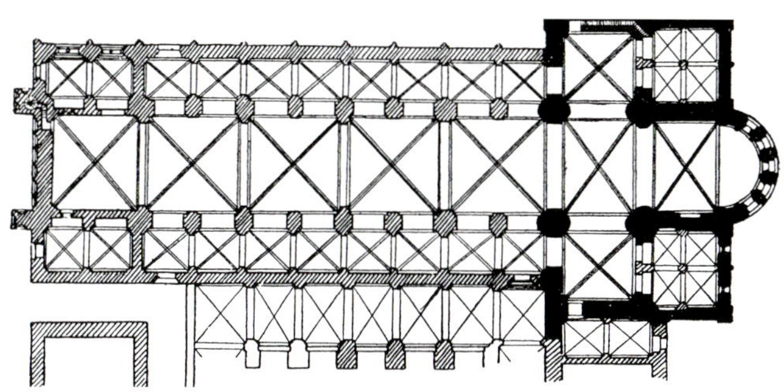

Grundriß der Klosterkirche

Selbiges ist vielmehr einem zweiten Bauplanwechsel zuzuschreiben, der den dritten Bauabschnitt bis etwa 1220 bestimmte. Bei der Einwölbung wurden die Dienste für die Rippen nachträglich hochgezogen. Mit der Fertigstellung des ersten Langhausjochs dürfte diese Bauphase beendet worden sein. Man schloß das Langhaus nun provisorisch nach Westen hin ab und nahm die Kirche in Gebrauch. Parallel zu diesen Arbeiten an der Kirche war der Ostflügel der Klausur vorangetrieben worden. Wahrscheinlich wurden dann die Mittel knapp. Vielleicht belegt eine Zehntschenkung von 1219, in der die Bedürftigkeit des Klosters erwähnt wird, sogar eine Unterbrechung der Bauarbeiten. Allerdings sind solche Schlußfolgerungen höchst spekulativ. Nicht unwidersprochen, aber am weitesten verbreitet, wird die weitere Lehniner Baugeschichte in der Regel wie folgt gedeutet:

Der Bau der Klausurgebäude wurde in den folgenden Jahren weitergeführt. Der die Klausur abschließende, den Konversen vorbehaltene Westflügel ist auf die Mitte des 13. Jahrhunderts zu datieren, womit dieser vierte Bauabschnitt um 1250 beendet worden sein dürfte. Nachdem nun die eigentliche Klausur fertiggestellt war, nahm man den seit etwa dreißig Jahren ruhenden Kirchenbau wieder auf und führte die vier westlichen Langhausjoche und die Westfassade nach einem einheitlichen Bauplan zügig voran. 1262 scheint das Kirchenschiff als solches bereits fertig gewesen zu sein, denn am 4. Juni dieses Jahres übergaben es der Erzbischof von Magdeburg und der Bischof von Havelberg dem Gottesdienst. Jedoch wurden die Arbeiten an der Kirche erst 1270 vollendet, im »offiziellen« Weihejahr. Der »Baumeister« dieser letzten Phase ist der erste in der Mark Brandenburg namentlich bekannte: Eine Urkunde für das Tochterkloster Mariensee, das später nach Chorin verlegt

Die 1872–76 rekonstruierte Lehniner Westfassade

Rekonstruktionsplan (Ausschnitt) für die Nordseite der Klosterkirche von Bauinspektor Koehler, um 1876

wurde, führt 1260 als einen der Lehniner Zeugen den »magister operis« Konrad an.

Mit einer eindrucksvollen Westfassade, die große Bedeutung für die späteren Backsteinbauten der Zisterzienser in der Mark erlangte und beispielsweise vorbildhaft für die Westfassade in Chorin wurde – der heutige Zustand der Lehniner Fassade entspricht, vor allem im Giebelbereich, nur noch näherungsweise dem Original –, schlossen die Lehniner Mönche ihren Klosterkomplex mit einer letzten herausragenden Bauleistung ab. Fast achtzig Jahre waren seit Baubeginn vergangen.

Dem heutigen Betrachter präsentiert sich die Klosterkirche in Lehnin im wesentlichen als Ergebnis der umfänglichen Restaurierungsbemühungen von 1871 bis 1877. Die Planungen für einen Wiederaufbau der in der zweiten Hälfte des 18. Jahrhunderts vor allem in ihren Westteilen zur Ruine verkommenen Klosterkirche begannen erstmals bereits unter König Friedrich Wilhelm III., der aber den damals gemachten Restaurierungsvorschlag von 70 000 Talern als zu teuer befand. 1869 wurden endlich neue Pläne genehmigt, die jedoch erst ab 1871, nach dem Ende des Deutsch-Französischen Krieges, umgesetzt werden konnten. Die so geschaffene Baugestalt darf trotz mancher verfälschender Aspekte weitgehend als dem originalen Eindruck entsprechend gelten. Von den Elementen, die am auffälligsten vom ursprünglichen Erscheinungsbild abweichen, ist sicher die heutige Gestaltung des Giebelbereichs der Westfassade am bedauerlichsten – die Giebelrose z.B. ist gänzlich der Phantasie der Restauratoren des 19. Jahrhunderts entsprungen. Ansonsten aber sind die Abweichungen im äußeren Erscheinungsbild überwiegend unauffällig, wenngleich z.B. die bei der Restaurierung vollständig neu gebaute nördliche Sanktuariumsseitkapelle im Mittelalter stets ein Pultdach trug. Der Ostteil der Kirche mit Apsis, Sanktuarium, südlicher Nebenkapelle, Querschiff und Chor ist aber bis ins erste Langhausjoch hinein in der Bausubstanz noch weitgehend original.

**Baubeschreibung**

Die kreuzförmige Pfeilerbasilika gehört zu den ältesten Denkmälern deutscher Backsteinbaukunst. Das Langhaus ist mit fünf quadratischen Jochen im Mittelschiff und je zehn diesen entsprechenden Jochen in den zwei Seitenschiffen im gebundenen System ausgeführt, dem die Haupthausbreite des Vierungsjochs zugrundeliegt. Die zwei westlichsten Joche der Seitenschiffe sind

Ruine der Klosterkirche, Gemälde von Eduard Gärtner, 1858

Kirchenschiff nach Westen

Nordwestlicher Vierungspfeiler mit Kanzel und Wandgliederung des ersten Langhausjoches

jeweils abgetrennt. Im nördlichen Seitenschiff bilden sie so eine Vorhalle. In der Westwand korrespondieren die zwei hohen Fensterzonen über den Blendarkaden mit der doppelgeschossigen Apsis und deren Fensterarkadenreihen im Osten. Das Sanktuarium mit seiner halbrunden Apsis wird seinerseits von zweigeschossigen Nebenkapellen flankiert, die sich auf den Emporen zum Chor hin und in beiden Etagen zum Querhaus öffnen.

Blickt man von Westen her, wie es der intendierten Raumwirkung angemessen ist – anders als im Mittelalter ist derzeit die Ostseite die Schauseite, da man die Kirche heute in aller Regel durch die südliche Nebenkapelle betritt –, so erschließt sich dem Betrachter die Stilsicherheit, mit der hier einfache stereometrische Körper – Quader, Kegel und Zylinder – nebeneinander gesetzt und zueinander addiert worden sind. Es ist diese Schlichtheit der Konzeption, die auf den ersten Blick besticht. Freilich sollte nicht vergessen werden, daß der heutige Gesamteindruck etwas verfälschend ist, da die mittelalterliche steinerne Chorschranke – vielleicht war es auch ein Lettner –, die früher den Mönchschor nach dem ersten Langhausjoch von der Laienkirche trennte, spätestens seit dem 19. Jahrhundert fehlt. Der Eindruck relativer räumlicher Weitläufigkeit ist daher nicht im eigentlichen Sinne korrekt.

Sparsam gehalten ist auch die Wandgliederung: Die Wirkung beruht fast ausschließlich auf den großen, nur durch die simplen Gliederungsstrukturen aus Backstein und durch dessen warme Farbigkeit belebten Wandflächen. So unterteilt noch in der Hochwand

Sanktuarium nach Osten mit Altar und verkieseltem Eichenblock

des ersten östlichen Langhausjochs nur ein einfach geschnittenes, schlankes Fensterpaar die Fläche. In den weiteren Jochen, die mit einiger Wahrscheinlichkeit rund dreißig Jahre später entstanden sind, folgen dann freilich schon paarweise Fenster mit getreppter Laibung und eingestellten Rundstäben zwischen reicher Blendgliederung. Auffällig ist dabei auch der Wechsel der Bogenform: In den älteren Ostteilen treffen wir ausschließlich Rundbogen, in den jüngeren Westteilen nur Spitzbogen an. Im übrigen zeigen auch die Seitenschiffswände in Parallele zu den vier westlichen Langhausjochen eine betonte Gliederung mit kräftigen Wandvorlagen, wenngleich dieser Bestand nicht völlig original ist. In jedem Fall aber drückt sich hierin eine dekorative Haltung aus, die der Regelforderung nach Schlichtheit eine gerade durch Reduktion eindrucksvolle Ästhetik abzugewinnen versucht. Das gilt für die Innenraumgestaltung ebenso wie für das Äußere des Kirchenbaus.

Ihren Höhepunkt findet diese Konzeption in der Westfassade: Sie präsentiert sich als imposante Schauwand, die es versteht, ihre bewußt klare, in gewisser Weise sogar karge Gliederung zu einer um so großartiger wirkenden Repräsentationsfassade zu überhöhen. In Chorin wird dann dieses Konzept landesherrlicher Herrschaftsrepräsentation vollendet: Die dortige Westschauwand gilt zu Recht als Krönung märkischer Backsteinbaukunst. Die Westfassade Lehnins war bereits Mitte des 19. Jahrhunderts fast gänzlich zerstört. Praktisch nur die untere Blendarkadenreihe und die untere Hälfte des nördlichen Treppentürmchens sind noch originale Bausubstanz, der Rest ist Ergebnis der umfänglichen Restaurierung. Das grundsätzliche Gliederungskonzept mit den kräftigen Gesimsen, die die Wandzonen trennen und damit die Horizontale betonen, ist aber erhalten geblieben. Gleiches gilt für die Blendarkatur, die an Stelle der ins nördliche Seitenschiff versetzten Vorhalle die dekorative Struktur des ungestörten Fassadenfrieses initiiert, womit sie die geschlossene Durchbildung der Schauwand gleichsam trägt.

**Ausstattung**

Im Kircheninneren sind einige Einzelheiten besonders hervorzuheben: In die mittlere der drei Stufen zum Sanktuarium ist – etwas nördlich von der eigentlichen Mittelachse – der ominöse Baumblock eingelassen, der etwa 60 cm lang ist und einen Durchmesser von ca. 45 cm hat. Er ist verkieselt und könnte daher tatsächlich von um 1180 stammen. Eine dendrochronologische Untersuchung steht freilich immer noch aus! In der Südwand des Sanktuariums findet sich ein ornamental hervorgehobener Nischenbogen, der in der Klosterzeit die Position des Levitenstuhls kennzeichnete und dabei seltsamerweise über die Altarstufen brückt. Gegenüber auf der Nordwand befindet sich heute die Grabplatte Markgraf Ottos VI., auch Ottoko genannt, der am 6.7.1303 als Akoluth in Lehnin verstorben war. Bei Aufnahme der Restaurierungsarbeiten 1871 hatte sie sich noch etwa in der Mitte des Sanktuariums-

Triumphkreuz (2. Viertel des 13. Jahrhunderts)

Grabplatte Markgraf Ottos VI. von Brandenburg († 6.7. 1303)

bodens direkt vor dem Hochaltar befunden. Im nördlichen Querschiff steht außerdem die stark verwitterte Grabplatte des vorletzten Lehniner Abtes, gestorben 1509. Das Sanktuarium wird durch ein Kreuzgewölbe mit doppelten Wulstrippen gedeckt, während die Rippen in Vierung, Quer- und Langhaus breit und gurtförmig und dabei reich profiliert sind. An den Vierungspfeilern sind Indizien des Bauplanwechsels zum zweiten Bauabschnitt ab etwa 1200 zu erkennen: In Höhe der Sohlbänke der oberen Apsisfenster finden sich Trapezkapitelle, die – als solche aufgegeben – in rechteckige Pfeilervorlagen für die Unterzüge der Vierungsbögen übergehen. Im Langhaus ist die Zäsur in Bauplanung und Bautätigkeit nach dem ersten östlichen Joch, wo der Bau provisorisch verschlossen gewesen war, anhand der Wandgliederung gut zu erkennen. Über die Westwand führt ein Laufgang zwischen den beiden Fensterzonen entlang, der über eine Wendeltreppe im nördlichen Fassadenpfeiler zu erreichen ist. Die Portale, durch die die Konventualen die Kirche betraten, befanden sich im südlichen Seitenschiff, an das ja die Klausur grenzte: Das Mönchsportal befand sich im östlichsten, die Konversenpforte im dritten westlichen Joch des Seitenschiffs, letztere vor dem abgetrennten Raum der beiden westlichen Joche.

Insgesamt ist wenig von der alten Einrichtung der Kirche übriggeblieben. Genaugenommen sind dies nur die erwähnten Grabplatten in Querhaus und Sanktuarium sowie die gemauerte Altarmensa mit ihrer großen Sandsteinplatte. Außer den Resten alter Ausmalung in den nördlichen Arkadenbögen gehören die restlichen mittelalterlichen Ausstattungselemente originär gar nicht in die Lehniner Kirche: Der jetzige Altarschrein, ein spätgotischer Schnitzaltar von 1476 mit der Darstellung von Marienkrönung und Marientod, wurde erst vor wenigen Jahrzehnten aufgestellt, während sich der alte Altarschrein, 1518 in einer Leipziger Werkstatt gefertigt, heute im Brandenburger Dom befindet. Er wird dort auch als »Lehniner Altar« geführt. Die gemalte Predella mit der kleinen Reliquiennische ist auf 1502 zu datieren.

Das in seiner Schlichtheit eindrucksvolle Triumphkreuz im östlichen Vierungsbogen stammt aus einer märkischen Werkstatt: Der romanische Dreinagelcruzifixus, der aus der Dorfkirche von Groß-Briesen bei Belzig nach Lehnin gekommen ist, ist dem zweiten Viertel des 13. Jahrhunderts zuzuordnen und dürfte für eine Großkirche konzipiert worden sein, die leider nicht mehr zu erschließen ist.

Die an der Nordwand des Querschiffes zu findende Bildtafel zeigt die Kalvarienberg-Szene. Sie stammt von der Hand eines westfälischen Meisters kurz vor der Mitte des 15. Jahrhunderts und dürfte Teil eines Flügelaltars im Brandenburger Dom gewesen sein. Die hölzerne Taufe ist ein Werk märkischer Volkskunst. Die sandsteinerne Kanzel gehört zu den Ergänzungen der Restaurierung von 1871–77. Die Orgel im östlichsten Joch des nördlichen Seitenschiffs ist an dieser Stelle ein Zugeständnis an die Notwendigkeiten des Gottesdienstbetriebes, stellt aber in Gestalt und Standplatz eher eine Fehlentscheidung dar, da der Raumeindruck des Seitenschiffs hierdurch völlig zerstört wird. Ob schon zur Klosterzeit eine Orgel existierte, ist unbekannt. Für vergleichbare Ordenshäuser sind Orgeln in der Regel erst spät belegt.

Als einzige weitere Ausstattungsstücke der Klosterzeit existieren noch zwei Tafelbilder zur Klostergeschichte, die die Ermordung des ersten Abtes Sibold thematisieren und mittlerweile an den Seiten des westlichsten Langhausjochs ausgehängt sind.

## Die Klostergebäude

Von den Gebäuden der Klausur ist nur wenig erhalten, lediglich ein Teil des Erdgeschosses im Ostflügel – immerhin inklusive des Kapitelsaals –, Kellerräume des ehemaligen Konversenflügels im Westen, Überreste des nördlichen Kreuzgangs und wenige verstreute Mauerreste. Im doppelstöckigen Ostflügel ist die alte Raumfolge im Untergeschoß noch weitgehend erhalten: An das südliche Querhaus der Kirche schließt sich die Sakristei und daran die tonnengewölbte ehemalige Bibliothek des Klosters an. Durch eine Tür verbunden folgt der Kapitelsaal, dessen Kreuzgratgewölbe zwi-

Kalvarienberg-Szene (Mittelteil eines Flügelaltars, vor 1450)

Altarretabel (1476) und Predella (1502) des heutigen Lehniner Hauptaltars

Blick ins ehemalige Klausurgeviert von Süden

Cecilienhaus (an der Stelle des Ostflügels der Klausur) und Kirche von Südosten

schen Gurtbögen auf zwei kräftigen Pfeilern ruhen. Vom Kapitelsaal führen zum einen ein Gewändeportal, dessen Kapitelle Hausteinformen nachbilden, auf den Kreuzgang und zum anderen eine kleine südliche Pforte über zwei Stufen zur Treppe zum Obergeschoß, neben der der Gebäudedurchgang vom Kreuzgang zu den ehedem östlich der Klausur gelegenen Gärten verläuft. Dann schließt sich noch ein schmaler, mit zwei Kreuzrippengewölben gedeckter Raum an, der das Ende des noch mehr oder minder originalen Baubestandes markiert.

Nicht mehr existent sind auch die Räume des Obergeschosses, deren wichtigster, das Dormitorium, der Schlafsaal der Mönche, mit dem südlichen Querhaus der Kirche über eine Treppe verbunden war, um zu den nächtlichen Gebeten schnell in den Chor gelangen zu können. Der östliche Flügel des Kreuzgangs stammt in seiner heutigen Gestalt aus den 1920er Jahren, als er nach alten Bauresten und zum Teil mit altem Material neu aufgebaut und über seine ursprüngliche Kantenlänge hinaus errichtet wurde. Vom Nordflügel des Kreuzgangs sind nur die ruinösen Ansatzstümpfe der zwei östlichsten Strebepfeiler übrig, von denen es fünf Stück gegeben haben dürfte. Die bei ihrem Bau verwendeten und in Abwechslung mit naturfarbenen Ziegeln auch heute noch zu erkennenden schwarzglasierten Ziegel verweisen für diese Fassung des Baus auf eine spätere Zeit, vermutlich das 15. Jahrhundert.

Neben dem alten Torbogen der Klosterpforte nordöstlich der Kirche findet sich eine in Privatinitiative wiederaufgerichtete gotische Kapelle. Sie war ehedem rippengewölbt, wovon Schildbögen, Rippenansätze und Konsolen zeugen, die erhalten sind, da die Außenmauern noch standen, als man das Haus wiedererrichtete. Heute ist der Innenraum zweigeschossig ausgebaut.

Leicht südwestlich der Kapelle, nordöstlich der Kirche, befindet sich das imposante alte Kornhaus aus dem 14. Jahrhundert, das in schlichter Backsteinbaukunst mit deshalb aber nicht minder schönen Nord- und Südfassaden errichtet worden ist.

In der Geländesenke östlich der Kirche befanden sich ehedem die Klostergärten. Hier wurden nach der Wende Containerbauten aufgestellt, die bis zur Fertigstellung des Klinikneubaus vom Stiftskrankenhaus genutzt wurden.

Südöstlich der Klausur steht das nach Friedrich Wilhelm IV. von Preußen benannte »Königshaus«. Es ist dies ein Bau aus dem 14. Jahrhundert, dessen schöne, wenngleich wohl ebenfalls leicht verfälschend

Das Kornhaus (Mitte des 14. Jahrhundert)

Klosterpforte und Torkapelle im Nordosten der Klosteranlage

Das sogenannte »Königshaus« von Südosten

Torkapelle (Photo: Gerd Foth)

restaurierte Südfassade durch Blenden vielfältig gegliedert ist und von der unter den hohenzollernschen Kurfürsten erneuerten Prosperität des Klosters kündet. Üblicherweise wird das Gebäude als das neuere Abtshaus bezeichnet. Wahrscheinlich ist es aber doch das Hospital des Klosters gewesen, wofür vor allem die Lage und einige Elemente der Baugestalt sprechen. Im Untergeschoß findet sich eine prachtvolle Holzdecke, die mit ihren mächtigen Proportionen ursprünglich nicht in dieses Gebäude gehört, sondern etwa 1530 eingebaut wurde und wahrscheinlich aus dem halbzerstörten Refektorium stammte. Das Obergeschoß ist kreuzgewölbt. Eine Wendeltreppe verbindet beide Stockwerke. Der Kamin im oberen Zimmer ist mit seinem eigenwilligen Reliefkopf in das 16. Jahrhundert zu datieren. Außerdem gehörte zu diesem Haus eine nicht mehr existente Kapelle.

Das sogenannte Falkonierhaus gleich daneben, etwas südlich versetzt, das auch über eine blendengegliederte, aber nicht ganz so stark variierte Südfassade verfügt, war das aus dem 15. Jahrhundert stammende Gästehaus des Klosters.

Auch das alte Abtshaus ist erhalten. Es liegt nördlich, schräg zum westlichen Kirchenschiff. Sein auffälligstes Merkmal ist die große Tordurchfahrt zum Wirtschaftshof. Späterhin wohnte in diesem Gebäude der Amtshauptmann, und das Haus diente als Kanzlei. Teile der direkt anschließenden Gebäudeflucht des südlichen Amtshofflügels mit den ehemaligen Stallungen weisen ebenfalls noch auf die klösterliche Herkunft aus dem 15. bis frühen 16. Jahrhundert hin. Und schließlich sind vom alten Klosterkomplex noch Teile der Klostermauer, die im Südwesten der Klausur einen offenen Winkel bilden, erhalten. Dort ist vor allem die Ruine des alten Wehrturms – »Kuhbier« oder Hungerturm genannt – erwähnenswert. Er wurde zu Zeiten des Amtes teilweise als Gefängnis genutzt.

## Touristische Informationen

**Anreise**

**Auto:** Autobahn A 2 (Berlin–Hannover), 3 km südlich der Anschlußstelle Lehnin

**Bahn/Bus:** Von Berlin-Zoo mit dem RE 1 nach Groß Kreutz (38 min.), von dort per Buslinie 550 nach Lehnin (22 min.)

**Anmeldungen zu Führungen**

Luise-Henriette-Stift
Besucherdienst (Frau Christiane Schönefeld)
Klosterkirchplatz
14797 Lehnin
Telefon: (03382) 76 88 55
Fax: (03382) 76 88 11
E-Mail: besucherdienst@stift-lehnin.de
Internet: http://www.stift-lehnin.de

**Hinweise**

Die seit 1911 im Besitz der Evang. Kirche befindliche ehemalige Klosteranlage beherbergt heute das Diakonissenmutterhaus »Luise-Henrietten-Stift« mit einem Krankenhaus zur Grundversorgung, einer Klinik für geriatrische Rehabilitation und einem Altenpflegeheim. Auf dem Gelände befinden sich außerdem eine Krankenpflegeschule und eine Lernwerkstatt für die berufliche Fort- und Weiterbildung. Die Anlage ist **täglich geöffnet**, aber eine vollständige Besichtigung der historischen Klosteranlagen ist nur eingeschränkt bzw. mit Führungen möglich. Ein komfortables **Gästehaus** bietet gute Übernachtungsmöglickeiten für Einzelreisende, Gruppen und Seminarteilnehmer.
Neben der Reihe der Sommermusiken hinaus finden vom Kammerkonzert (Königshaus) bis zum Orgelkonzert (Kirche) weitere **Musikveranstaltungen** statt.

# Lindow

monasterium monialium in lindow ordinis s. benedicti

*Stephan Worch*

Lindow, »Innenansicht« der Reste des Klausurostflügels

## Lage und Geschichte des Frauenklosters

»Lindow ist so reizend wie sein Name. Zwischen drei Seen wächst es auf, und alte Linden nehmen es an mehr als einer Stelle unter ihren Schatten.« So beschreibt Theodor Fontane in seinen »Wanderungen durch die Mark Brandenburg« die Lage von Lindow im Ruppiner Land. Das Kloster selbst diente ihm als Vorlage zu »Kloster Wutz« in seinem Roman »Der Stechlin«, und den Roman »Vor dem Sturm« beschließt er mit einer romantischen Schilderung dieser Szenerie.

Das Kloster liegt am Nordostrand des gleichnamigen Ortes auf einer Landenge zwischen Wutz-, Vielitz- und Gudelacksee und wird im Osten und Süden, wo es den Wirtschaftsbereich begrenzte, direkt vom Wasser umgeben. Heute ist an diesem schönen Ort ein Altenpflegeheim eingerichtet.

### Gründung

Mit der Zerstörung des Klosters während des Dreißigjährigen Krieges ist auch sein Archiv verbrannt. Eine Auflistung des Jahres 1727 verweist auf sechs erhaltene Originalurkunden, von denen fünf auch heute noch vorhanden und im Druck erschienen sind, die sechste immerhin inhaltlich rekonstruierbar ist. Obwohl sich darüber hinaus noch einige weitere Urkunden unterschiedlicher Provenienz angefunden haben, ist Lindow von den Klöstern des Bistums Havelberg das am schlechtesten dokumentierte.

Die erste Erwähnung erfolgt im Jahr 1334 indirekt in einer Verkaufsurkunde des Klosters Marienpforte. Namentlich genannt wird dort »Agnes, filia fratris sui, claustralis in Lyndow«, also die Lindower Nonne Agnes. Dennoch ist die Klostergründung schon etwa 100 Jahre früher anzusetzen. Stifter waren die Grafen von Arnstein (in Eigenbezeichnungen Grafen von Lindow nach ihren Besitzungen um Lindow bei Zerbst), die es zu ihrem Hauskloster machten. Sie hatten das Gebiet östlich der Ruppiner Seen seit den 1220er Jahren unterworfen und ihrer Herrschaft einverleibt.

Das Gründungsdatum ist umstritten, am heutigen Ort jedoch wohl etwa 1230–40 anzusetzen. Einige Indizien sprechen auch für die mögliche Verlegung

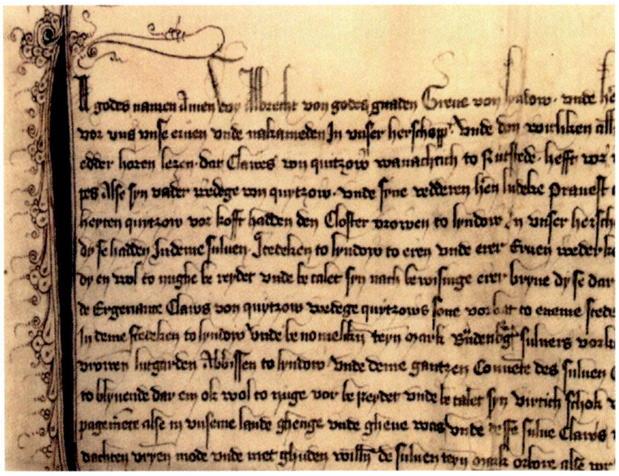

Teil einer Urkunde von 1436

eines älteren Konventes aus dem Themnitzgebiet an diesen Standort. Eine päpstliche Urkunde des Jahres 1501 nennt das Kloster »monasterium monialium in lindow ordinis s. benedicti«, was der verbreiteten These, es handele sich bei Lindow um ein Prämonstratenserkloster, weitgehend den Boden entzieht – trotz nachweisbarer enger Kontakte der Stifterfamilie zu diesem Kanonikerorden. Das zum Bistum Havelberg gehörige Kloster war daher wahrscheinlich nach Art der Zisterzienser geordnet, vermutlich aber nicht offiziell in den Orden inkorporiert.

Es gibt weitere Hinweise, die diese These stützen. So finden sich bauliche Ähnlichkeiten zum Zisterzienserinnenkloster von Zehdenick, welches in den Quellen eindeutig als diesem Orden zugehörig ausgewiesen wird. Hinzu kommt die Tatsache, daß sich das letztgenannte Kloster – zumindest in seiner Stiftszeit nach dem Dreißigjährigen Krieg – nach dem Vorbild Lindows reglementierte. Schließlich nennt sich die Klostervorsteherin von Lindow, seit dem 15. Jahrhundert namentlich belegt, ausschließlich Äbtissin und nicht Priorin.

Ob die Gründung an Stelle eines heidnischen Tempels erfolgte, kann heute nicht mehr aus den Quellen ermittelt werden, obwohl als »Beweis« dafür gelegentlich alte, auf die slawische Gottheit Joduth bezogene Redensarten aus der Umgebung ins Feld geführt werden.

**Bedeutung**

Das Kloster war eine wichtige Versorgungsinstitution für die unverheirateten Töchter des Ruppiner Adels, insbesondere aus dem Geschlecht der Grafen. In der Blütezeit des 15. und frühen 16. Jahrhunderts umfaßte der Besitz in relativ geschlossener Form neunzehn Dörfer und achtzehn wüste Feldmarken innerhalb eines in Nord-Süd-Richtung orientierten Streifens unmittelbar südlich der mecklenburgischen Grenze. Mit ca. 225 $km^2$ nahm er etwa ein Viertel des Ruppiner Landes ein, jedoch behielten sich die Lindower Grafen auch hier ihre landesherrlichen Rechte vor. Auch die in der Nachbarschaft des Klosters vermutlich aus einem Fischerdörfchen entstandene Ortschaft Lindow sowie der Gudelack- und Wutzsee waren sein Eigentum, des weiteren neun Mühlen und ein Stadthof in Neuruppin.

Insgesamt besaß das Kloster im Bereich dieser Grundherrschaft das Patronat über fünfzehn Mutter- und sechs Filialkirchen.

Der umfängliche Besitz versorgte bis zu 36 Nonnen, Äbtissin und Propst sowie die Laieninsassen. Mehrere mit Geldgeschäften befaßte Urkunden des 15. Jahrhunderts belegen den Wohlstand des Klosters zu dieser Zeit.

Mit dem Aussterben der Lindower Grafen, der Beschützer und großzügigen Gönner des Klosters, 1524, ging die Herrschaft Ruppin an den Kurfürst der Mark Brandenburg Joachim I. Noch 1530 bestätigte dieser den gesamten Klosterbesitz, bevor sich dann

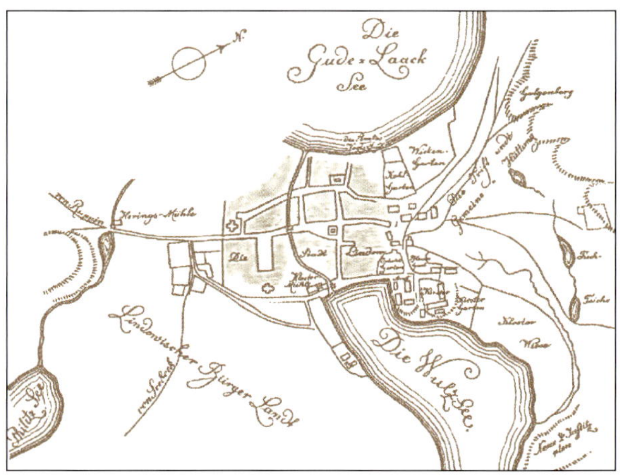


Plan der Ortschaft Lindow, 18. Jahrhundert

sein Sohn und Nachfolger in der Kurmark, Joachim II., zur evangelischen Lehre bekannte und im Zuge seiner neuen Kirchenordnung die Säkularisierung des geistlichen Besitzes vornahm.

**Auflösung**

Das Ende des Lindower Klosters ließ dann nicht mehr lange auf sich warten. Im Jahre 1541 wurde es von der das Land bereisenden kurfürstlichen Visitationskommission unter der Leitung des Kanzlers Johann Weinlöben aufgesucht. Der unmittelbare Verlauf der dabei erfolgten Neuregulierung ist nur spärlich überliefert, denn es fehlen Einkommensregister und Visitationsabschied. Klar ist, daß dem Kloster die Weiterexistenz als Fräuleinstift gewährt wurde, zunächst sogar unter Beibehaltung der bisherigen Klostereinkünfte.

Nach dem Tod des letzten Propstes 1542 erfolgte jedoch der endgültige Einzug der Klostergüter in die kurfürstliche Domänenverwaltung, und Kurfürst Joachim II. verpfändete die Güter für 8000 Gulden an seinen Gläubiger Hans von Arnim. Dieser scheint die Insassinnen knapp gehalten zu haben, denn 1551 wurde nach Eingang einiger diesbezüglicher Beschwerden beim Kurfürsten eine vertragliche Regelung ihrer Bezüge vorgenommen. Zu dieser Zeit war das immer noch so bezeichnete Kloster bereits auf sechzehn Konventualinnen geschrumpft.

Die größte Zerstörung der Klostergebäude (wie auch die des Fleckens Lindow) erfolgte 1638 durch die kaiserlichen Truppen des Feldmarschalls Gallas, deren zeitgenössische Schilderung im Kasten zitiert wird. Schon für den Wiederaufbau der Ortschaft wird viel Baumaterial aus dem Kloster verwendet worden sein, darüber hinaus jedoch wurden 1650 Teile des Ziegelmaterials für den Bau des Schlosses Oranienburg freigegeben (es findet sich die Zahl von 10 000 Steinen) sowie 1651 nach Schwerin verschenkt. Unter diesen schwierigen Bedingungen versuchten zunächst noch etwa ein Dutzend Stiftsinsassinnen ihren Lebensstil aufrecht zu erhalten, obwohl sich diese Zahl nicht lange halten ließ: Im 19. Jahrhundert war ihr Kreis bis auf vier Konventualinnen und die Domina geschrumpft. Erst eine Verbesserung der finanziellen Situation in den letzten Jahrzehnten vor der endgültigen Auflösung 1945 ermöglichte eine neuerliche Erweiterung auf elf Stiftsstellen.

**Schilderung der Zerstörung von Stadt und Kloster**

[auf einem Blatt des Stiftsarchivs]

»1638 ist daß verderbliche totalische krieg, so diese lande vor andern mitgetroffen, eingefallen, welcher dermaßen deßelbe mitgenommen, daß dabey mit eingefallenden zweymahl große peste – anno 1632 – und kummer, und daß durch den generall Gallaschen truppen 1638 daß closter Lindau jahr in brant gerahten und zum totalen ruin gedien, alwo unser hiesige schöne kirche mit allen gebäuden im brant verlohren. Den andern sontag nach Trinitatis (Juni 3) seindt die fräuleins aus den kloster gezogen. Den 19. October ist Lindau abgebrannt, einen steinhauffen geworden.‹

## Die Klostergebäude

Vom Klausurbereich ebenso wie von den Wirtschaftsgebäuden des Klosters ist nur sehr wenig erhalten. Für den dominierenden Eindruck sorgt die Ruine des einstigen Konventsgebäudes, des Ostflügels der Klausur. Kirche, Kreuzgang und die anderen Klausurflügel sind bis auf zeitweilig durch Grabungen freigelegte, jedoch weitgehend wieder überwucherte Fundamentreste verschwunden.

Die Abmessungen des inneren Quadrats der Klausur betragen ca. 32m × 32m, was nahezu identisch mit den Maßen des Zehdenicker Klosters ist. Der umlaufende Kreuzgang hatte eine Breite von ca. 2,70 m, und die Position der Strebepfeilerfundamente deutet auf quadratische Kreuzganggewölbe.

**Ostbau**

Es handelt sich um ein langgestrecktes rechteckiges Gebäude aus gemischtem Baustoff, das mit der größeren Hälfte seines Nordgiebels an die schon vorher vorhandene Kirche angebaut wurde. Wie auch in Zehdenick beträgt seine innere Breite 9,30 m, wobei seine Länge mit 50 m deutlich kürzer als dort ausfällt. Der massive Feldsteinbau, dessen Steine an den Außenkanten zu Quadern nachbearbeitet wurden, entstand

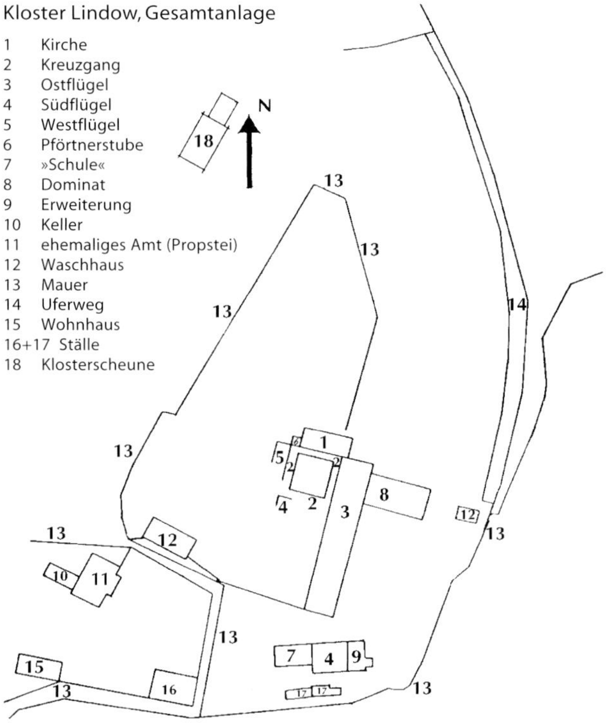

Kloster Lindow, Gesamtanlage

1 Kirche
2 Kreuzgang
3 Ostflügel
4 Südflügel
5 Westflügel
6 Pförtnerstube
7 »Schule«
8 Dominat
9 Erweiterung
10 Keller
11 ehemaliges Amt (Propstei)
12 Waschhaus
13 Mauer
14 Uferweg
15 Wohnhaus
16+17 Ställe
18 Klosterscheune

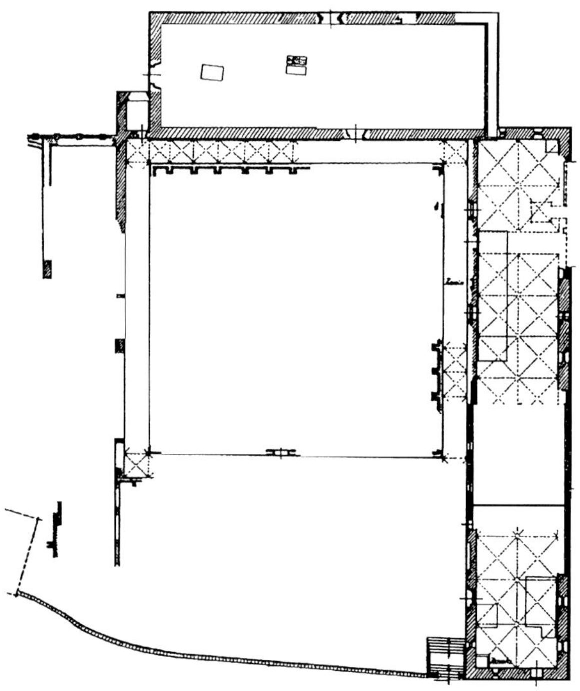

Grundriß der Klosterkirche und des Ostflügels der Klausur

im 13. Jahrhundert als eines der ersten Klostergebäude.

Er beinhaltete im Untergeschoß vermutlich Sakristei und Kapitelsaal, während das Obergeschoß als Dormitorium diente. Der Bau ist im Süden auf einer Länge von ca. 15 m unterkellert, drei Kellerfenster fin-den sich an der Ostseite, ein Zugang im Westteil des Südgiebels. Der Südteil stand mit einer Abortanlage in Verbindung, an deren Stelle 1800 ein Wohngebäude errichtet wurde. Der Übergang zu diesem Nachbargebäude, dem Necessarium, ist noch erkennbar. Die frühere Lehrmeinung, daß das Refektorium den Südteil des Ostflügels einnahm, wurde unterstützt durch das Vorhandensein eines Kaminrestes in der Südwestecke des Gebäudes, den man einer Herdstelle zuordnete. Art und Umfang von Schornstein- und Rauchfangansatz lassen hier allerdings keinen eindeutigen Schluß zu. Nach den archäologischen Ausgrabungen von 1934–36 ist diese Ansicht aber wohl auch nicht mehr aufrechtzuerhalten, denn die Erkenntnis einer vollständigen Klausur deutet eher auf eine Lage des Refektoriums im Südflügel. Ein weiterer Kaminrest findet sich im Bereich des Kapitelsaals, etwa auf halber Länge des einstigen Kreuzgangs, so daß dieser neben der Kirche bedeutendste Bereich des Klosters wahrscheinlich mit einer Heizung ausgestattet war. Kreuzrippen und Schildbögen des eingewölbten Erdgeschosses waren aus Backstein. Von den mittleren Stützen der Gewölbe ist kein Rest mehr erhalten. Der verbleibende Erdgeschoßfreiraum ist nur schwer einstufbar, da hier ein späterer Backsteinbau eingefügt wurde. Im Nordteil, hier bis an die Kirche heranreichend, befanden sich Sakristei und Kapitelsaal.

Im Obergeschoß führte eine Tür in der Westwand nahe am Nordende des Dormitoriums wahrscheinlich auf die Nonnenempore in der Kirche. Zwischen den Fenstern finden sich ausgesparte Nischen, die den Nonnen als Schränke gedient haben könnten.

Die Übergänge zwischen Feldstein und Backstein waren ursprünglich nicht zu sehen, da bemalter Putz die gesamte Oberfläche bedeckte. Dieser war im unteren Abschnitt »gequadert«, weiter oben durch Bogenfriese und Rosetten ausgeschmückt. Farbreste deuten

Südgiebel des Klausurostflügels

Reste des Kreuzgangs

auf eine rote und weiße Bemalung hin. Ziegel wurden als Baustoff nur an den Backsteinportalen (am Nordende der Westseite) und dem Fenstermaßwerk verwendet.

Der Übergang zur leerstehenden Ruine dürfte sich in unmittelbarer Folge der katastrophalen Brandschatzung von 1638 vollzogen haben. Vorübergehend war dem Gebäudetorso sogar ein Backsteinwohnhaus für eine Konventualin eingefügt worden, aber ein angebliches Spukphänomen sorgte für dessen vorzeitigen Abriß im 19. Jahrhundert.

Der Nordgiebel des Klausurostflügels,(Blick vom Friedhof) in der Mitte aus Theodor Fontanes Notizen (1873)

Südgiebel des Klausurostflügels

**Südflügel**
Dieser Gebäudeteil ist nach Ausgrabungen, die hier jedoch durch den schützenswerten Baumbestand stark behindert wurden, immerhin anhand der Grundmauern nachweisbar. Die Funktion dieses der Kirche gegenüberliegenden Flügels wird wohl aus Küche und Refektorium im Erdgeschoß sowie Arbeitsräumen im Obergeschoß bestanden haben. Es konnte noch nicht geklärt werden, ob die starke Schwärzung hier gefundener Ziegel diese als Teil des Herdbereiches ausweisen oder von der Brandkatastrophe des Jahres 1638 herrühren.

**Westflügel**
Vormals war dies der Trakt der Laienschwestern. (Männliche Konversen wurden weiter entfernt untergebracht). Anders als beim Südflügel ermöglichen die Grabungen hier mit 7,50 m immerhin die Angabe der inneren Breite des einstigen Gebäudes.

**Kirchenreste (Nordflügel)**
Die Klosterkirche war einschiffig und ziegelgedeckt, die Ausgrabungen von 1934–36 stützen die Vermutung eines eingezogenen geraden Chors (vgl. auch

Ehemaliges Schul- und Gästehaus

Ehemalige Klosterscheune

Kloster Zehdenick). Die ergrabenen Mauerreste ergeben für ihre Länge 37m bei einer Langhausbreite von 11,50 m.

Der märkische Chronist Bratring fand im Jahr 1799 nur noch das Fundament und den »östlichen Giebel, welcher stündlich den Einsturz drohet«. Die schwersten Zerstörungen der Kirche waren wohl durch die planmäßige Niederbrennung von 1638 entstanden, und die kurfürstliche Teilfreigabe von Klostersteinen als Baumaterial in den folgenden Jahrzehnten tat ein übriges dazu.

Friedhof auf der ehemaligen Klosteranlage

**Schule**
Dieses Gebäude liegt südlich der Klausur und ist ebenfalls aus unregelmäßigen Findlingen erbaut worden. Fenster- und Türrahmen sind geziegelt. Um 1800 wurde das Gebäude durch das ostwärts anschließende sogenannte Konventualinnenhaus ergänzt, dessen Baumaterial teilweise aus den eingestürzten Resten der Kirche bestehen dürfte. Nach Lage und Beleuchtung als ehemaliges Schulgebäude denkbar, vielleicht aber auch als Gästehaus des Klosters, wurde es bis zum Zweiten Weltkrieg als Pförtnerwohnung genutzt.

**Scheune**
Das einzige erhaltene Wirtschaftsgebäude, im Nordwesten außerhalb der vormaligen Klostermauer gelegen, ist bereits in einer frühen Bauphase des Klosters entstanden und in seinem Südteil noch mittelalterlich. Sein Südgiebel ist aus Backsteinen im Klosterformat errichtet und durch drei spitzbogige geschlossene, zweimal zurückgesetzte Blenden gegliedert. Die Seitenwände bestehen aus Feldsteinmaterial und weisen in den oberen Teilen Schlitzfenster, im unteren Bereich einige bis unter Bodenniveau reichende Bogenfenster auf. Seine Grundfläche beträgt 9,5 × 16 m.

### Ein Zeugnis der Klosterwirtschaft

Eine Urkunde aus dem 15. Jahrhundert (Abb. S. 134) belegt die Funktion des Lindower und anderer Klöster als Geld- und Kreditinstitut in jener Zeit. Gegenstand dieser Urkunde ist ein recht einträgliches Geldgeschäft des Klosters: Graf Albrecht zu Lindow bestätigt im Jahre 1436 die Vereignung der von der Ortschaft Lindow zu entrichtenden Urbede – jährlich zehn Mark Silber – an das Kloster durch Klaus von Quitzow, den alleinigen Lehnsträger. Es handelt sich dabei um die endgültige Abtretung einer bereits einige Jahre zuvor dem Kloster für ein Darlehen von hundert Mark Silber verpfändeten Hebung gegen eine Erweiterung dieses Darlehens um 42 Mark Silber.

Blick auf den Wutzsee

### Touristische Informationen

**Anreise**

Lindow liegt etwa 60 km nordwestlich Berlins und läßt sich mit dem **Auto** von dort am besten über die A 24 Berlin–Hamburg (Abfahrt Kremmen oder Neuruppin) sowie die B 96 (abfahrt Löwenberg-Herzberg) erreichen.
Mit der **Bahn** nutzt man am besten den Prignitz-Express ab Berlin-Charlottenburg.

**Auskünfte**

Touristinformation
Am Markt 1
16835 Lindow (Mark)
Telefon: (03 39 33) 702 97
Fax: (03 39 33) 702 98
E-Mail: fremdenverkehrsamt-lindow@t-online.de
Internet: http://www.ruppin.de/lindow

**Umgebung**

Die schon von Fontane gerühmte Lage inmitten der Ruppiner Schweiz macht Lindow heute noch zu einem reizvollen Ausflugsort. Der Fremdenverkehr hat hier eine lange Tradition, und so bieten sich zahlreiche Freizeit- und Erholungsmöglichkeiten. Die Stadt selbst lädt mit ihrer schönen barocken Kirche und ihrer frühklassizistischen Häuserkulisse zur Erkundung ein. Auch ihre Gastronomie kann sich sehen lassen, besonders Liebhaber von Fisch (»Wutzseezander«) und Wild werden auf ihre Kosten kommen.
Streifzüge in die Umgebung führen unweigerlich ans Wasser: Gudelack-, Wutz- und Vielitzsee laden zum Baden oder Angeln, zu Bootspartien und Uferwanderungen ein. Wer den Weg durch Moor, Heide, Wald und malerische Dörfer zu Fuß scheut, kann sich bei Fahrradverleih oder Ponyhof mit alternativen Fortbewegungsmitteln ausstatten lassen.

# Mühlberg

**(Güldenstern)**

S. Sancte Dei Genitricis et Virginis Marie in Mvlberg

*Oliver H. Schmidt*

### Lage und Entstehung

Die Elbeflut 2002 hat Mühlberg bekannt gemacht. Einst durchfloß ein Nebenarm des Flusses die um 1230 entstandene Stadt und teilte sie in Alt- und Neustadt. Zwei Marktplätze, zwei Kirchen, zwei Rathäuser – wegen des Flusses hatte man alles doppelt, offiziell vereinigt wurden die Stadthälften erst 1346. Seit der Flußbegradigung von 1853 schlägt die Elbe einen Haken um die Stadt. Aber den Charakter der Ackerbürger- und Elbschifferstadt hat sie bewahrt. Und an den Altstädter Markt grenzen bis heute die erhaltenen Gebäude des 1228 erstmals belegten Zisterzienserinnenklosters, dessen Bezeichnung »Güldenstern« sich wohl erst nach Reformation und Auflösung eingebürgert hat. Es verdankte seine Entstehung höchstwahrscheinlich dem ortsansässigen Adelsgeschlecht von Ileburg (von Eilenburg), die als Burgvögte der Markgrafen von Meißen den Elbübergang sicherten, und

wurde von ihnen in der Folgezeit auch besonders gefördert; drei Pröpste und drei Äbtissinnen aus dieser Familie sind belegt.

## Geschichte

Vieles der Geschichte des Klosters liegt heute im dunkeln, so wissen wir auch nichts über das Gründungsmotiv. Das älteste bekannte Klostersiegel von 1254 zeigt eine durch eine Krone als Fürstin gekennzeichnete Frau, über die die neben ihr sitzende Jungfrau Maria segnend eine Hand hält. Beide sitzen unter einem Stern. Dies wird verschiedentlich als ein Hinweis für die Richtigkeit der Vermutung gedeutet, daß die Frau des Markgrafen Dietrich des Bedrängten von Meißen, Jutta, die Stifterin gewesen auch in der Klosterkirche beigesetzt sei. Ein Beleg hierfür fehlt, ebenso ein moderner Hinweis auf die Existenz des Grabsteins.

Die erste überlieferte Urkunde stammt von 1227. In ihr bestätigt der Markgraf Heinrich von Meißen den Brüdern Otto und Bodo von Ileburg deren Stiftung zur Umwandlung der Pfarrkirche in der Altstadt Mühlberg zu einer Klosterkirche und schenkt selbst dem Kloster ein Dorf und zwei Vorwerke als Besitz, die bislang die von Ileburg als Lehen hatten. Bereits 1230 stiftete der Markgraf dem Kloster weiteren Besitz. 1231 erfolgte neben der Bestätigung durch den Bischof von Meißen und den Erzbischof von Magdeburg auch eine erste Visitation des Klosters, wohl auf Geheiß des Papstes. Man fand den Konvent in guter Ordnung und strenger Regeltreue. 1239 wurde das Kloster erstmals als Zisterzienserinnenkonvent bezeichnet. 1247 erfolgte schließlich die päpstliche Besitzbestätigung.

### Ein adliges Hauskloster

Der Besitz wuchs im 13. Jahrhundert kontinuierlich, und fast immer waren die Stifter Mitglieder der Familie von Ileburg, deren Hauskloster Mühlberg war. Das besondere Wohlwollen der Familie wurde 1282 sogar beurkundet, als man feststellte, daß die von Ileburg das Kloster zu ihrem Erbbegräbnis gewählt hatten, es jederzeit schützen wollten und an den Klostergütern keinerlei Vogtei- oder Eigentumsrechte hätten.

Bereits ab 1240 aber war das Kloster auch in der Lage, seinen Besitz selbständig durch Kauf zu vergrößern. Erster Vertragspartner war die Zisterze Dobrilugk, mit der man durch die aufeinandertreffenden Besitzungen an der Elbe auch später noch recht enge Beziehungen pflegte. Und auch Mühlberger Bürger (»cives«) traten 1245 erstmals als Schenkende auf, ein Hinweis, daß die Siedlung zu diesem Zeitpunkt bereits Stadtrecht besaß. 1288 befreite Markgraf Dietrich sämtliche Klosterbesitzungen von allen nicht dem Kloster zustehenden Abgaben und Hofediensten.

Insgesamt besaß das Kloster bis zu vierundzwanzig Dörfer ganz und Einzelbesitz in weiteren vierundvierzig, dazu verschiedene Wälder, zwei Obst-, drei Gemüsegärten und einen Weinberg nahe der Stadt Mühlberg. Auch dieser stattliche Besitz verhinderte jedoch nicht, daß das Kloster wiederholt Schulden machte. 1385 hören wir von einer Schuldsumme in Höhe von 358 Schock und 35 Groschen.

Über die Wirtschaftskraft und die Größe der Besitzungen des Klosters, gerade im Vergleich zur Stadt, kann aber auch eine andere Zahl aus dem Jahr 1523 Auskunft geben: Das Kloster hatte im Kriegsfall vierunddreißig Fußknechte, zwei Heerfahrtswagen mit acht Pferden und vier Wagenknechten zu stellen, die Stadt fünfzehn Fußknechte und einen Wagen.

Wir sind über den Grundriß des klösterlichen Wirtschaftshofes ungewöhnlich gut informiert, der eindrucksvoll belegt, daß Stallungen und Wirtschaftsgebäude etwa drei Viertel der Gesamtfläche der Klosterstelle einnahmen.

### Ein ruhender Pol in unruhigen Zeiten

Bemerkenswerterweise gingen die Zeiten der wechselnden Herrschaften der Stadt Mühlberg im 14. Jahrhundert ohne Beeinträchtigung am Kloster vorbei, im Gegenteil, jeder neue Stadtherr versuchte Kloster und Bürgerschaft durch Schenkungen auf seine Seite zu bringen. Lediglich in den Jahren um

1350, als Gebhard von Querfurt Stadtherr von Mühlberg war, kam es zu Problemen, die wohl durch den Machthunger des neuen Herrn begründet waren. Man stand kurz vor dem Ausbruch offener Kämpfe, als es zu einem Vergleich kam, der das Kloster in seinen angestammten Rechten bestätigte. 1350 und 1354 waren aber auch aus anderen Gründen schwarze Jahre für das Kloster: Zwei Pestepidemien suchten die Stadt heim und trafen auch den Konvent schwer. 1350 starben dabei der Propst, die Äbtissin und überhaupt fast alle Bewohner des Klosters. Unbeeinträchtigt von diesem Geschehen blieb aber die fortgesetzte Schenkungs- und Stiftungstätigkeit, die den Klosterbesitz weiter vergrößerte.

**Verfall und Auflösung**

Um 1380 finden sich erste Anzeichen für eine gelokkerte Klosterzucht, die sich in übermäßigem Weingenuß geäußert haben soll. 1391 brannte mit der Stadt auch ein Teil des Klosters ab, und 1429 fielen die Hussiten in den Klosterbesitz ein. Ab der Mitte des 15. Jahrhunderts ging es der Gemeinschaft zunehmend schlechter, auch blieben Stiftungen nun aus. Streitigkeiten zwischen Konvent und Propst häuften sich, und das Kloster hatte erneut Probleme mit den Stadtherrn, den Birke von der Duba. 1485 starben erneut siebenundzwanzig Nonnen an der Pest.

Badende Mönche mit Dirnen, Miniatur aus dem Jenaer Codex (Ausschnitt), um 1500

Unkonventionelle Ideen zur Geldbeschaffung wurden in die Tat umgesetzt. 1489 berichtet eine herzögliche Schlichtungsurkunde von eingerissenen Unsitten, die einen Teil der Bürgerschaft gegen das Kloster aufgebracht hatten: Der Propst war darangegangen, das brausteuerfreie und daher billigere Klosterbier in der Propstei an Bürger zu verkaufen und einen regelrechten Schankbetrieb zu eröffnen, der sogar Tanzvergnügen umfaßte. Der Stadtrat bedrohte die Bürgerschaft ab 1499 mit einer Geldstrafe von fünf Groschen für die Beteiligung an solchem Treiben, was die herzögliche Verfügung als unbeachtet entlarvt. Es ist übrigens als sicher anzunehmen, daß die Nonnen an derartigem Treiben sich nicht beteiligten.

Der ungeheuerlichste Vorwurf aber war jener, der den Propst 1494 der Betreibung eines Bordells in der klostereigenen Badestube der Altstadt bezichtigte. Konsequenterweise veräußerte das Kloster die Badestube daraufhin an die Stadt.

Die Auflösung des Klosters erfolgte 1539/40 durch den Landesherrn, als der Protestant Heinrich der Fromme Nachfolger seines katholischen Bruders Georgs des Bärtigen als Herzog des albertinischen Sachsen wurde. Es erscheint aber sicher, daß der Konvent bereits vor 1535 den Gottesdienst nach neuem Ritus durchführte, verkaufte man doch in diesem Jahr bedeutende Teile der kostbaren Altargeräte. Bereits 1524 hören wir von der Flucht und Hochzeit der ersten Nonne, 1544 hatte sich der Konvent bereits zerstreut; nur zwei Nonnen lebten noch im Kloster. Zu diesem schnellen Auszug mag ein Brand des Jahres 1539 beigetragen haben, der erneut Teile der Anlage zerstörte. Jedoch folgte 1546 noch einmal eine Neubesiedelung. Inzwischen regierte Heinrichs Sohn Moritz das albertinische Herzogtum, und in der Schlacht von Mühlberg (nördlich der Stadt, nach Falkenberg zu) schlug er am 24. April 1547 an der Seite Kaiser Karls V. den ernestinischen Kurfürsten Johann Friedrich von Sachsen-Wittenberg und den Schmalkaldischen Bund. Mit diesem Sieg ging die Kurwürde auf das albertinische Haus über, das das spätere Königreich Sachsen bis 1918 regieren sollte. Der Bruder und Nachfolger Moritz', Kurfürst August I., führte nach dem Augsburger Religionsfrieden von 1555 die Reformation seines

Landes zum Abschluß. Vier Jahre später wurde nun auch die Mühlberger Gemeinschaft endgültig aufgehoben. Die verbliebenen Nonnen zogen in das Kloster Heilig Kreuz in Meißen. Die Güter des Klosters wurden verstreut, ein Kernbereich weiterhin vom nunmehrigen »Gut Güldenstern«, dem klösterlichen Wirtschaftshof, als Pachtland bewirtschaftet. 1565 wurde die umgebaute Klosterkirche wieder zur Pfarrkirche der Altstadt.

**Unterirdische Gänge**

Fast untrennbar mit der Geschichte von Klöstern verbunden ist die Vorstellung von unterirdischen Gängen: zu den Klosterdörfern, den abhängigen Kirchen und Kapellen oder auch zwischen zwei Klöstern.

In Mühlberg wird erzählt, daß ein unterirdischer Gang unter der Elbe hindurch das Kloster mit der Marienkirche in der Neustadt, die der Aufsicht des Klosters unterstand und an der der Klosterpropst als Pfarrer diente, verband. Im Falle Jüterbogs wird sogar von einer unterirdischen Verbindung zwischen dem Nonnenkloster und dem Zinnaer Männerkloster erzählt, eine Strecke durch Sumpf und mit einer Höhendifferenz, die heute noch jeden Tunnelbauer erblassen lassen würde. Die Angaben über die Größe des Bauwerks schwanken: Während einige von einem engen Gang berichten, durch den sich Abt und Äbtissin nähergekommen seien oder in dem die junge Novizin Jutta, getrieben von ihrer Neugier, vor den inzwischen verschlossenen Türen verhungert sei, sprechen andere von einem Tunnel, durch den Ochsengespanne fahren konnten! Dem widerspricht allerdings schon die Tatsache, daß die Gänge gewöhnlich in den Kirchen ihren Anfang nehmen sollen. Ein vergleichbarer Gang soll auch das Frauenkloster Zehdenick mit Himmelpfort verbunden haben.

Die Sagen können allerdings auf einem realen Kern beruhen: Möglicherweise gab es in einigen Klöstern einen Gang, der aus dem Klosterbereich unter der Mauer hindurchführte und ein ungesehenes Verlassen oder Betreten der Anlage ermöglichte. Wenn nun eine Person durch Benutzung dieser Gänge von einem Ort zum anderen gelangte, so hatte sie kein Tor passiert, und dem unwissenden Betrachter blieb nur die Erklärung, daß es eine unterirdische Verbindung zwischen beiden Klöstern geben müsse. Allerdings entziehen sich viele der Geschichten jedem rationalen Erklärungsversuch.

## Ein Neuanfang

Seit Mai 2000 versuchen im Auftrag des Bischofs von Magdeburg zwei Brüder des rund hundertfünfzig Jahre alten Claretinerordens, das alte Kloster wiederzubeleben. Sie möchten die Gebäude der Öffentlichkeit zugänglich machen und ein Geistliches Zentrum einrichten.

## Baugeschichte

Bis heute bieten die erhaltenen Klostergebäude innerhalb der Stadt einen imponierenden Anblick und gehören zweifellos zu den sehenswertesten Bauten der Zisterzienser in Brandenburg. Insbesondere die Straßenfassade der um 1530 errichteten Neuen Propstei besticht durch ihren reichen Renaissancegiebel. Ob allerdings auch dieses Haus noch als Gastwirtschaft diente, darf wohl bezweifelt werden. Im Gebäude befinden sich heute die Räume des Stadtmuseums mit seinen Sammlungen zur Geschichte des Klosters, der Stadt und der Elbschiffahrt. Aus der Bauzeit des Hauses haben sich beachtliche Fresken erhalten. Daneben finden sich Beispiele von Buchmalereien aus dem Meßbuch des Klosters sowie Holzschnitzereien und Buntglasfenster aus der Gotik und Renaissance. Im Keller bewahrt ein Lapidarium steinerne Zeugen des Mittelalters.

Daneben ist die Kirche erhalten, ein bedeutender einschiffiger, kreuzförmiger Backsteinbau. Die wohl 1250 bis 1280 errichtete Kirche wurde ab 1330 erstmals grundlegend verändert. Sie hat ähnlich ihrer

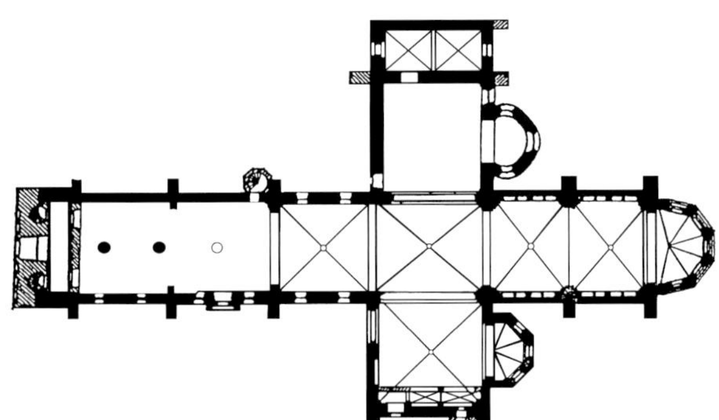

Grundriß der Klosterkirche

Grundriß der ehemaligen Klosteranlage

1. Schäferei
2. Wirtschaftshof mit Ställen, Scheunen, Taubenhaus
3. Refektorium
4. Kirche
5. Kreuzgang
6. Torhaus/Hospiz
7. Propstei
8. Äbtissinnenhaus

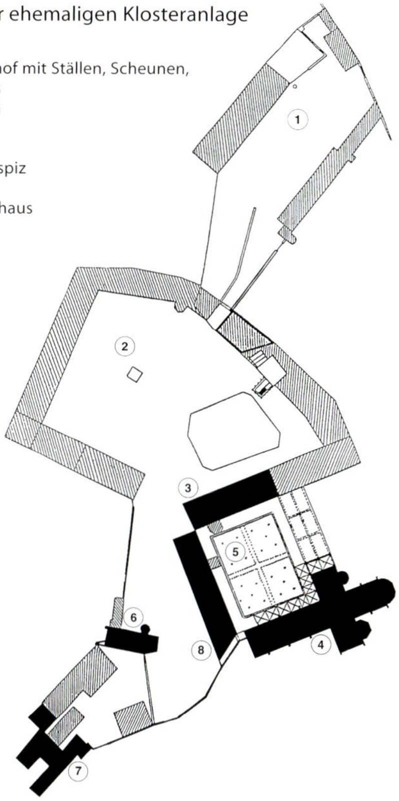

Schloß Mühlberg

Torhaus (Hospiz)

Klosterkirche, Westfassade mit neuzeitlicher Einfassung

Neue Propstei

Dobrilugker Schwester am Beginn unseres Jahrhunderts erneut erhebliche Umbau- und Restaurierungsmaßnahmen über sich ergehen lassen, die unter anderem die bis dahin noch vorhandene Nonnenempore beseitigt hat. Deren einstige Lage markiert die zweigeschossige Anordnung der Fenster im Westteil der Kirche. Im Osten schließt ein gestreckter Chor mit einer polygonalen Apsis das Langhaus ab, polygonale Apsiden finden sich auch in den beiden Kapellen an den Querschiffarmen. Lediglich die Gewölbe im Chor und in der Vierung sind alte Substanz, beachtenswert sind die figürlichen Schlußsteine. Bedingt durch die vormalige Nutzung als Konzertstätte präsentiert sich der Innenraum recht leer, lediglich einige Grabdenkmäler befinden sich noch an ihrem Platz. Auch die Außenansicht wurde 1901 grundlegend verändert. Der Dachreiter über der Vierung ist ein Neubau, der allerdings einen Vorgänger hatte, der 1631 durch einen Sturm vom Dach geweht wurde. Der westliche Dachreiter ist barockisiert worden. Die Westfassade mit ihrer reichen Blendengliederung entstammt jedoch dem 15. Jahrhundert.

Das Refektorium (Südflügel der Klausur) ist 1995 bis auf die Grundmauern niedergebrannt. Der erhaltene Westflügel der Klausur, das ehemalige Äbtissinenhaus mit einem schönen Südgiebel, ist leider stark verändert worden. Westlich davon, zwischen der Propstei und der Klausur, liegt das ehemalige Gästehaus (Hospiz). Schließlich existiert auch noch ein gutes Stück der Klostermauer. Den schönsten Blick auf die Kirche hat man von Nordosten über die Gärten des einstigen Klostergutes.

### Weitere Sehenswürdigkeiten in der Umgebung

Ein Gang durch die Stadt lohnt sich, schon allein um die Atmosphäre auf sich wirken zu lassen. Erhalten und sehenswert sind neben einer Vielzahl von Wohnhäusern das Rathaus aus der Mitte des 16. Jahrhunderts, die als Marienkirche bekannte Pfarrkirche der Neustadt, deren heutiger Bau zwischen 1487 und 1525 entstand, und das 1545–60 errichtete Schloß. Der Grünzug in der Mitte der Stadt markiert den Lauf des alten Elbarmes zwischen Alt- und Neustadt.

Fünfzehn Kilometer elbabwärts liegt die ehemalige Dobrilugker Grangie Graditz mit dem weltberühmten Gestüt, auch für Kinder sehenswert. Nach weiteren fünf Kilometern taucht am linken Ufer die Stadt

Klosterkirche von Osten

Mühlberg-Neustadt, Markt mit der Marienkirche

Schloß Mühlberg

Torgau auf, die besterhaltene Renaissancestadt Deutschlands mit dem Schloß Hartenfels (Museum) und einer gut restaurierten Innenstadt. Auch wenn die Brücke, auf der sich im April 1945 amerikanische und sowjetische Truppen die Hände reichten, inzwischen einem Neubau gewichen ist: Sehenswert ist die Stadt allemal.

Mühlberg und Torgau verbindet auch die Geschichte des 20. Jahrhunderts, denn nahe Mühlberg bestand ein Kriegsgefangenenlager, das nach 1945 als Speziallager 1 durch das Volkskommissariat für Inneres fortgenutzt wurde. Torgau bildete mit den Gefäng-

Elbarm bei Mühlberg

Schloß Mühlberg

nissen in Fort Zinna und dem Brückenkopf die Drehscheibe des Wehrmachtstrafvollzuges und teilte nach Kriegsende ebenfalls das Speziallager-Schicksal. Informationen zur Haftstättengeschichte vermitteln das Stadtmuseum Mühlberg und das Dokumentations- und Informationszentrum (DIZ) Torgau.

Da die Anbindung Mühlbergs an das öffentliche Nahverkehrssystem dem Tourismus nur sehr eingeschränkt Rechnung trägt, sei folgende Empfehlung für einen Tagesausflug gegeben: Mit dem Zug und Fahrrad nach Falkenberg/Elster, dort vom Bahnhof mit dem Rad über Schmerkendorf, Marxdorf, Bönitz, Saxdorf, Burxdorf nach Mühlberg, Besichtigung von Stadt und Kloster, von dort über Brottewitz, Koßdorf, Stehla, Arzberg, Prausitz nach Graditz, weiter nach Torgau, mit der Bahn zurück (Radstrecke insgesamt ca. 45 km). Diese Tour durchquert zu weiten Teilen Besitz der Klöster Mühlberg und Dobrilugk, und insbesondere im Frühling ist die Strecke entlang der Elbauen wunderschön.

## Touristische Informationen

### Anreise

Die Stadt Mühlberg/Elbe liegt zwischen Torgau und Riesa; die Entfernung nach Berlin beträgt ca. 120 km. Sie ist am besten mit dem **Auto** zu erreichen.
Autobahnanschlüsse: Ruhland oder Döbeln (ca. 60 km entfernt)
Bundesstraßen:

| | |
|---|---|
| B 87 | Torgau, Herzberg, Luckau |
| B 96 | Luckau, Finsterwalde, Senftenberg |
| B 101 | Herzberg, Bad Liebenwerda, Elsterwerda |
| B 169 | Riesa, Elsterwerda, Senftenberg |
| B 182 | Riesa, Belgern, Torgau (Überfahrt mit der Gierseilfähre) |
| B 183 | Torgau, Bad Liebenwerda |

**Bahn:** Mühlberg hat keinen Bahnhof. Der nächste Haltepunkt ist Neuburxdorf an der Strecke Falkenberg – Riesa, 6 km von der Stadtgrenze entfernt. Leider ist hier der Zugverkehr sehr gering, so daß von Berlin ein früher Aufbruch geboten ist (120 min. Fahrzeit inkl. Umsteigen in Falkenberg ab Berlin-Schönefeld). Vom Bahnhof Riesa aus erreicht man die Stadt auch mit dem **Bus**. Jedoch empfiehlt sich die oben empfohlene Kombination von **Bahn und Rad**. Falkenberg ist Kreuzungsbahnhof der Strecke Berlin–Jüterbog–Cottbus mit der Strecke Leipzig–Cottbus, an letzterer liegt auch der Bahnhof Torgau. Prüfen Sie, ob Sie günstiger in Falkenberg oder in Doberlug-Kirchhain umsteigen, wenn Sie nach Berlin oder Dresden wollen.

### Auskünfte

Stadt Mühlberg
Fremdenverkehrsamt (Rathaus, Zimmer 6)
Neustädter Markt 1
04931 Mühlberg/Elbe
Tel.: (03 53 42) 816 21, 34
Fax: (03 53 42) 861 32
Internet: http://www.muehlberg-elbe.de

### Stadtmuseum

Klosterstraße 9
04931 Mühlberg/Elbe
Tel.: (03 53 42) 706 87
Mai–Sept. Mo–Fr 10–12, 13–17 Uhr, Sa/So 13–17 Uhr
Okt.+April Mo–Fr 10–12, 13–16 Uhr, Sa/So 13–16 Uhr
Gruppenbesuche sind nach vorheriger telefonischer Anmeldung auch zu anderen Zeiten möglich.

# Neuzelle

Monasterium sancte dei Marie virginis in Nova Cella

*Stephan Warnatsch*

## Lage und Entstehung

Markgraf Heinrich der Erlauchte stiftete am 12.10. 1268 anläßlich des Todes seiner zweiten Frau, der Markgräfin Agnes, das Kloster Neuzelle. Der Name ergab sich in Absetzung vom Mutterkloster Cella bei Nossen in Sachsen: »Nova Cella«. Dadurch bürgerte sich in der Folge für das Mutterkloster umgekehrt der heute übliche Name Altzelle ein.

Das Kloster Neuzelle liegt auf einem in den Oderbruch hineinragenden Bergsporn der Lieberoser Hochfläche im Nordosten der Niederlausitz, etwa dreißig Kilometer südlich von Frankfurt/Oder.

Dieses Gebiet war erst um die Mitte des 13. Jahrhunderts fest in den Besitz der wettinischen Markgrafen von Meißen gelangt. Heinrich gründete hier auch die Stadt Fürstenberg, die 1286 als Zollstätte erstmals erwähnt wird.

Der Gründungsbesitz des Klosters umfaßte alle Besitzungen und Rechte innerhalb einer Meile um den beigelegenen Ort Starzedel, der heute nicht mehr lokalisierbar ist. Der Bestätigungsurkunde von 1370 zufolge besaß das Kloster von Anfang an acht Dörfer.

Die Besiedlung der neuen Zisterze zog sich dennoch einige Jahre hin, da das Mutterkloster Cella in erhebliche wirtschaftliche Schwierigkeiten geraten war. 1280 beauftragte das über die Verzögerung verärgerte Generalkapitel in Cîteaux sogar die Äbte von Paradies und Dobrilugk mit der Einführung der Mönche in Neuzelle, bevor Altzelle endlich, nach einer zweiten Mahnung Cîteauxs, im Herbst des Jahres 1281 einen Konvent unter dem ersten Abt Hermanus nach Neuzelle entsandte.

## Geschichte

### Das 14. Jahrhundert

Die erste, provisorische Klosteranlage war vermutlich nahe dem Dorfe Wellmitz gelegen. Der Bau des Klosterkomplexes an der heutigen Stelle erfolgte im wesentlichen zwischen 1300 und 1330, dem Jahr des eigentlichen Einzugs der Mönche in ihr neues Haus: Die Konventskirche, der Ostflügel der Klausur mit Kapitelsaal und Mönchsdormitorium, der Südflügel mit dem Speisesaal und das den Westflügel bildende Konversenhaus wurden errichtet. Nach 1350 kam noch die etwas abseits gelegene Ägidienkirche, die spätere Kreuzkirche, hinzu.

Die Verbindung des Klosters zur Stifterfamilie löste sich schnell, zumal Markgraf Diezmann die Niederlausitz schon 1304 an den askanischen Markgrafen Hermann von Brandenburg verkaufte. Ausgerechnet das 14. Jahrhundert, das für die meisten Länder der damaligen Mark Brandenburg aufgrund der anhaltenden Streitigkeiten um die Herrschaft in der Mark eher schwere und unsichere Zeiten bedeutete, sah die Hochphase der klösterlichen Besitzakkumulation in Neuzelle: 1316 etwa erwarben die Mönche die Burg Schiedlo, die gegenüber der Neißemündung an der Oder lag und hier den Fluß kontrollierte, und sogar das Zollstädtchen Fürstenberg. Der Grundbesitz des Klosters Neuzelle zog sich von der Neiße her an der Oder entlang bis hin zur Müllroser Senke und umfaßte bei seiner Bestätigung durch Kaiser Karl IV. im Jahre 1370 bereits achtundzwanzig Dörfer.

### Das 15. Jahrhundert und der Hussitensturm

Angesichts dieser anhaltenden Expansion erlebte die Zisterze Anfang des 15. Jahrhunderts eine wirtschaftliche Blüte. Die Einfälle der Hussiten in die beiden Lausitzen 1429 und 1432, bei denen das Kloster schweren Schaden nahm und einen hohen Blutzoll zahlen mußte, setzten dieser relativen Glanzzeit allerdings ein vorläufiges Ende. 1429 töteten die Hussiten Abt Petrus und fast alle Mönche, steckten die Klausurgebäude in Brand und verwüsteten die Kirche.

Ein Konverse, der sich auf den Kirchboden geflüchtet hatte, konnte das Feuer im Dachstuhl löschen und damit die Kirche retten. An die Neuzeller Märtyrer erinnert noch heute die um 1736 am Klosterteich an der Kastanienallee aufgestellte Christussäule.

In der zweiten Hälfte des 15. Jahrhunderts erstarkte der Konvent erneut und konnte seine jungen Mönche sogar zum Studium nach Leipzig schicken.

### Das 16. Jahrhundert und die Reformation

Anfang des 16. Jahrhunderts geriet das Kloster in eine schwere innere Krise. Anders jedoch als alle anderen Männerklöster im heutigen Gebiet der Mark Brandenburg wurde Neuzelle im Zuge der Reformation nicht aufgelöst, sondern blieb unter dem Schutz seines damaligen Landesherren, König Ferdinands I. von Böhmen, bestehen. Dessen Finanzpolitik freilich beutelte das Kloster schlimmer als die Auswirkungen der Reformation und trieb es zwischen 1530 und 1547 an den Rand des Ruins. Den konnte Abt Nicolaus III. (1537–57) nur durch umfangreiche Verpfändungen abwenden.

Der Neuzeller Abt, der sich nach der Auflösung des anderen Zisterzienserklosters in der Lausitz, Dobrilugk, der Herrenkurie anschloß, gebot zu diesem Zeitpunkt fast nur noch über lutherische Gläubige, mit Ausnahme des in Neuzelle eingepfarrten Dorfes Schlaben, wobei ihm auch die Besetzung der dementsprechend evangelischen Pfarrämter zustand.

1547 lebten noch sechsundzwanzig Chormönche und neun Konversen im Kloster, und nur sechs Familien im Klosterland hielten am katholischen Glauben fest. Das Miteinander der Konfessionen funktionierte im übrigen weitgehend reibungslos, und ab 1611 war der Abt auch durch landesherrliches Gesetz ausdrücklich verpflichtet, den evangelischen Glauben nicht zu benachteiligen. Zwischen 1547 und 1585 ging die Zahl der Konventualen in Neuzelle von fünfunddreißig auf nur noch zehn zurück.

**Das 17. Jahrhundert und der Dreißigjährige Krieg**
Im Übergang vom 16. zum 17. Jahrhundert kämpfte der Konvent also um sein Bestehen, das ihm zuletzt erst die Eingliederung in die 1616 gegründete böhmische Ordensprovinz sicherte. Doch der Dreißigjährige Krieg brachte 1631 eine neuerliche Katastrophe, als die Schweden im Frühjahr Neuzelle erreichten und das Kloster, das ihnen bis 1632 als Sammelplatz diente, plünderten und schleiften. Zwischen 1632 und 1646 blieben Mönche und Äbte bedroht und verfolgt, war das Kloster im wesentlichen verwaist. Auch als Neuzelle mit den beiden Lausitzen 1635 im Prager Friedensschluß an den Kurfürsten Johann Georg I. von Sachsen überging und das weitere Bestehen des Klosters im Traditionsrezeß ausdrücklich abgesichert wurde, blieb der Konvent verstreut und auf der Flucht. Auch von den Bauern überlebten nur wenige diese Jahre des Terrors: 1645 war in den Stiftsdörfern nicht einmal mehr jedes fünfte Gehöft besetzt, mehrere Dörfer waren gänzlich eingeäschert worden, und in Fürstenberg waren von ehemals zweihundertfünfzig Häusern nur noch dreißig bewohnbar. Erst 1648 fand sich der Konvent wieder in Neuzelle zusammen.

Unter Abt Bernardus von Schrattenbach lebten nun zwanzig Mönche im Kloster, um 1700 waren es dreißig, 1730 bereits vierzig. Das in dieser Zeit zurückgewonnene Selbstbewußtsein des Klosters drückte sich auch in der Neugestaltung der Klosterkirche (1655–58) aus, für die italienische Künstler herangezogen wurden.

**Das 18. Jahrhundert und der Siebenjährige Krieg**
Vom Dreißigjährigen Krieg bis zur Auflösung des Klosters 1817 konzentrierten sich die wirtschaftlichen Anstrengungen des Konvents auf die Einlösung alter Pfandgüter und den Rückerwerb fast aller Lehngüter. 1736 und nochmals 1775 führte dies neben anderen Maßnahmen der Stiftsverwaltung zu erheblichen Auseinandersetzungen mit den Klosterbauern, die nahezu in Aufruhr ausarteten. Der Abt mußte sogar die Stände um Hilfe ersuchen. Erst nach mehreren Prozessen kam es zu einer einvernehmlichen Einigung. Etwa zeitgleich war auch die Phase reger Bautätigkeit, die das heutige Erscheinungsbild des Klosters prägte: Unter den Äbten Martin (1727–41) und Gabriel (1741–73) wurde vor allem die gotische Konventskirche in eine prächtige Barockkirche umgebaut. Die Gestaltung des Innenraums mit reichem plastischen und bildlichen Schmuck besorgten vornehmlich böhmische Künstler.

Im Verlaufe des Siebenjährigen Krieges (1756–63) besetzten die Preußen die sächsische Niederlausitz. Das Kloster erlitt erhebliche Beschwerungen, wie auch die Bevölkerung. Nachdem die Preußen bereits eine Viehseuche eingeschleppt hatten, kam es zu allem Überfluß auch noch zu einer Heuschreckenplage, und ein bald folgender Bruch der Oderdämme machte die

Schwedische Soldaten im Dreißigjährigen Krieg

Die Klosteranlage um 1760

Die Klosteranlage um 1740

Wappen des Abtes Martinus Graff

Katastrophe komplett: Schwerste Hungersnot war die Folge. Vor diesem Hintergrund traten die repräsentativen Bestrebungen des Klosters in der Folgezeit wieder hinter seine geistlichen und geistigen Ambitionen zurück: Neben der schon länger bestehenden Volksschule und einem unter Abt Martinus Graff (1717–41) errichteten Gymnasium schloß Abt Edmundus (1775–1801) diesem noch ein Internat an, richtete ein Seminar für wissenschaftliche Ausbildung ein und widmete dem Bibliotheksbestand und der Kirchenmusik große Aufmerksamkeit.

Zwischen 1780 und 1786 trennte sich Neuzelle von der böhmischen Ordensprovinz, um der Aufklärung und der Josephinischen Klosterpolitik zu entgehen.

**Auflösung und Schicksal der Klosteranlage**

Am 25./26.2.1817 wurde das Kloster Neuzelle, das als Ergebnis der Vereinbarungen des Wiener Kongresses mit fast der Hälfte des ehemaligen Sachsens 1815 unter preußische Herrschaft gelangt war, gegen alle Gegenwehr des Abtes als letztes Kloster unter der Herrschaft der Hohenzollern von der preußischen Regierung aufgehoben.

Damals zählte es außer dem Lehngut Mochlitz die Stadt Fürstenberg und siebenunddreißig Dörfer zu seinem Besitz. Vermögen und Einkünfte des Klosters, das in die Rechtsform einer Stiftung überführt wurde, die erst 1955 de facto aufgelöst wurde, sollten als Fonds »zu kirchlichen, wohltätigen und der öffentlichen Erziehung gewidmeten Zwecken verwendet werden«.

Die katholische Gemeinde und ihre Kirche wurden hinreichend abgesichert, und die Neuzeller Priester übernahmen die geistliche Betreuung der bis zur Mitte des 19. Jahrhunderts geringen Zahl von Katholiken in der Niederlausitz. Später entstand hieraus im Zuge des Anwachsens der katholischen Gemeinden ein neues Pfarrnetz.

1818 wurden in den Gebäuden des Klosters ein Waisenhaus und ein Schullehrerseminar untergebracht, das bis 1922 Bestand hatte. 1926 wurde eine staatliche

Aufbauschule eingerichtet, die von 1934 bis 1945 als eine Nationalpolitische Erziehungsanstalt (Napola) weitergeführt wurde. Nach dem Einzug der Roten Armee am 24.4.1945 wurde in den Klostergebäuden ein sowjetisches Marinelazarett eingerichtet. Von 1955 bis 1985 beherbergten sie ein sozialistisches Bildungsinstitut für Unterstufenlehrer und blieben nach dessen Umzug nach Frankfurt/Oder im Besitz der »Volksbildung«. Von 1948 bis 1993 befand sich das katholische Priesterseminar Bernardinum im Kloster, das mittlerweile an das Erfurter Priesterseminar verlegt worden ist. Seit 1991 nutzt ein deutsch-polnisches Gymnasium das Klostergebäude.

Ein Museum zur Klostergeschichte lädt heute ebenso zum Besuch ein wie die regelmäßigen abendlichen Opernaufführungen im Kreuzgang. Auskünfte erteilt die Tourismusinformation.

Klosterkirche von Südosten mit Josefskapelle

### Die Klosterkirche – Baugeschichte und Baubeschreibung

Die Neuzeller Klosterkirche ist der bedeutendste Sakralbau der Niederlausitz und als Barockbauwerk einmalig in der Mark Brandenburg. Ihr heutiges Erscheinungsbild verdankt die Kirche der umfassenden Barockisierung zwischen 1650 und 1750.

Ursprünglich war sie eine dreischiffige gotische Backsteinhallenkirche. Ihr Bau wird zwischen 1280 und 1290 begonnen worden sein, fällt aber im wesentlichen in die Zeit zwischen 1300 und 1330, als die

Gotischer Schlußstein in der alten Sakristei

Klosterkirche von Westen mit Vorhalle, Uhr- und Glockenturm

Grundriß der Klosterkirche und Klausur

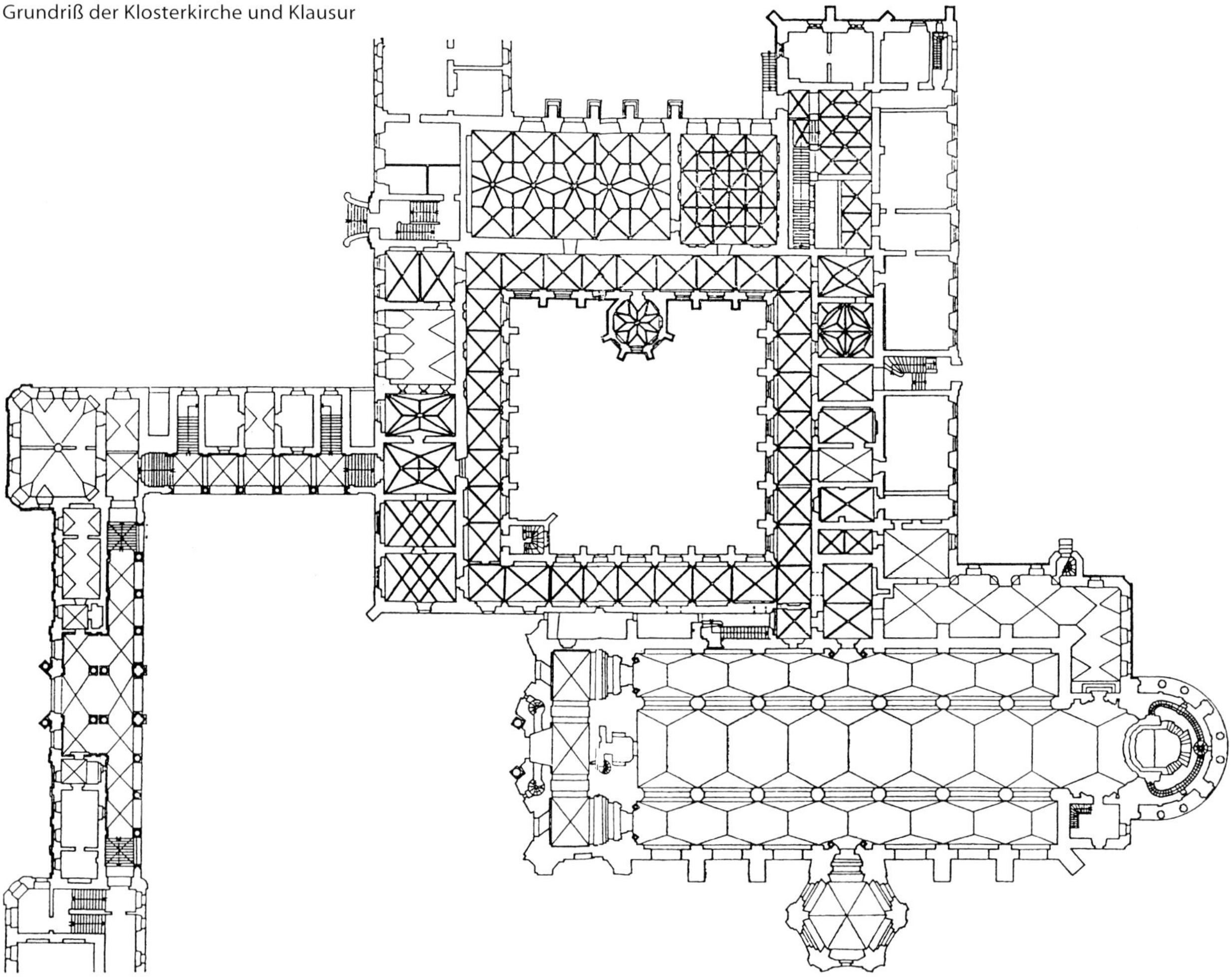

Mönche aus ihrer provisorischen Unterkunft Wellmitz in das neue Kloster umzogen.

Einige wenige Gestaltungselemente dieser gotischen Bausubstanz, die als solche materiell weitgehend erhalten ist, lassen sich noch erkennen, so z.B. ein Portal an der Nordseite aus dem ersten Jahrzehnt des 14. Jahrhunderts und ein weiteres, westlich davon, aus einer etwa zwanzig Jahre späteren Bauphase.

Andere gotische Reste wie die bei Restaurierungsarbeiten entdeckten spätgotischen Malereien hinter den Altären an der Ostseite der Seitenschiffe und an einigen Pfeilern sind nicht zugänglich.

Der heutige Kirchenraum präsentiert sich in reicher spätmanieristischer und barocker Ausstattung: eine dreischiffige Halle, sieben Joche lang, deren Hauptschiff im Osten in einer halbrund geschlossenen Apsis endet. Im Westen ist dem Kirchenschiff eine zweigeschossige Vorhalle vorgelagert, über der außen der querrechteckige Glockenturm emporragt, dem seinerseits ein Uhrturm bis zur mittleren Dachhöhe vorgelagert ist. An der Südseite der Kirche befindet sich die Josefskapelle mit ihrer schönen Kuppel. Auf der Nordseite ist die Klausur gelegen, deren Neubau nach dem Brand von 1892 mit einem dritten Stockwerk deutlich über die ursprüngliche Höhe aufgeführt worden ist und so den Gesamteindruck gegenüber dem früheren Zustand nachhaltig verändert hat.

Als Abt Bernardus nach sechzehnjährigem Exil um 1648 die Mönche wieder in Neuzelle versammelte, um das Klosterleben neu aufzunehmen, mußten die von den Schweden verwüsteten und danach dem Verfall überlassenen Gebäude erst wieder hergerichtet werden. Vor allem an der Kirche läßt sich sein hoher künstlerischer Anspruch ablesen. Zwischen 1655 und 1658 ließ er die bis dahin unveränderte gotische Raumstruktur der Kirche durch italienische Künstler mit Stukkaturen verdecken und mit einem Freskenprogramm bemalen. Dieses Programm biblischer Bilder dürfte für Kirchen des 17. Jahrhunderts einmalig sein.

Die nächste große Bauphase begann unter Abt Conradus mit der Erweiterung des Ostflügels 1709–11 und des Neubaus der Kanzlei 1723. Er ließ auch die technische Ausstattung der Kirche mit einer neuen Orgel 1704 verbessern. Aber vor allem war es Abt Martinus Graff (1717–41), der die ganze Anlage vollständig zu einem Barockkloster ausbauen ließ. Die Kirche wurde um die Vorhalle, die Seitenkapelle und einen neuen Altarraum erweitert. Im Innern wurden das Chorgestühl und die Chorschranken entfernt und vor den Säulen Nebenaltäre aufgestellt. Dies betont die Zielgerichtetheit der Raumgliederung und des ikonographischen Programms hin zur Hauptaltargruppe um so mehr, als die Nebenaltäre nun als Stationen eines Pilgerweges erscheinen. Andererseits wirken die Nebenaltäre in ihrer Ausstattungsfülle schon fast zu gedrängt und scheinen die barocke Gestaltungsidee der theaterhaften Rauminszenierung zugunsten einer bloßen Reihung aufzugeben. Dennoch besticht auch dieser Ansatz in seinem verspielten Übermaß. Tatsächlich ist die Dominanz des Figurenreich-

Mittelschiff, Blick nach Osten zum Hauptaltar

Hauptschiff nach Westen, Orgel von 1704

Deckenansicht der Josefskapelle

Figurengruppe des Hauptaltars: Christus und die Emmaus-Jünger

Marienwallfahrtsaltar

Pietà–Altar

Bernardusaltar

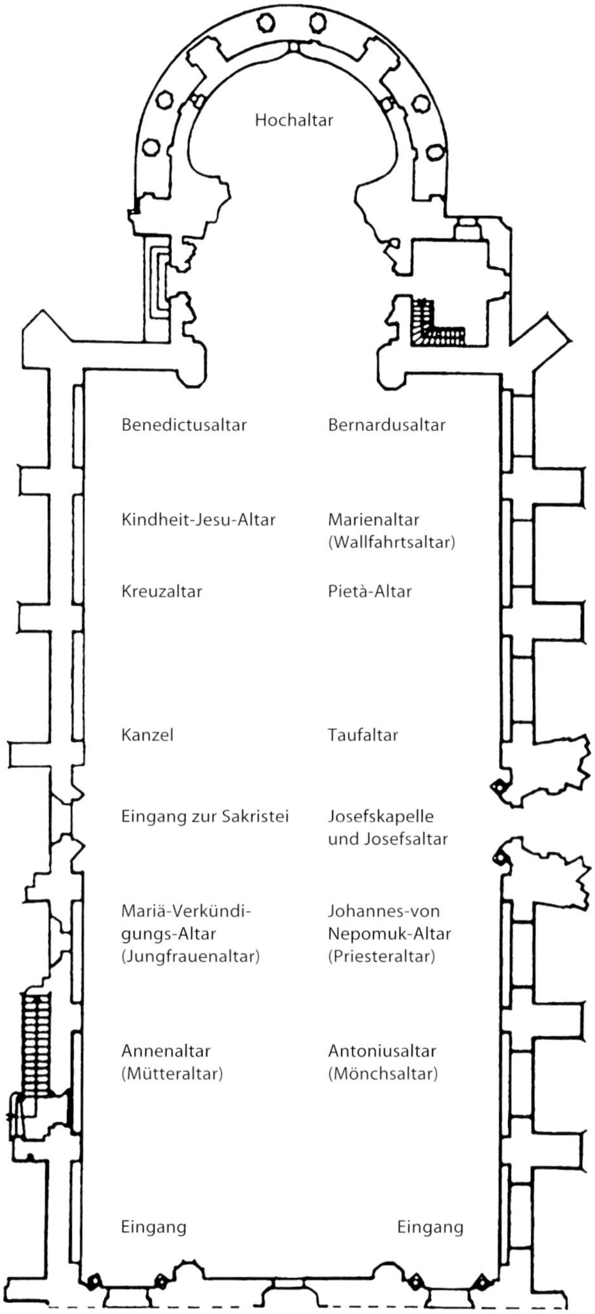


Die Anordnung der Altäre

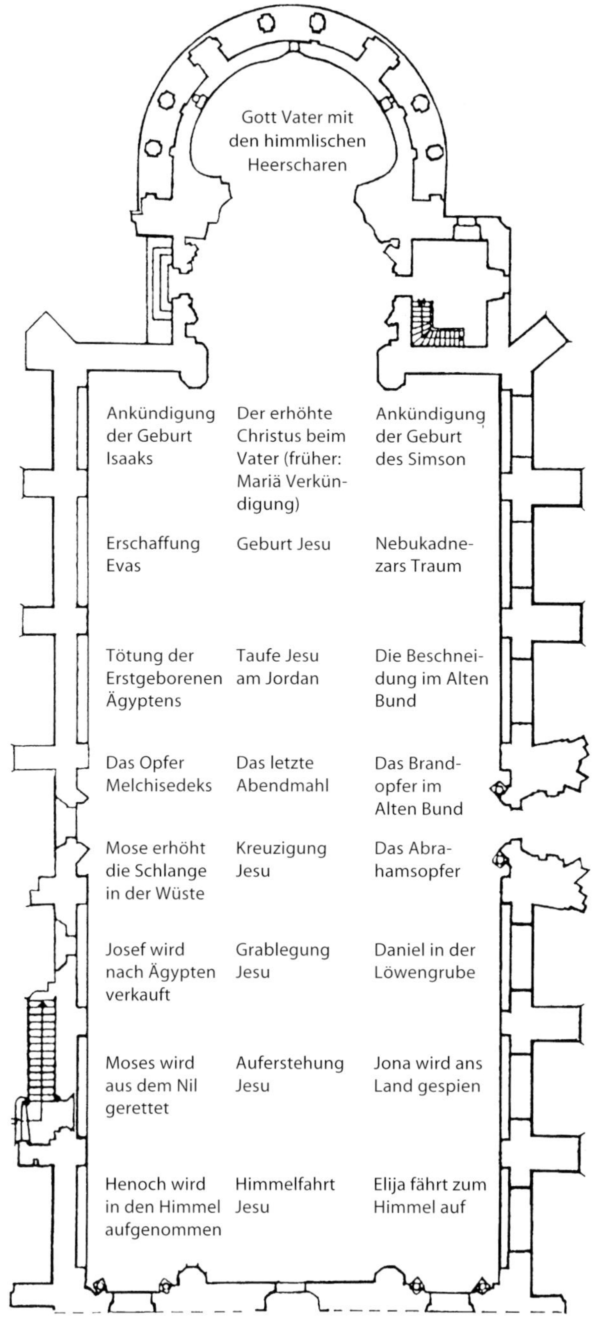


Die Anordnung der Deckengemälde

tums und der sonstigen Gestaltung der Nebenaltäre, mit denen diese das räumliche Erscheinungsbild des Hauptschiffs unübersehbar beherrschen, so wohl einmalig.

Wer diese Bauidee konzipiert hat, ist unbekannt, da sie aber eng mit dem theologischen Programm der Ausstattung verbunden ist, in dessen Zentrum der Gedanke der Eucharistie steht, wie er sich eben am deutlichsten in der Emmausgruppe des Hochaltars präsentiert, kann sie mit einiger Sicherheit auf den Bauherren Abt Martinus zurückgeführt werden. Zu den Künstlern, denen wir die prächtige Umsetzung verdanken, gehören die Stukkatorenfamilie Hennevogel aus Oberbayern, der Bildhauer Jacobus Mladek aus Böhmen, der Freskant Georg Wilhelm Neunhertz aus Prag und der Faßmaler J. Wenzel Löw aus Teplitz in Nordböhmen. Höhepunkt dieser Barockisierung war die Weihe des neuen Hochaltares 1741, doch ist auch der Annenaltar von 1748 dieser Phase zuzurechnen.

Besonders hervorgehoben seien hier unter der Vielzahl der Altäre lediglich der Pietà-Altar am zweiten Joch des südlichen Seitenschiffes, der Bernardusaltar an dessen Ostende, der Marien- und Wallfahrtsaltar kurz davor sowie der Hochaltar selbst. Eine ausführliche Beschreibung der ungemein prächtigen Decken- und Wandgemälde würde den Umfang dieses Buches sprengen. Sie gehören zu den Höhepunkten der barokken Ausstattung.

1741 wurde die völlig erneuerte Klosterkirche geweiht. Den Nachfolgern Martins blieb nur noch die Vollendung der so vorstrukturierten Kirchen- und Klosteranlage. Abt Gabriel ließ 1745 ein neues Brauereigebäude errichten und den Nordflügel der Klausur aufstocken. Er kümmerte sich aber auch besonders um eine neue liturgische Ausstattung: Kelche, eine Monstranz, Leuchter und viele Gewänder wurden angeschafft. Abt Edmundus ließ um 1780 den Küchenflügel und Abt Optatus 1806 die Wirtschafts- und das Schulgebäude erneuern. Die Turmhaube der Klosterkirche erneuerte man 1805, und 1806 wurde durch Andreas Hesse, einen Klosterbruder, eine klassizistische Orgel erstellt.

## Klausurgebäude und Klosteranlage

Die Klausur ist zwar in vielen Elementen substantiell noch mittelalterlich – z.B. das Gewölbe im Refektorium im Nordflügel von um 1500 oder auch der mehr oder minder komplette Kreuzgang –, doch ist das Gesamtbild auch hier von der Barockisierung oder gar den späteren Um- und Neubauten geprägt. Die vielen Zerstörungen gerade dieser Gebäudeteile über die Jahrhunderte hinweg taten ein übriges. Am besten erkennt man da die dennoch hohe bauliche Kontinuität am Grundriß der Klosteranlage.

Um den Stiftsplatz, südlich von Klausur und Kirche, schließen sich gegen den Uhrzeigersinn folgende Gebäude an: das Amtshaus mit dem sogenannten »Fürstenflügel« (beide etwa 1745), die heute vom Gymnasium genutzt werden; das 1736 errichtete Klosterportal, das die barocke Klosteranlage nach Westen öffnet und damit die Alleeachse zur Klosterkirche betont, welche von der Schiefen Kapelle durch die Klosterpforte quasi gerade auf den Hochaltar zuläuft; weiter im Westflügel die Stiftskanzlei (heutige Gestalt von etwa 1735), in der sich bis 1993 das Priesterseminar befand; und der Südflügel des Stiftsplatzes, aus einer Reihe von Wirtschaftsgebäuden bestehend, die seit 1806 vereinheitlicht als »Kutschstallgebäude« ausgeführt sind und seit 1840 Wohnungen beherbergen. Am Südostende des Platzes steht noch die »alte Prälatur« oder »Sommerabtei«, seit 1820 katholisches Pfarrhaus.

Die Ostseite des Stiftsplatzes wurde bis 1820 von Wirtschaftsgebäuden gesäumt, wo heute ein Zaun den Übergang zum Klosterpark bildet.

Dieser liegt östlich des Stifts auf dem Niveau der Oderniederung. Für 1739 ist er als Anlage in der Art eines Renaissancegartens belegt. 1760 nach »französischem Geschmacke« umgestaltet, errichtete man hier neben Laubengängen, einem kleinen Teich und ähnlichem auch eine Orangerie, die 1842 zur Turnhalle umfunktioniert wurde. Nördlich davon lagen der Konvents- und der Küchengarten.

Ebenfalls in die große Bauperiode unter Abt Martinus Graff gehört der Ausbau der alten, südöstlich des Stiftsplatzes gelegenen Pfortenkapelle zur evange-

Ehemalige Orangerie im Klosterpark

Pfarrkirche Heilig Kreuz

lischen Pfarrkirche Heilig Kreuz zwischen 1728 und 1734, deren Vorgängerbau, die Ägidienkirche, auf das Jahr 1354 zu datieren ist: An eine relativ kurze dreischiffige Halle schließt sich hier ein Kuppelraum an, mit dem Kreuzaltar im Osten.

Der Klosterteich, westlich des Stiftsplatzes gelegen und durch die Absperrung des Dorche-Tales mit dem Damm der Kastanienallee entstanden, zeugt noch von der einstigen Fischereiwirtschaft des Klosters, aber auch vom Bewässerungssystem der Mönche: Am Einlauf des Teiches befindet sich ein Verteiler, wo durch einen Vorfluter das Wasser südlich an der Klosteranlage vorbeigeführt werden konnte.

Der Mühlengraben führte direkt zur Klostermühle, der Klostergraben zum Wassersystem des Klosters.

Auf dem »Priorsberg«, westlich der Klosteranlage, wurde noch bis 1840 Wein angebaut.

Am 2. September 1892 vernichtete ein Brand die Klausurgebäude bis auf die gotischen Grundmauern und Gewölbe. Die Kirche aber blieb vom Feuer verschont, weil der Wind rechtzeitig drehte. Sie hat trotz all der Schäden und Veränderungen alle geschichtlichen Wirren, Brände, Unruhen und Besetzungen, ob durch die Hussiten, die Schweden, die Preußen, die Wehrmacht oder die Rote Armee, bis auf den heutigen Tag überdauert.

Heilig Kreuz und Klosteranlage vom Klosterpark aus gesehen

Neuzeller Kloster-Brauerei

## Besonderheiten

Die herausragenden Ereignisse des religiösen Jahres in Neuzelle sind die traditionelle Fronleichnamsprozession und die seit 1947 abgehaltenen Marienwallfahrten, die noch heute mit großem Aufwand begangen werden.

Die bekannte Klosterbrauerei Neuzelle kann auf eine über vierhundertjährige Geschichte zurückblicken, da sie 1589 in einem Vertrag zwischen dem Kloster und dem Städtchen Fürstenberg urkundlich belegt wird. Aber Bier aus Neuzelle gibt es bereits seit rund siebenhundert Jahren: Schon kurz nach seiner Gründung dürfte das Kloster ein Brauhaus eingerichtet haben, doch hatte es zunächst nur Braurecht für den Eigenbedarf. Wann das Kloster dazu überging, dezidiert für auswärtige Abnehmer zu brauen, ist nicht ganz eindeutig, doch haben sich die Mönche das einträgliche Geschäft sicher nicht lange entgehen lassen.

Welch große Bedeutung dem Bierhandel zukam, mag exemplarisch der gegen 1560 schwelende »Biermeilenstreit« mit einem Gubener Brauer belegen, der darüber entbrannte, daß die Mönche von Neuzelle das Dorf Wellmitz mit ihrem Klosterbier belieferten, was vorher der Gubener getan hatte. Abt und Mönche scheuten in diesem Kontext auch nicht davor zurück, den Klostervogt, der in der Streitigkeit die Position des Brauers zu stärken drohte, im Wellmitzer Krug mit Waffengewalt vom Gegenteil zu überzeugen. Als Ergebnis belieferte das Kloster bis 1711 Wellmitz exklusiv mit seinem Bier. Das heutige Brauhaus stammt aus dem Jahre 1903 und wurde 1933 zur heutigen Form erweitert.

### Touristische Informationen

Die restaurierte barocke **Klosterkirche** ist reich ausgestattet mit einem einzigartigen biblischen Freskenprogramm.
Der **Kreuzgang**, ein Zeugnis gotischer Ziegelbauweise, befindet sich nördlich der Stiftskirche St. Marien und umgibt einen quadratischen Kreuzhof.
Sehenswert ist auch die **Pfarrkirche Heilig Kreuz** mit ihrem ebenfalls reichen Bildprogramm.
Die **Klosterbrauerei** ist die einzige Stätte im Land Brandenburg, wo noch heute nach alter handwerklicher Tradition Bier gebraut wird.

**Sehenswürdigkeiten in der Umgebung**

- Naturpark Schlaubetal (22 700 ha)
- Sühnekreuz in Wellmitz
- Wassermühle in Schwerzko
- Bauernmuseum in Möbiskruge

**Auskünfte**
Tourismusinformation Neuzelle
Stiftsplatz 7, 15898 Neuzelle
Tel.: (03 36 52) 61 02, Fax: 80 77
Internet: http://www.neuzelle.de
E-Mail: tourismus@neuzelle.de

**Kath. Stiftskirche St. Marien**
Pfarrer Florian, Stiftsplatz 5, 15989 Neuzelle
Tel.: (03 36 52) 282, Fax: 898 28
Nov.–Gründonnerstag: Mo–Sa 11–12, 14–15.30 Uhr, So 11–12, 13–15.30 Uhr
Ostersonntag–Okt.: Mo–Sa 11–12, 14–16 Uhr, So 11–12, 13–16 Uhr

**Evang. Kirche zum Hl. Kreuz**
Pfarrer Zobel, Stiftsplatz 1, 15989 Neuzelle
Tel.: (03 36 52) 319, Fax: 899 31
täglich 10–11, 13–14 Uhr

**Kreuzgang**
Stiftung Stift Neuzelle, Stiftsplatz 7, 15898 Neuzelle
Tel.: (03 36 52) 81 40, Fax: 814 19
Mo–Fr 10–12, 12.30–16 Uhr, Sa/So 12–15.30 Uhr

**Klosterbrauerei**
Brauhausplatz 1, 15 898 Neuzelle
Tel.: (03 36 52 ) 81 00
Führung mit Verkostung: Erwachsene 7,50 €, Schüler (1 Getränk) 3,– €
ohne Verkostung: Erwachsene 3,– €, Schüler 2,– €

# Seehausen

Ancillae cristi in insula sancte marie ordinis Cisterciensis

*Uta Puls*

## Lage und Entstehung

Ganz im Norden des Biosphärenreservats Schorfheide-Chorin liegt inmitten einer von Wiesen, Wald, Seen, kleinen Wasserläufen und sanften Hügeln geprägten Landschaft, fernab der großen Verkehrsströme und vom Großstadtlärm, das kleine uckermärkische Dorf Seehausen. Hier gab es einst ein Zisterziensernonnenkloster. Die idyllische Lage am Nordende des Oberuckersees gab dem Kloster seinen Namen – »Marienwerder«. Errichtet auf einem inselartigen, jetzt mit dem Festland zusammengewachsenen Werder zwischen den Ausflußarmen des Oberuckersees südlich von Seehausen, erinnert vor Ort nur noch wenig an die Besiedelung des Territoriums durch Zisterzienser im 13. Jahrhundert. Der Platz ist wüst bzw. als Weideland genutzt. Grabungen auf dem Werder, Tauchfunde und Unterwassergrabungen im Oberuckersee in den Jahren 1984–91 legten an Land jedoch beträchtliche Fundamentreste frei und förderten mehr als zwanzigtausend Gegenstände aus dem Klosterleben zutage. Die archäologischen Arbeiten sind inzwischen eingestellt, die Grabungsstätten verfüllt und wieder in die

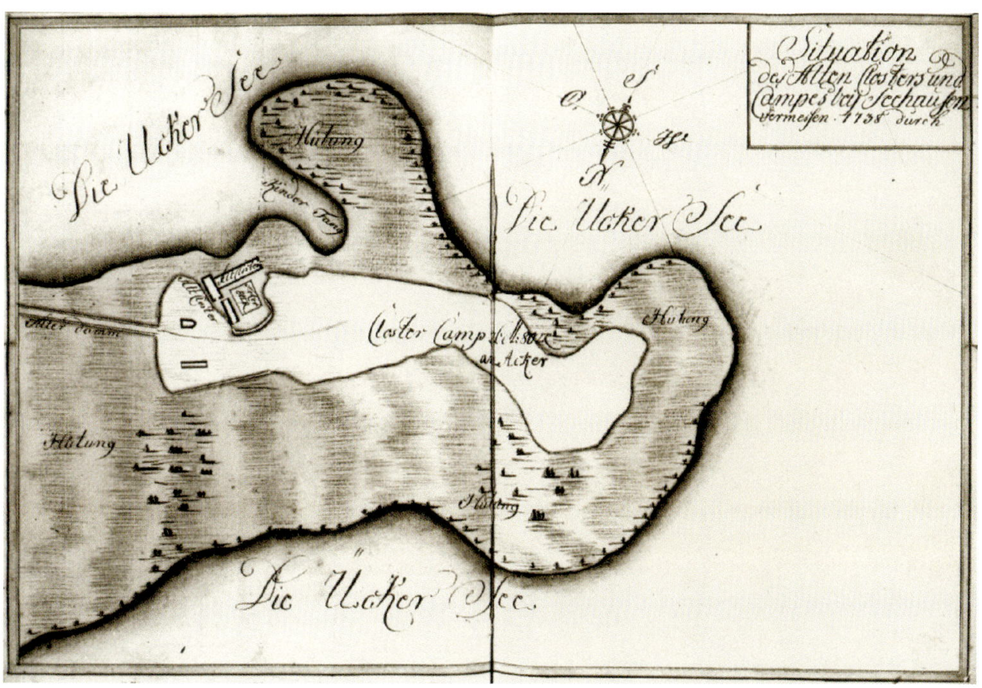


Lageplan des Klosters Seehausen von 1738

Hier stand einst ein Kloster

landwirtschaftliche Nutzung einbezogen. Im Kulturhistorischen Museum Prenzlau ist ein Teil der Funde in der ständigen Ausstellung zur Geschichte des Mittelalters und klösterlichen Sachkultur zu besichtigen.

### Goldene Ringe im Klosterschutt

Bis Ende des 18. Jahrhunderts sollen noch Ruinen des Klosters am Oberuckersee zu sehen gewesen sein. In Reiseaufzeichnungen des Historikers Riedel aus dem Jahre 1841 kann man dazu u.a. nachlesen: Das Klostergebäude bestand aus Feldsteinen, die vollständig erhaltenen Fundamente ließen die Lage des Klosters erkennen. Das Kloster hatte seinen Platz auf der äußersten Spitze der in den Uckersee hineinreichenden Halbinsel. Die Klostergebäude waren in einem Viereck erbaut, wovon die Klosterkirche die eine Seite einnahm. – Der Sage nach soll das Kloster durch Feuer zerstört worden sein. Auf eine plötzliche Zerstörung des Klostergebäudes deutet auch der Umstand hin, daß im Schutt häufig kostbare Gegenstände wie goldene Ringe, kleine silberne Heiligbilder und silberne Löffel gefunden worden sind. Ältere Bewohner Seehausens erinnerten sich noch daran, in ihrer Kindheit Außenwände des Klosters gesehen zu haben. Seitdem wurden sie abgetragen und zum Bau verschiedener Amts-, Kirchen- und Pfarrbauten im Dorfe Seehausen verwandt. Am Ende des 18. Jahrhunderts setzte bekanntlich auch in der Uckermark eine rege Bautätigkeit auf dem Lande ein, da wurde Baumaterial gebraucht.

Heute sind vom Kloster Seehausen nur noch einige Hügel, jedoch keine oberirdisch sichtbaren Gebäude oder Ruinen mehr vorhanden. Die Ausgrabungsarbeiten wurden abgebrochen. Das gesamte erfaßte, kartierte und registrierte archäologische Material befindet sich im Prenzlauer Museum. Die Funde zur Sachkultur eines Zisterziensernonnenklosters (Perlen, Nadeln, Beschläge, Messer, Handmühlen, Kacheln, Trinkgefäße, Kruken, Waschschüsseln, Plettsteine, Spielzeug, Schnallen, Bucheinbände, Griffel usw.) sind von ihrer Fülle, von der Vielartigkeit und auch vom Erhaltungszustand her einmalig in Brandenburg. Sie geben einen lebendigen Einblick in den Klosteralltag der Nonnen. Allerdings ist erst ein geringer Bruchteil der Funde so aufgearbeitet, daß sie der Öffentlichkeit zugänglich sind.

Der Gutshof Seehausen (alte Brennerei) wurde vermutlich mit Abrißsteinen des Klosters errichtet

Fundamentreste des einstigen Klosters

Mit Abbruch der Grabungsarbeiten sind leider in Seehausen alle Spuren von Gebäuden des wüsten Klosters wieder verwischt. Selbst ein Hinweisschild auf das Denkmalgelände fehlt. Im ehemaligen Gutshof des Dorfes gibt es hingegen noch manches Indiz dafür, daß Baumaterial von Klosterresten zum Aufbau der Gutsgebäude benutzt worden ist (z.B. Abrißsteine, Ziegel und Feldsteine in der ehemaligen Brennerei). Die Anlage des Gutshofes ist der anderer ehemaliger Klosterhöfe (Grangien, Wirtschaftshöfe), wie z.B. Kaltenhausen des Klosters Zinna, ähnlich. Vielfach umgebaut und umgenutzt, ist jedoch nur noch schwer nachvollziehbar, wie die Anlage zur Klosterzeit ausgesehen hat. Ein weiterer baulicher Sachzeuge aus der Zeit des Klosters Seehausen ist die erhaltene Ruine des Prämonstratenserklosters im wenige Kilometer entfernten Gramzow. Auch Drense, einstiges Klosterdorf (Grangie) der Seehausener Nonnen, steht auf historischem Boden, und manches hier erinnert an die Klosterzeit.

## Zur Geschichte des Klosters

Kloster Seehausen lag in einem für Zisterzienser ganz typischen Siedlungsgelände mit Landschaftsmerkmalen (Seen, Ücker als Fließgewässer, vermutlich Verbindungskanal zwischen Ober- und Unteruckersee, Randlage an einem Straßenangerdorf usw.), wie sie auch von anderen zisterziensischen Klosterstandorten bekannt sind. Fasziniert von der idyllischen Lage, schrieb Adolph Friedrich Riedel in seinen Reiseaufzeichnungen aus der Mitte des vorigen Jahrhunderts: »Uebrigens bestätigt auch die schöne Lage, in welcher man die Ruinen dieses Klosters antrifft, die alte Bemerkung, welche besonders von Nonnenklöstern gilt, daß man zum Anbau von Klöstern fast immer die schönsten Gegenden des Landes auswählte, wenn diese Regel auch in einigen Fällen Ausnahmen erleidet [...] Seehausen lag auf Wiesengrund nach drei Seiten von dem mit den schönsten Ufern umkränzten Ukersee umgeben«.

Ungewöhnlich ist allerdings der bei den Grabungen sichtbar gewordene dichte Uferstandort. Ob hier die Gründe dafür zu suchen sind, weshalb so große Mengen Klosterinventar in den See gelangten (Überflutung und Untergang des Klosters?), oder ob zur Klosterzeit die Uferzone anders verlief, so daß die Anlagen durchaus entsprechenden Schutz besaßen, ist unklar. Sicher ist jedoch, daß sich das Kloster in einem

Die Ruinen der Prämonstratenserstiftskirche Gramzow

sehr alten, früh von Slawen besiedelten Gebiet befand. Die Umgebung des Oberuckersees ist reich an vorgeschichtlichen Siedlungsfunden.

Über die Anfänge des Klosters Seehausen ist wenig bekannt, eine Gründungs- oder Stiftungsurkunde gibt es nicht. Die älteste urkundliche Erwähnung findet sich in einem Brief des Bischofs Wilhelm von Kammin, datiert mit 19. November 1250. Der Bischof, der sich damals im nahen Blankenburg aufhielt, gewährte der Urkunde nach für all jene, die zum Bau des Klosters beisteuerten, einen vierzigtägigen Ablaß.

Die Vermutung, daß die Gründung des Seehausener Nonnenklosters mit dem seit 1177 bestehenden Prämonstratenserkloster Gramzow in Zusammenhang stand, ist vage. Prämonstratenserklöster waren anfangs zwar vielfach Doppelkonvente von Mönchen und Nonnen. Ende des 12. Jahrhunderts ging man aber auch dort zur Trennung der Konvente über, und in der Nähe von Mönchsklöstern entstanden Nonnenklöster, die oft dem Zisterzienserorden überlassen wurden. Doch aus der Sicht der erst später einsetzenden deutschen Besiedelung des flachen Landes der Uckermark und der Tatsache, daß Zisterziensernonnenklöster meist erst als Abschluß der Besiedelungsphase entstanden, erscheint das Jahr 1177 als zu früh. Die Klostergründung fand sehr wahrscheinlich erst später statt, war aber schon erfolgt, als der Bischof von Kammin zur Unterstützung des Klosterbaues aufforderte.

Oben: Konventssiegel, 1371

Links: Potzlower Roland, Darstellung von 1928. Heute steht an seiner Stelle eine Kopie von 1991.

**Erstes Zisterziensernonnenkloster der Uckermark**

Seehausen liegt an der nördlichen Uckermarkgrenze, gewissermaßen als Grenzstandort eines Klosters zwischen Brandenburg und Mecklenburg. Um 1230 war die Erschließung der Uckermark in vollem Gange. Walkenrieder Zisterziensermönche hatten bereits im Territorium Fuß gefaßt und die dicht bei Seehausen liegenden Dörfer Kaakstedt und Haßleben 1239 zu ihrem Außenbesitz gemacht. Das Zisterzienserkloster Walkenried war es auch, das in Potzlow, ebenfalls nur wenige Kilometer von Seehausen entfernt, den Versuch einer Stadtgründung wagte (vgl. »Roland von Potzlow«).

Viele Jahre später befand sich auch Potzlow im Besitz des Klosters Seehausen, und es ist durchaus wahrscheinlich, daß die Klostergründung auf Betreiben Walkenrieder Mönche erfolgte. Nicht nur der Name »Seehausen« deutet darauf hin (zwei Orte gleichen Namens gibt es in der Altmark und im Kreis Wanzleben), sondern es wäre gut denkbar, daß Landschenkungen des Uckermärker Adels an ein auswärtiges Kloster, in diesem Falle an das starke Walkenried, dazu dienen sollte, ein Tochterkloster zu gründen. Es ist nicht ausgeschlossen, daß Walkenried Zuwendungen erhielt, vielleicht schon vor 1239, ohne, daß darüber Urkunden erhalten sind, und diese Besitzungen zur Einrichtung des Klosters Seehausen verwendet wurden.

Urkunden aus der Zeit nach 1252 sprechen davon, daß das Kloster Seehausen mit der Errichtung seiner Gebäude beschäftigt war. 1263/64 wird ein Konvent nachgewiesen. Damit war es vermutlich das erste Zisterziensernonnenkloster in der Uckermark.

Das Kloster diente der Aufnahme und Versorgung von Töchtern besonders des uckermärkischen Adels, wie das auch in anderen Gebieten der Mark Brandenburg üblich war. Territorialadel und geistliche Herrscher waren gleichermaßen am Wohlergehen des neuen Klosters interessiert. Nach anfänglichen Schwierigkeiten verfügte es bald über ansehnliche Besitzungen, gehörte jedoch immer zu den kleineren Zisterzienserklöstern Brandenburgs. Mit welchen Mitteln es seinen Grundbesitzes mehrte, zeigt eine Urkunde vom 9. August 1277, worin der Bischof von Havelberg denjenigen einen Bußerlaß verheißt, welche dazu beitragen,

Mündelbecher unter Wasser

Zweihenkelkruken

Destilliergefäß (Unterwasserfund)

Warenplomben zum Versiegeln

Grapen (Kochgeschirr für offenes Feuer)

Messer mit Griffen aus Bein und Holz

Kleiner Buchrahmen mit Verschluß und Scharnieransätzen

Schreibutensilien: Griffel aus Bein und Blei für Wachs- und Schiefertafeln

Näpfe zur Aufbewahrung und Herstellung von Farben

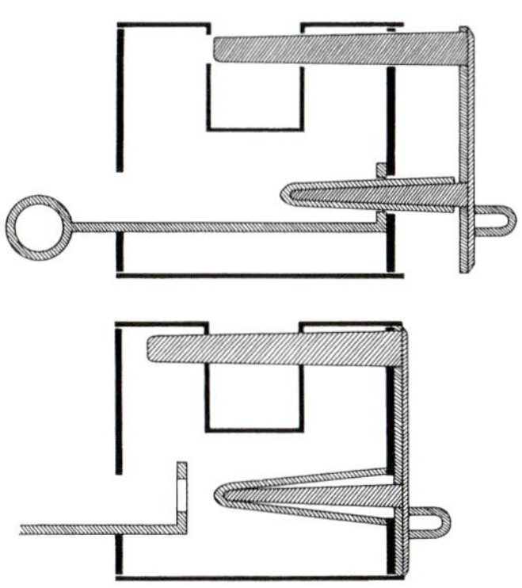

Rekonstruktion von Schloßmechanismen

In Seehausen gefundene gotische Bartschlüssel

Püppchen aus weißem »Pfeifenton« in der Tracht einer Bürgerin des 15./16. Jahrhunderts

Pilgerzeichen aus Königslutter mit Petrus und Paulus neben Christus

Pilgerzeichen mit Darstellung des heiligen Mauritius

»dem Mangel an weltlichen Gütern bei den Jungfrauen des Cistercienser-Klosters Marienwerder (Seehausen)« abzuhelfen. Über Reliquien oder besondere Vorfälle, die das Kloster in den Rang eines Wallfahrtsortes gehoben haben könnten, wie das in anderen Nonnenklöstern häufig vorkommt, ja typisch ist, wurde nichts überliefert. Die große Anzahl der bei den Grabungen und Tauchgängen gefundenen Pilgerzeichen und Münzen unterschiedlicher Prägestätten läßt vermuten, daß sich im Kloster häufig Reisende aufhielten und vielfältige liturgische Gegenstände, Zahlungsmittel und Warenplomben zurückließen. Das deutet einerseits auf einen regen Besucherverkehr hin und andererseits, vom Prägeort der gefundenen Münzen ausgehend, auf einen regen Ware-Geld-Verkehr.

Holzmodel, Vorderseite

**Wachsender Klosterbesitz**

Den Kampf um die Uckermark zwischen den rivalisierenden Landesherren Pommerns und Brandenburgs verstand das Kloster geschickt zur Mehrung seines eigenen Besitzes zu nutzen. 1332 stellten sich die Pommernherzöge schützend vor das Kloster und bestätigten ihm den Besitz der Dörfer Seehausen, Warnitz, Seelübbe, Grunow, Drense, Grenz, einen Hof in Jacobsdorf (wüst, südlich von Melzow am See) und den Neuen Hof zwischen Seehausen und Warnitz. Aber auch der brandenburgische Markgraf wurde zu Verleihungen bewogen: 1340 übergab Markgraf Ludwig dem Kloster vier Hufen in Baumgarten (Kreis Prenzlau), wenig später Hebungen in Werbelow und neue Besitzungen in Seelübbe und Grenz.

Durch Schenkungen, Verleihungen, Überlassungen wechselseitig aus den Händen von pommerschen und brandenburgischen Landesherren wuchs der Klosterbesitz. Das Städtchen Potzlow, Teile von Bietikow, Güter in Göritz, Schenkenberg und Sternhagen kamen dazu. Durch planmäßiges Vorgehen des Klosters bei Flächentausch und -käufen wurde sein Besitz immer weiter abgerundet; es erstarkte wirtschaftlich. 1445 brannte das Klostergebäude völlig ab, wurde jedoch mit Unterstützung der Bischöfe von Kammin, Lebus sowie des Markgrafen von Brandenburg rasch wieder aufgebaut.

Trotz des relativ umfangreichen Grundbesitzes geriet das Nonnenkloster um die Wende vom 15. zum 16. Jahrhundert mehrere Male in wirtschaftliche Schwierigkeiten und suchte nach neuen Einnahmequellen. Beispielsweise räumte es am 28. November 1476 der Stadt Prenzlau das Recht ein, auf seinen Besitzungen Ziegelerde zu graben. Bezog sich diese Vereinbarung insbesondere auf den Abbau von Ziegelerde im Dorfe Seelübbe, so dehnte das Kloster dieses Geschäft schon wenig später aus, indem es der Stadt Prenzlau in einem Schriftstück vom 6. Dezember 1476 generell gestattet, für 1 Wispel Malz jährlicher Vergütung nach Bedarf in allen seinen Gütern nach Ziegelerde zu graben.

Zum Zisterzienserorden selbst soll das Kloster Seehausen, wie von landesherrlichen Klöstern dieser Art allgemein angenommen wird, kaum Beziehung gehabt haben. Zu den Zisterziensernonnenklöstern Boitzenburg und Zehdenick gab es durch gemeinsamen Hofbesitz bzw. Gebetsgemeinschaften nachweislich engere Kontakte. Offenbar lag in der Verantwortung des Propstes der gesamte wirtschaftliche und geistliche Außenkontakt, er pflegte zu anderen Klöstern (natürlich auch Mönchsklöstern), Stadthöfen, Grangien usw. enge Beziehungen und brachte damit zisterziensisches Gedankengut und Einfluß des Generalkapitels in Cîteaux ins Kloster.

Über das innere Klosterleben ist wenig bekannt. An der Spitze stand ein Propst. Er verwaltete die Klostergüter, wie das bei Zisterziensernonnenklöstern üblich war. Dazu gehörte z.B. die Aufsicht über die vier Grangien in Seehausen, Potzlow, Blankenburg und Drense, über zwei Mühlen, acht Dörfer und drei Bauhöfe in Bietikow. Die Pröpste kamen aus bürgerlichen wie auch adligen Familien der Uckermark. Dem Konvent stand eine Äbtissin vor. Unter den Namen der Äbtissinnen sind vorrangig Vertreter des Adels zu finden – Familien wie von Eickstedt, von Greiffenberg, von Schwerin und von Sydow. Seehausener Priorinnen und Nonnen kamen aus adligen wie auch aus bürgerlichen Familien.

Seehausener Tauchfunde

## Tauchfunde erzählen vom Klosteralltag

Die Seehausener Ausgrabungen und Tauchfunde geben interessante Einblicke in den Klosteralltag. Sie lassen vermuten, was neben den geistlichen Verpflichtungen das Leben der Nonnen bzw. der Konversinnen bestimmt haben könnte. Die Funde erzählen von

Paramentik, Spinnen, Weben, Sticken, Töpfern, Malen, von Hauswirtschaftsarbeiten (Kochen, Nähen, Wäschewaschen und Wäscheglätten usw.), Alten- und Krankenpflege, Arbeiten im Klostergarten, von Schulunterricht, Kinderbetreuung, Schreiben bzw. Abschreiben liturgischer Texte sowie deren Illustration. Es ist sicher kein Zufall, daß das Konventssiegel des Seehausener Klosters die Abbildung einer Äbtissin mit einem Buch zeigt. Eine weitere wichtige Funktion war die Betreuung und Erziehung von Kindern. Im Alter von sechs oder sieben Jahren kamen sie ins Kloster, um Nonne zu werden oder aber auf weltliche Dinge des Lebens außerhalb des Klosters sich vorzubereiten.

Viele Tauch- und Grabungsfunde (Spielzeug, Schreibutensilien usw.) deuten darauf hin, daß sich im Seehausener Kloster Kinder aufgehalten haben. Eine auf einer Karte von 1738 als »Kinderfang« bezeichnete Bucht am Uckersee liegt dicht am Kloster. Es ist nicht ausgeschlossen, daß der Name dieses Ortes im Zusammenhang steht mit der sicher vorhandenen Schule im Kloster. Nur in Klöstern gab es damals die Möglichkeit, Kindern adliger und wohlhabender Bürgerfamilien Lesen, Schreiben und Rechnen beizubringen. Aus dieser Funktion als Bildungseinrichtung heraus läßt sich vielleicht auch erklären, daß 1664 ein Teil der ehemaligen Klosterbesitzungen (die Dörfer Seehausen, Seelübbe, Blankenburg und Bertikow) dem Joachimsthaler Gymnasium überlassen wurde.

Nach der Reformation wurde 1543/44 das Kloster aufgehoben, seine Besitzungen mit denen des Klosters Gramzow zu einem Domänenbesitz in Gramzow vereinigt.

## Touristische Informationen

### Anfahrt

**Auto:** Autobahn Berliner Ring – Prenzlau (A 11), Abfahrt Prenzlau; oder: Bundesstraße B 109 bis Haßleben, dann Landstraße
**Bahn:** Personenzug Berlin – Angermünde – Stralsund, Bahnhof Seehausen
**Bus:** ab Prenzlau (ca. 16 km)

### Sehenswürdigkeiten in der Umgebung

- Kulturhistorisches Museum Prenzlau
- schöne Aussichtspunkte beim Dorf Berghausen
- slawischer Burgwall in Potzlow
- Burgwallinsel im Oberuckersee
- Ruine des Prämonstratenserklosters Gramzow
- Mühlenmuseum in Neu Kleinow
- Uckermärkisches Geschichtsdorf Drense mit größtem slawischen Burgwall der Uckermark
- »Räuberburg« bei Schmölln

### Informationen

Kulturhistorisches Museum im Dominikanerkloster
Uckerwieck 813
17291 Prenzlau
Tel.: (039 84) 86 51 34
Fax: (039 84) 86 51 69
Internet: www.dominikanerkloster-prenzlau.de

Uckermärkischer Verkehrsverein Prenzlau e.V.
Friedrichstraße 2
17291 Prenzlau
Tel.: (039 84) 83 39 52
E-Mail: stadtinfo@prenzlau.de
Internet: www.prenzlau.de/stadtinformation

# Stepenitz (Marienfließ)

Cenobium sanctimonialium in rivo sancte Marie

*Uta Puls*

## Lage und Entstehung

Im Nordosten der Prignitz, dort wo das aus Meyenburg kommende Flüßchen Stepenitz in einem sanften Bogen seinen Lauf in Richtung Süden ändert, um bei Wittenberge in die Elbe zu fließen, liegt das Dörfchen Stepenitz mit seinem einstigen Kloster. Das Stepenitztal gehört zu den ältesten Siedlungsgebieten Norddeutschlands. Zahlreiche Funde aus der Bronzezeit, das 1899 von Steinbrucharbeitern entdeckte »Königsgrab von Seddin«, einer der größten Grabhügel Europas, sowie weitere Bodendenkmale zeugen von einer reichen Geschichte, noch ehe die Christianisierung durch zisterziensische Besiedelung Anfang des 13. Jahrhunderts einsetzte. 1231 als Familienkloster des Hauses der Gans Edlen zu Putlitz gestiftet, ist es das älteste Zisterziensernonnenkloster Brandenburgs. An der

Parklandschaft auf dem Gebiet des einstigen Klosters

Grenze zu Mecklenburg gelegen und vom Territorialadel unterhalten, wurde es nach der Reformation in ein evangelisches Stift umgewandelt und besteht als solches heute noch.

### Zur Geschichte des Klosters

1231 bestätigte der Bischof von Havelberg das vom Territorialadel der Prignitz (Edler Herr Gans zu Putlitz) gestiftete Kloster Marienfließ und die sechzig Hufen Land in Stepenitz, die der Stifter zum Unterhalt der Nonnen geschenkt hatte. Als Familienkloster betrachtet, stattete er das Kloster gemeinsam mit mecklenburgischen Dynastien im wesentlichen selbst aus. Das Kloster war reich dotiert, seine Entwicklung litt jedoch unter der Grenzlage gegenüber Mecklenburg und der Konkurrenz des wenig später gegründeten Nonnenklosters Heiligengrabe.

Seine Gründungslegende ähnelt der anderer Klöster: Kaiser Otto IV. soll beim Besuch des Heiligen Grabes Christi in Jerusalem vom herrschenden Sultan einige Tropfen vom Blut des gekreuzigten Christi geschenkt bekommen haben. Nach dem Tode Ottos gelangte dieses Geschenk mittels eines in das Geheimnis eingeweihten Ritters in die Hände von Johann Gans zu Putlitz, der es schließlich dem Kloster von Stepenitz übergab. Die Verehrung des Heiligen Blutes von Stepenitz hielt sich jedoch stets in Grenzen. Das Kloster wurde nicht zu dem gewünschten Wallfahrtsort, wie man das beispielsweise vom Wilsnacker Wunderblut oder der Heiligengraber Hostie her kannte. Klosternachrichten aus dem 15. Jahrhundert berichteten von einem neuen Heiligtum, welches nach Stepenitz gelangt war – ein wundertätiges Marienbild, das ein Domherr zu Havelberg nach Stepenitz brachte. Doch auch damit erfüllte sich der Wunsch nach einem vielfach besuchten Wallfahrtsort offenbar nicht.

### Grundbesitz in Brandenburg und Mecklenburg

Der Grundbesitz des Klosters stammte aus den Händen der Gänse zu Putlitz, der Fürsten von Werle und der Grafen von Schwerin. Einzelne Liegenschaften kamen aus dem Besitz der Markgrafen von Branden-

Siegel und Familienwappen der Familie Gans von Perleberg

burg, der Herzöge von Mecklenburg und der in der Nähe des Klosters angesessenen Adelsfamilien. Das Stepenitzer Kloster war immer von grenzübergreifender Bedeutung. Daraus resultierten Probleme, die seine Geschichte prägten. Zum Klosterbesitz in Brandenburg zählten neben Mühlen die Dörfer (bzw. Teilbesitz in diesen) Jännersdorf, Krempendorf, Klein-Pankow, Redlin, Stepenitz und teilweise auch Telschow sowie die Wüstungen Krumbeck (z.T.), Kuhwalk, Stolpe und Ziemersdorf. Zum in Mecklenburg liegenden Klosterbesitz gehörten die Dörfer Dammerow, Darß, Ganzlin, Karbow, Kreien, Quaßlin, teilweise auch Retzow, Vietlübbe, Wahlsdorf und Wilsen sowie die Wüstung Dresenow. Beiden Territorien zugehörig waren die Besitzungen des Klosters in Drenkow, Porep und Suckow. Das Klosterland umfaßte, von vereinzeltem Teilbesitz abgesehen, insgesamt einundzwanzig Dörfer (vier davon wurden wüst). Er erstreckte sich zwischen den Städten Lübz, Plau, Meyenburg und Putlitz teils auf brandenburgischem, teils auf mecklenburgisch-werlischem Gebiet. Selbst Streubesitz in Lüneburg (48 Gulden Rente vom Rathaus im Jahre 1445) soll das Kloster besessen haben.

Über zehn Mutterkirchen und vier Filialkirchen hatte das Kloster das Patronat inne. Trotz der dauerhaft latenten Gefahr des Ausbruchs kriegerischer Streitigkeiten seitens des Territorialadels vollzog sich das Klosterleben bis zu seinem Niedergang während der Reformation in gesicherter wirtschaftlicher Selbstständigkeit. Sie basierte auf der recht reichen Ausstattung des Konvents.

### Nonnenkloster des Territorialadels

An der Spitze des Konvents stand die Äbtissin, ihr zur Seite die Priorin, während die weltliche Verwaltung der Klosterangelegenheiten in den Händen des Propstes lag. Vorherrschend Töchter aus dem Territorialadel lebten im Stepenitzer Kloster, bürgerliche Namen findet man kaum. Aus den wenigen überlieferten Quellen kann man entnehmen, daß es im Kloster eine Schule gab (1256 wird eine Scholastica genannt) und eine Kämmerin, welche jeweils die Kassenangelegenheiten verwaltete.

### Vom reformierten Kloster zum Evangelischen Stift

Vor und während der Reformation verschlechterte sich die Lage des Klosters zusehends. Die mecklenburgischen Besitzungen gingen ihm fast vollständig verloren; die im Herrschaftsbereich der Gänse zu Putlitz gelegenen Güter hingegen wurden dem Kloster im

Im Park von Marienfließ

An der Stepenitz

Die heute in eine gepflegte Parklandschaft eingebettete Klosterkirche

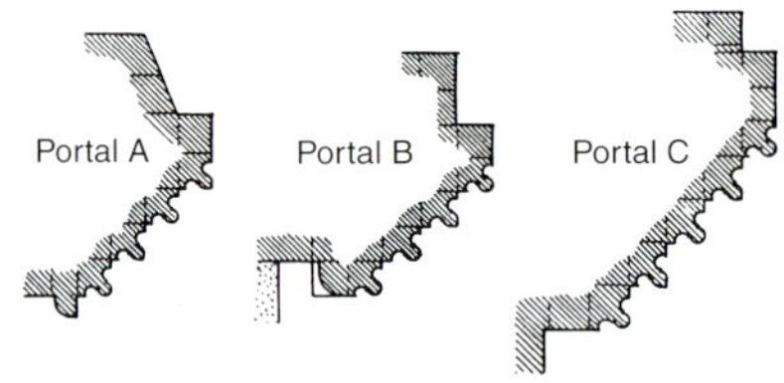


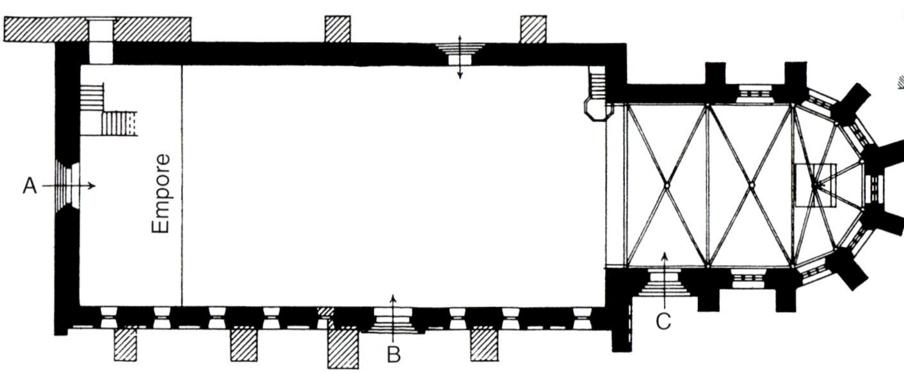


Ansicht der Südseite, Grundriß und Portalgewändeschnitte der Klosterkirche, 1907

Jahre 1552 vertraglich bestätigt. Ein sogenannter Verweser übernahm anstelle des Propstes zu diesem Zeitpunkt die Geschäfte, die reich dotierte Stelle der Äbtissin entfiel, dafür lag die gesamte Leitung des Konvents in den Händen der Priorin.

Im Dreißigjährigen Krieg war Marienfließ wie die gesamte Herrschaft Putlitz von den Verwüstugen der durch die Mark Brandenburg ziehenden Söldnerheere schwer betroffen. Die Klosteranlagen wurden zerstört, allein die Kirche blieb erhalten. Die Konventualinnen verließen das Stift und flüchteten in benachbarte Städte oder zu ihren Familien. Zeitweise war Stepenitz gänzlich verlassen. Nach dem Krieg kehrten die Stiftsdamen zurück und begannen mit dem Wiederaufbau der Gebäude. Aufgrund der begrenzten Einkünfte war dies ein mühevolles und langwieriges Unterfangen.

In der napoleonischen Zeit war die Existenz des Stiftes neuerlich gefährdet, denn 1803 wurden durch den Reichsdeputationshauptschluß alle geistlichen Einrichtungen dieser Art in den alten deutschen Territorien aufgehoben. In Preußen allerdings folgte König Friedrich Wilhelm III. diesem Beschluß nicht, so daß Marienfließ als Stift bestehen blieb.

Seit 1945 finden ehemalige kirchliche Mitarbeiter in Marienfließ ihren Ruhestandssitz, 1950 wurde ein Feierabendheim eingerichtet. Im Zuge der Bodenreform verlor das Stift seinen Forst- und Landbesitz. Seit 1980 gehört es in der Bewirtschaftung zur St. Elisabeth-Stiftung Berlin, die in der diakonischen Altenfürsorge in Ausübung christlicher Nächstenliebe tätig ist. Des weiteren werden seit 1990 Wohnungen im Stiftsgelände für betreutes Wohnen vermietet.

Vom einstigen Klosterinventar ist nichts mehr erhalten.

### Die Klostergebäude

Erhalten geblieben aus der Zisterzienserzeit ist allein die Klosterkirche. Die nördlich der Kirche angeschlossenen Teile der Klosteranlage wurden im Dreißigjährigen Krieg verwüstet, die Reste als Baumaterial zur Errichtung neuzeitlicher Stiftsgebäude verwendet. Heute befindet sich auf dem einstigen Klostergelände eine gepflegte Parklandschaft mit modernen, aber auch altehrwürdigen Stiftsgebäuden, wo ältere und pflegebedürftige Menschen in behaglicher Umgebung ihren Lebensabend verbringen können. Manches erinnert noch heute an die einstige Klosterlandschaft: uralte Bäume, der Lauf der Stepenitz, wo einst der Klostergarten lag, oder zwei durch einen Graben verbundene Teiche inmitten des Parks. Nach Auskunft Ortskundiger ruhen noch heute im Erdreich der Anlage Reste der Klostergrundmauern.

Portal der Klosterkirche. Die Kombination aus Glasursteinen, Feldsteinen und Ziegelmauerwerk ist typisch für die Prignitz.

Granitstufe neben der Klosterkirche

**Klosterkirche**

Die Klosterkirche ist ein einschiffiger frühgotischer Backsteinbau mit gewölbter, nach der späteren Erneuerung teilweise flacher Decke und schmalerem, kreuzgewölbtem Chor. Die birnstabförmigen Rippen der Gewölbe ruhen auf runden Diensten mit polygonen Kämpfern. Teile der Backsteinmauern bestehen außen aus dem für die Prignitz typischen Mischmauerwerk (Backstein, Feldstein). Fenster und Blenden am Langhaus gliedern die gesamte Südseite zweizonig. Unter Verwendung von Glasursteinen entstanden reiche Portalrahmungen.

Das Langhaus wurde in der zweiten Hälfte des 13. Jahrhunderts, der Chor etwas später erbaut. Im flachgedeckten Langhaus und kreuzgewölbten Chor blieben die Neueinrichtung und Ausmalung aus dem 19. Jahrhundert erhalten. Im westlichen Teil des Langhauses befand sich ursprünglich eine hölzerne Nonnenempore; die Fenster sind deshalb in zwei Reihen übereinander angeordnet. An der Nordseite fehlen die Unterfenster wegen des anstoßenden Kreuzganges. Das rohe dreiteilige Maßwerk der Chorfenster ist modern; die dreiteiligen Oberfenster sind zum Teil erst später eingebrochen und die alten vermauert.

## Touristische Informationen

**Anreise (Auto)**
- A 26 Berliner Ring – Hamburg, Abfahrt Putlitz, Richtung Stepenitz
- B 103 bis Meyenburg, dann Richtung Parchim bis Stepenitz
- B 321, Abzweige Putlitz oder Suckow bis Stepenitz

**Sehenswürdigkeiten der Umgebung**
- »Gänse Tour« – eine Radwanderroute durch die Prignitz entlang der Stepenitz (Wittenberge – Perleberg – Wolfshagen – Putlitz – Stepenitz)
  Die Tour folgt dem Kolonisierungszug der Familie Gans zu Putlitz von der Stepenitz-Mündung bis zum Oberlauf und stellt kulturhistorische Sehenswürdigkeiten, die mit der Geschichte der Familie zusammenhängen, vor.
- Heimatmuseum Pritzwalk
- Antikhof in Putlitz
- Königsgrab Seddin

**Veranstaltungen**
- Putlitzer Erntemarkt im August
- Flachsblütenfest auf dem Gut Schreckenthin

**Informationen**
Förderkreis des Evang. Stiftes Marienfließ e.V.
OT Stepenitz
Stift 4
16945 Marienfließ
Tel.: (03 39 69) 41 40
Fax: (03 39 69) 414 55
http://www.marienfliess.de

# Zehdenick

»cenobium dominarum in cedenik in honorem beatae mariae virginis ac sancti georgii martiris constructum« bzw. »monasterium sanctae crucis in cedenic«

*Stephan Worch*

## Lage und Entstehung

Stadt und Kloster Zehdenick liegen im südwestlichsten Teil der Uckermark (heute Oberhavelkreis), zwischen Ruppiner Land und Schorfheide an einem vormals wichtigen Übergang der Havel. Dieser Ort zeichnete sich sowohl durch seine strategische Lage, wie die Errichtung einer Burg belegt, als auch durch seine günstige Anknüpfung an Handelsrouten aus.

Vielleicht ist es die landschaftliche Schönheit, die von den ansässigen Slawen im Namen für ihren Siedlungsplatz aufgenommen wurde, denn das Wort »Zehdenick« (dessen mittelalterliche Schreibweise stark variiert) hatte möglicherweise die Bedeutung »Blumental«. Neuere Untersuchungen verweisen aber auch auf mögliche sprachliche Zusammenhänge mit den örtlichen Tonvorkommen oder der Lage am fließenden Gewässer.

Das ehemalige Kloster befindet sich, nicht weit entfernt von der Havel, unmittelbar südöstlich vor den Toren der Stadt. Seit 1946 unterstehen die Gebäude der Landeskirche und beherbergen heute Wohnungen kirchlicher Mitarbeiter, eine Beratungsstelle sowie eine Ausstellungsgalerie. Darüber hinaus dient das Kloster in den Sommermonaten als malerische Kulisse für verschiedene Kulturveranstaltungen.

## Geschichte des Frauenklosters

Die Überlieferung der Klostergeschichte ist sehr lückenhaft, da sie sich nur aus wenigen verstreuten Urkunden und Aufzeichnungen rekonstruieren läßt. Das Klosterarchiv ist möglicherweise bereits während des Dreißigjährigen Krieges, spätestens jedoch mit dem großen Stadtbrand von 1801 untergegangen.

Das Gebiet von Zehdenick liegt im Bereich der Eroberungen Albrechts II., einem Enkel Albrechts des Bären, und war wohl bereits im frühen 13. Jahrhundert durch eine deutsche Burg gesichert. Die sich anschließende, zunächst hauptsächlich slawische Siedlung – ihre frühesten Erwähnungen finden sich aus den Jahren 1211 und 1217 – wird 1281 erstmalig als Stadt (»civitas«) genannt.

Als im Jahre 1250 nahe bei der Ortschaft ein Kloster eingerichtet wurde, geschah dies wahrscheinlich in Folge eines Hostienwunderphänomens. Der dabei auftretende Vorgang einer blutenden Hostie wurde im Mittelalter häufiger berichtet, so z.B. innerhalb der Mark Brandenburg aus Beelitz (1247), Heiligengrabe (1287) und Wilsnack (1384). Eine Gründungsurkunde des Klosters, die genaueren Aufschluß über die Art und Weise des Phänomens geben könnte, ist nicht erhalten. Dessen legendäre Schilderung durch den märkischen Chronisten Andreas Angelus findet sich im nebenstehenden Kasten.

Von der wahrscheinlich zunächst am Ort des »Wunders« innerhalb Zehdenicks errichteten Kapelle ist außer dem Namen im heutigen Stadtbild (Kapellenstraße) nichts geblieben. Das im Zuge der Einrichtung einer Wallfahrtsstätte gestiftete Frauenkloster war zwar nach Zisterzienserstatuten reglementiert, wurde jedoch vermutlich nie offiziell in den Orden inkorporiert. Das Kloster gehörte zur Diözese Brandenburg, und einiges deutet darauf hin, daß der Bischof eine kontinuierliche Aufsichtsfunktion ausübte.

Stifter waren die beiden gemeinsam regierenden Markgrafen von Brandenburg aus dem Haus der Askanier, Johann I. und Otto III., die damit möglicherweise einem Vorschlag ihres franziskanischen Beichtvaters Hermann von Langele zustimmten. Bereits 1254

**Sage vom Wunderblut**
(Andreas Angelus, 1598)

Vom Wunderblut zu Zehdenick /
Vnnd von der Stifftung des Closters daselbst. Im itztgedachten 1249. Jar hat ein Weib zu Zehdenick [...] eine geweihte Oblate in Wachs gedruckt vnd vor Jhre Bierfasse begraben / damit die Leute jhre Bier desto lieber möchten holen und trincken. Da sie aber hernach einen scharffen Gesetzprediger gehöret / ist sie dadurch zur erkendnis jhrer begangenen Sünde gekommen. Vnd ob ir wol eine schwere Busse (nach Papistischem gebrauch) von jhrem Beichtvater ist aufferleget worden: Dennoch hat sie sich in jhrem hertzen vnd Gewissen nicht können zufrieden geben / biß die Sache recht an den Tag käme / vnd von jhr selber ausgebracht würde. Hat demnach solches dem Pfarherrn zu Zehdenick geoffenbaret / wie auch / da es der Pfarherr nicht hat glauben wollen / dem andern gemeinen Volck. Darauff hat man im Keller angefangen zugraben / vnnd ist an dreyen oder mehr örtern Blut heraus gequollen / daß sich auch die vmbstehenden sehr darüber verwundert. Die Blutige erde hat man darauff außgegraben / vnd in die Kirche getragen mit grosser Reuerentz. Da das gerüchte außkommen / ist ein grosser zulauff von allen örten her gen Zedenick worden / vnnd sind unter andern auch dahin kommen / Bischoff Ruthgerus von Brandenburg / vnd die beyden Marggraffen / Johannes vnd Otto / gebrüdere / sampt jhrer Schwester Mechtild / Hertzogin zu Braunschweig vnd Lünenburg. Zum gedechtnis dieser geschicht hat man allda / mit raht Bruders Hermanni von Langele / Lectoris im Grawen Closter zum Berlin / der der Marggraffen Beicht Vater gewesen / ein Jungfrawen Closter Cistercienser Ordens gestifftet und auffgerichtet in folgendem tausend zwey hundert vnnd fünffzigsten Jahr / wie in vnser Marchia etwas weitleufftiger sol angezeiget werden.

erfolgte die päpstliche Bestätigung des Klosters durch Alexander IV. War es anfänglich noch der heiligen Maria und dem heiligen Georg geweiht (»in honorem beatae mariae virginis ac sancti georgii martiris constructum«, Urkunde von 1289), so erscheint der spätere Name »zum heiligen Kreuz« zuerst in einer päpstlichen Schutzurkunde des Jahres 1409 (»monasterium sanctae crucis in cedenic«). Die Gründe und der genaue Zeitpunkt dieser Veränderung sind nicht bekannt. Nach der Erbteilung der Mark Brandenburg im Jahre 1258 fiel es in den sog. »johanneischen« Besitzteil, wurde aber auch von Otto III. weiterhin gefördert. In den ersten Jahrzehnten seiner Existenz waren massive Unterstützungsmaßnahmen notwendig, um die Fertigstellung der Klostergebäude zu gewährleisten. So finden wir in verschiedenen durch die kirchlichen Schirmherren ausgestellten Urkunden Ablässe für diejenigen Christen, die sich bereit fänden, Beiträge zu den Klosterbaumaßnahmen zu leisten:

Aus dem Jahr 1255 hat sich ein Ablaßbrief des Bischofs Otto von Brandenburg erhalten, der zur finanziellen Unterstützung oder praktischen Mithilfe bei der Errichtung der Klosterkirche aufruft; von 1287 und 1289 finden wir ähnliche Aufrufe des Erzbischofs Erich von Magdeburg, wahrscheinlich bezogen auf den Ausbau der Klausurgebäude sowie weitere Wirtschaftsbauten.

Nach dem Aussterben der Askanier im Jahre 1319 scheinen in der Folgezeit zunächst die Grafen von Lindow, Herren des benachbarten Ruppiner Landes, eine Schutzfunktion auszuüben, bevor sich ab 1340 die neuen Wittelsbacher Markgrafen des Klosters annehmen.

Zehdenicker Äbtissinnensiegel, 13./14. Jahrhundert

Im wechselnden Macht- und Fehdebereich von Pommern, Mecklenburgern und Brandenburgern gelegen, wird das Kloster im 14. und frühen 15. Jahrhundert öfter bedroht oder sogar geplündert. Aus dieser Zeit stammt dann auch die Anrufung des päpstlichen Schutzes von 1409. Da jedoch die Ausfertigung einer solchen Urkunde für den Auftraggeber sehr teuer sein konnte, ist diese vielleicht ein Indiz für eine entspannte Wirtschaftslage des Klosters trotz der unruhigen Zeiten.

Als 1438 das Schloß an die Familie von Arnim fiel, wurde ihr von markgräflicher Seite auch der Schutz des Klosters und seiner Güter aufgetragen. Andererseits war es auch ein Hans von Arnim, der das Kloster 1464 zu plündern versuchte, wobei uns ein Zeitgenosse vom Mißlingen dieser Tat aufgrund des beherzten Eingreifens von Äbtissin und Nonnen berichtet.

Von Zehdenicks Beziehungen zu anderen Konventen sind lediglich Gebetsgemeinschaften mit den Zisterzienserinnen des Klosters Seehausen (1330) und den Benediktinernonnen des Verdener Marienklosters (1394) beurkundet.

Während wir aus einer Aufzählung im Text der letztgenannten Urkunde noch von siebzehn Nonnen in Zehdenick erfahren, entnimmt man den Akten der protestantischen Kirchenvisitatoren des Jahres 1541, daß das Kloster nunmehr fünfzig Nonnen beherbergt. Diese für ein Frauenkloster der Region stattliche Zahl unterstreicht dessen Bedeutung, die sich auch in dem umfänglichen Landbesitz, der den Klosterfrauen den Unterhalt sicherte, widerspiegelt. Er verteilte sich auf die Grafschaft Ruppin, die Uckermark und den Barnim und dürfte etwa achtzehn Dörfer umfaßt haben; die knappe Urkundenlage läßt allerdings keine exakte Aussage zu. Der letztliche Grundbesitzumfang, wie er sich auf einer Besitzstandskarte der ersten Hälfte des 16. Jahrhunderts darstellt, ergibt sich aus einer Reihe von Veräußerungsurkunden, dem Landbuch der Mark Brandenburg aus der Zeit Karls IV. sowie einer Klosterrechnung von 1560, also aus der Zeit nach der Säkularisierung, in der das Kloster bereits Abgaben an Landesherrn und Kreishauptmann zu entrichten hatte.

Demnach waren zu dem Zeitpunkt im Klosterbesitz 608 Schafe, 84 Rinder, 88 Schweine, 28 Pferde sowie 70 Gänse. Die aus der Rechnung resultierenden

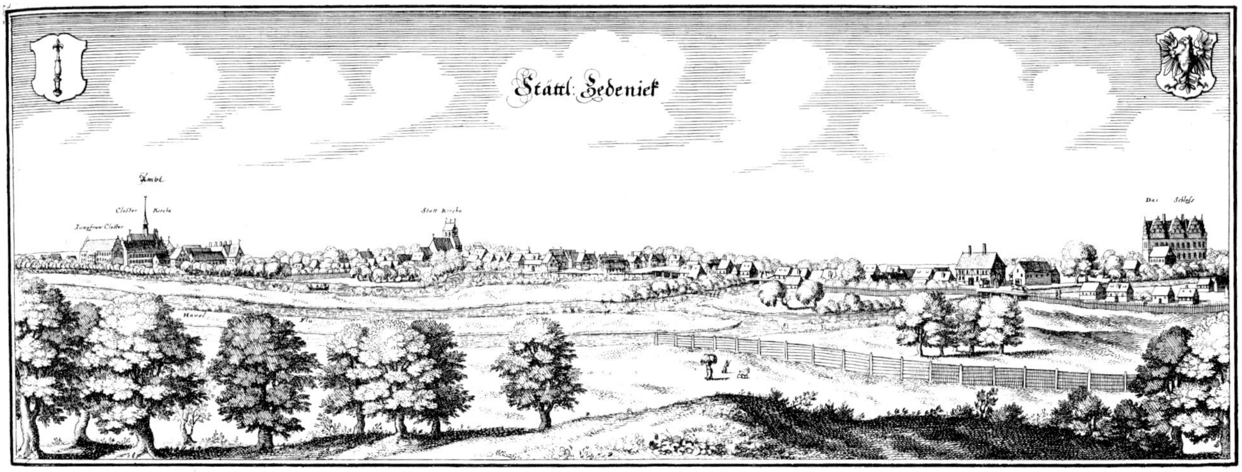


Zehdenicker Stadtansicht mit »Jungfrauenkloster«, Matthäus Merian, 17. Jahrhundert

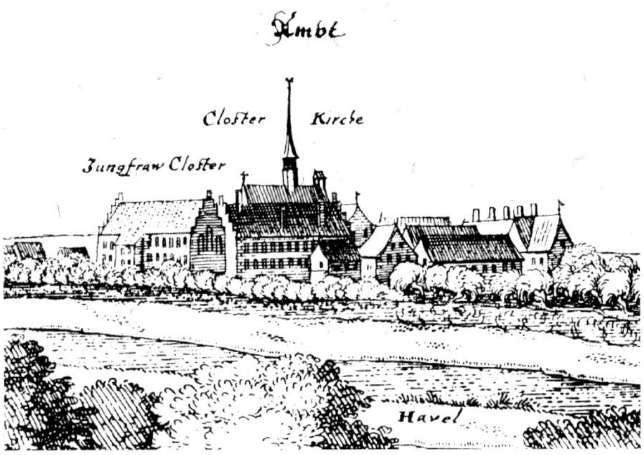


Ausschnitt aus dem Merian-Plan

Einkünfte betrugen 683 Schock 53 Groschen an Bargeld (1 Schock = 60 Stück), darüber hinaus Getreide im doppelten Wert dieser Summe, was nach Abzug der Ausgaben 350 Taler zum Unterhalt des Klosters zurückließ. Es ist schwierig, diese Zahlen auf heutige Maßstäbe umzurechnen; als Anhaltspunkt für die Kaufkraft mag jedoch der Hinweis dienen, daß man damals für einen Groschen ein Huhn, für etwa einen Taler einen Eimer Honig erwerben konnte.

Einen nicht unwesentlichen Beitrag zu den Einnahmen leistete auch die Opferbereitschaft der Wallfahrer nach Zehdenick. Als Beweis ihrer Wallfahrt

Zeichnung der Ruine, Superintendent Kirchner, 1857

wurde den Pilgern ein mit drei roten Flecken versehenes Abzeichen aus Blei in Form einer Hostie mitgegeben, allerdings fand dieser Brauch mit der Säkularisierung des Klosters 1541 ein jähes Ende.

Die von einer Visitationskommission im Auftrag des Kurfürsten eingeführte neue Ordnung erlaubte zwar die weitere Existenz eines evangelischen Konventes, geführt von einer Domina an Stelle der Äbtissin, das Wunderblut aber (»damit so lang abgotterei getriben«) und andere bis dahin feste Institutionen des Frauenklosterbetriebes mußten verschwinden. Dies galt auch für das Amt des Propstes, dessen Funktion in der Güterverwaltung von nun an vom kurfürstlichen Amtmann in Zehdenick (bzw. in höherer Instanz vom Kreishauptmann) wahrgenommen wurde.

Es ist ein vielerorts beobachtbares Phänomen, daß die Regelauslegung im Laufe der Zeit in den Klöstern weniger streng gehandhabt wurde und die Sitten verfielen. Auch in Zehdenick hatte die Moral gelitten, was von der Visitationskommission in Briefen an den Kurfürsten heftig beklagt wurde. Selbst wenn wir in ihnen ein wenig vorauseilenden Gehorsam vermuten, so ist der dort vermittelte Eindruck des Zehdenicker Klosterlebens sicher nicht völlig falsch. Die Visitatoren schreiben u.a., daß die Klöster Orte seien, an denen züchtig und still gelebt werden sollte, jedoch »nicht leichtfertigkeit und vollsaufen und aus- und einlaufen oder dgl. getrieben sol werden, wie wir dan die zeit, [da] wir aldo gewesen, etliche volle, trunkene und unbescheidene leute sahen ein- und ausgehen.«

In der Folgezeit verlor das Kloster seine Bedeutung: Im 17. Jahrhundert war die Zahl der Stiftsinsassinnen bis auf sieben zurückgegangen, und auch die Bausubstanz konnte nur noch notdürftig erhalten werden, Teile des Klosters waren sogar als Baumaterial freigegeben worden. Dennoch existierte das adlige Fräuleinstift bis 1945.

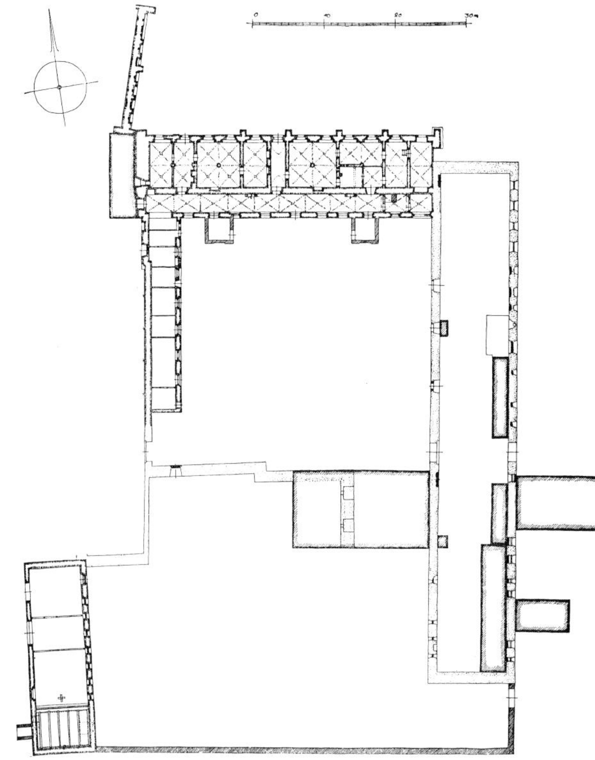

Grundriß der erhaltenen Klostergebäude

## Die Klostergebäude

Auffällig ist die sparsame Ziegelverwendung in der ältesten Bausubstanz des Klosters. Dies erstaunt um so mehr, als sich in der Umgebung von Zehdenick reichlich Ziegelerdelagerstätten finden, die sogar zu späterer Zeit, mit der aufkommenden Industrialisierung, Zehdenick zu einem Zentrum des märkischen Ziegeleiwesens werden ließen.

Da es nicht an den fehlenden technischen Fertigkeiten liegen konnte – bei anderen Klöstern der Region finden sich zur gleichen Zeit hervorragende Beispiele der Backsteinbaukunst –, müssen andere Gründe dafür gesucht werden. Möglicherweise beinhaltete der Erstausstattungsbesitz des Klosters nur geringen Forstbestand, so daß das Brennen der Ziegel, verglichen mit dem Heranschaffen des reichlich vorhandenen Feldsteinmaterials der näheren Umgebung, ein zu teurer Vorgang war. Denkbar ist aber auch eine Übernahme der Bauweise vom nahen und nicht lange zuvor errichteten Frauenkloster in Lindow, das in seinen älteren Teilen ebenfalls in Feldstein errichtet wurde. Es scheint hinsichtlich seiner Anlage einen Vorbildcharakter für das Kloster von Zehdenick gehabt und vielleicht sogar ganz oder in Teilen dessen ersten Konvent gestellt zu haben.

Ostflügel von Norden

Vom ursprünglichen Klostercharakter, in den sich neben seinen spiritualen und ökonomischen Zügen besonders in einem Frauenkloster auch herrschaftliche Elemente mischten, können heute nur noch wenige, teilweise stark ruinöse Gebäudeteile Zeugnis ablegen. Auf einem Kupferstich des Matthäus Merian aus der Mitte des 17. Jahrhunderts ist das Kloster dagegen noch in seinem vollen Umfang zu erkennen. Gut sichtbar sind dort die in Richtung Stadt vorgelagerten Wirtschaftsgebäude, darunter das Brauhaus mit seinen vielen Kaminen. Es war der Ursprung der seinerzeit regional bekannten »Zehdenicker Klosterlauge«. Heute werden die letzten mittelalterlichen Impressionen im wesentlichen von der Ruine des Ostflügels und dem Inneren des Nordbaus vermittelt.

**Der Ostflügel**

Der siebzig Meter lange massive Feldsteinbau, im 13. Jahrhundert als eines der ersten Klostergebäude errichtet, beinhaltete im Untergeschoß den Kapitelsaal, während das Obergeschoß als Dormitorium diente. Die mächtige, Efeuumrankung des Gebäudes – angeblich eine der ältesten ihrer Art in Europa; die Sage will die Pflanzen sogar auf die erste Äbtissin zurückführen – war wohl einer der Gründe, warum Superintendent Kirchner bei seinen Untersuchungen des Ortes in der zweiten Hälfte des 19. Jahrhundert noch keine Spur eines Kreuzgangs am Gebäude fand. Erst durch Grabungsarbeiten in den 1930er Jahren gelang der Nachweis desselben mit einem inneren Quadrat von 32 × 32 m.

Die Dicke des Findlingsmauerwerks beträgt ca. 1,3 m. Während die großen Spitzbögenfenster noch von Feldsteinen gerahmt werden, sind die zahlreichen Obergeschoßfenster nach oben durch segmentförmige Ziegelbögen geschlossen. Eine Stilveränderung in der Mauerungstechnik könnte darauf hindeuten, daß der Ostflügel erst später, mit zunehmender Größe des Konvents, nach Süden verlängert wurde.

Es finden sich keine Gewölbeansätze, so daß man Balkendecken vermuten kann. Eine Unterkellerung deutet sich an der Nordseite an, wo sich ein schmales Fenster dicht über dem Erdboden befindet. Die noch auf dem Stich von Merian erkennbare Staffelgiebelung ist heute nicht mehr nachweisbar. Vielleicht dienten nach 1650 neben den Dachziegeln auch die Abtreppungsziegel zum Bau des Schlosses für die Kurfürstin

Ostflügel vom Innenhof

Konsole aus dem Kreuzgang

Nordflügel mit Treppenturm

Luise Henriette in Oranienburg – ein Schicksal, das auch andere Ziegelbauten des umgebenden Landstrichs teilten. Auf dem Merianschen Stich noch solide erscheinend, war der Bau bereits 1746 ruinenhaft und, wie eine zeitgenössische Quelle berichtet, in Gefahr, abgerissen zu werden.

## Nordbau

Dieses etwa vierzig Meter lange Gebäude wird wohl ursprünglich durch Kalefaktorium (Wärmestube) und Refektorien (Speisesäle) im Erdgeschoß, Kleiderkammern und Schneiderstuben im Obergeschoß genutzt worden sein. Die elf quadratischen Räume des Erdgeschosses sind mit Kreuzrippengewölben überdeckt und durch mittlere Rundpfeiler gestützt. Der südlich vorgelagerte Kreuzgang wird ebenfalls von elf Gewölben auf rechteckiger Grundfläche überdeckt. Die Konsolen und Schlußsteine der Backsteinrippen zeichnen sich durch ihre ordenstypische reichhaltige Blatt- und Früchteornamentik aus. Zwei der Gewölbekonsolen in Form von menschlichen Köpfen lassen sich aufgrund ihrer charakteristischen Augenpartien auf das 14. Jahrhundert datieren. Im 18. und 19. Jahrhundert war dies der in sechs Wohnungsbereiche aufgeteilte Wohntrakt der Konventualinnen. Heute befindet sich im Erdgeschoß eine Kunsthalle, im Ober-

Gewölbe im Nordflügel

Weibliche und männliche Kopfkonsole, 14. Jahrhundert

Erhaltener Teil des Kreuzganges am Nordflügel

Westflügel

Dominat

geschoß eine Ehe- und Familienberatungsstelle des evangelischen Diakonischen Werks.

Auf der Außenseite verliert sich der mittelalterliche Eindruck, die deplaziert wirkenden äußeren Treppenhäuser sind erst nach dem großen Brand von 1801 anstelle von Freitreppen dort angefügt worden.

An den Westteil des Flügels schließt sich im Norden ein durch Lisenen gegliederter Rest der Ostmauer eines der Wirtschaftsgebäude an. Auf dem Merianschen Stich ist dieses noch als Ganzes, auf einem Plan der Stadtgebäude kurz vor dem großen Brand zumindest noch in seinem Grundriß zu erkennen.

**Westflügel**

Dieser Bereich wurde baulich stark verändert. Erhalten hat sich hier nur der Rest des Kreuzgangs ohne Einwölbung. An seiner Westwand bildet sich noch das Gewölbe des anschließenden Gebäudes ab: ehedem der Wohntrakt der weiblichen Konversen mit Schlafsaal im Obergeschoß, Wirtschaftsbereich im Erdgeschoß sowie dem als allgemeinen Lagerraum dienenden Klosterkeller.

**Kirchenreste / Dominat**

Restaurationen und bauliche Veränderungen der heutzutage verschwundenen Kirche sind aus den Jahren 1649, 1737 und 1741 überliefert. Endgültig zerstört wurde sie bei dem Zehdenicker Stadtbrand von 1801. Der Merianische Stich zeigt auf der Südseite der Klausur lediglich das vergleichsweise kurze, mit einem schlanken Reiter bekrönte Dach und den mit einem Kreuz abgeschlossenen Giebel. Im Westen deutet sich ein Staffelgiebel an. Die Dachlänge legt einen eingezogenen, vermutlich rechteckigen Chor mit niedrigerem

»Klippscheune«, Blick von Süden …

… und von Westen

Dach nahe. In kurzem Abstand strich der lange Ostflügel vor dem Ostende der Kirche vorbei. Im Inneren des Gebäudes ist die vormalige Existenz einer hölzernen Nonnenempore zu vermuten, wie sie in ähnlicher Art in den meisten Nonnenklöstern üblich war. Die Maße der Kirche betrugen 36 × 10,8 m, erhalten sind jedoch nur noch Reste der Nord- und Südmauer. Teile davon sind als Wände mit dem Anfang des 19. Jahrhunderts neu errichteten Dominat, also dem Wohnhaus der Domina, verbaut worden.

**Die »Klippscheune«**

Wie Ostflügel und Kirche eine Feldsteinkonstruktion, schließt dieses Gebäude heute den Friedhof westlich ab. Im Vergleich zum Ostflügel ist die Bauausführung sehr roh. Im Obergeschoß finden sich ungleichmäßig verteilte Spitzbogenfenster, die heute vermauert sind. Möglicherweise befand sich hier zur der Zeit der Säkularisierung ein im Bericht der Visitationskomission erwähntes Internat. Der Verwendungszweck ist jedoch nicht völlig klar.

In das Reich der Legende gehört die Existenz eines unterirdischen Ganges zum Kloster Himmelpfort, mit dessen Hilfe sich Nonnen und Mönche zum Stelldichein treffen konnten. Gänge dieser Art wurden auch andernorts immer wieder im Volk berichtet. Ganz abgesehen von seiner mit ca. zwanzig Kilometer ungewöhnlichen Länge und der notwendigen Unterquerung von Havel und Stolpsee sollte dieses Exemplar als besondere Spezialität auch noch mit der Einlagerung von etwa fünf Tonnen Gold aufwarten!

## Das »Hungertuch«

Von den wenigen erhaltenen Schätzen des Klosters ist das sogenannte »Zehdenicker Hungertuch«, das vermutlich noch aus dem 13. Jahrhundert stammt, kunsthistorisch von besonderem Interesse.

Es handelt sich um ein weißes, ursprünglich teilweise farbiges Tuch mit den Maßen 379 × 160 cm, versehen mit Fileteinsätzen und Leinenstickerei. Motivisch werden in den sechsundsiebzig Abbildungen des Tuches Szenen der Passion Christi, aus dem Leben der Maria, Evangelistensymbole, Fabelwesendarstellungen und verschiedene ornamentale Elemente in ungewöhnlicher Weise miteinander verknüpft. Auch astrologische Motive arabischen Ursprungs lassen sich in der Gestaltung nachweisen. Die gleichsinnige Anordnung der beiden lateinischen Schriftzeilen – übersetzt: »Es steht fest, daß auf dem Altar Fleisch von Brot erschaffen wird. Dieses Brot ist Gott. Wer daran zweifelt, ist schuldig. Die Speise, die auf dem Altar dargeboten wird, ist heilbringend, wenn man sie zu sich nimmt.« – deutet auf die Funktion des Tuches als Wand- oder Altarbehang, vielleicht für die Fastenzeit (daher »Hungertuch«). Auf einer überhängenden Decke wären sie wohl gegensinnig orientiert worden. Gegenwärtig ist das Tuch in der Berliner Nikolaikirche ausgestellt. In Zehdenick selbst wird statt dessen eine Farbkopie des Altartuches in der Größe des Originals gezeigt.

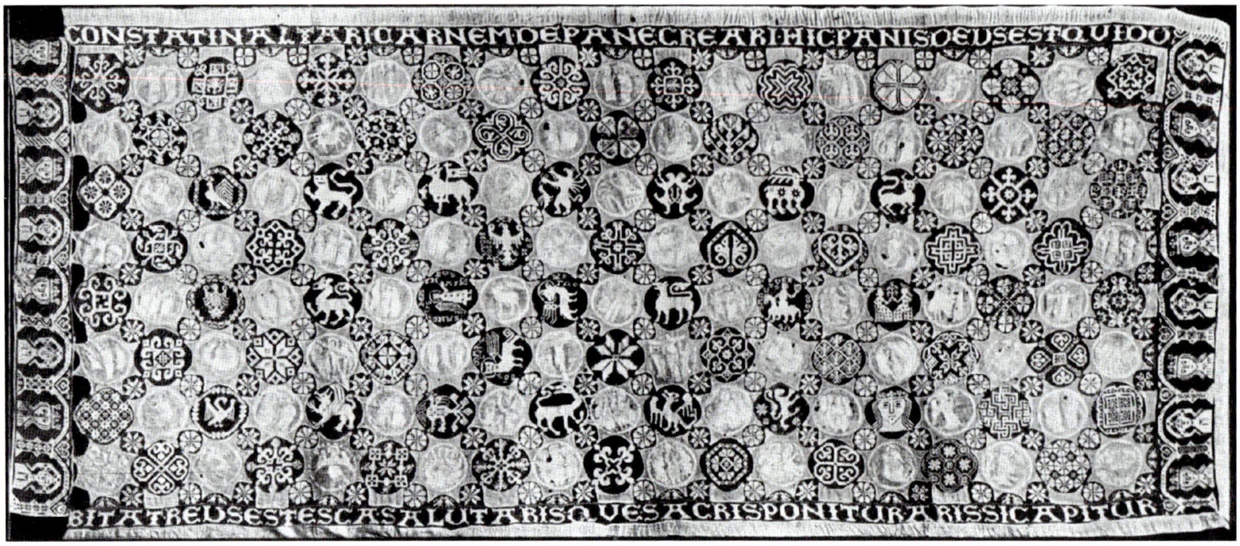

Zehdenicker Hungertuch, 13. Jahrhundert

## Touristische Informationen

Die Havelstadt Zehdenick ist ein Zentrum des märkischen Wassersporttourismus. Der Besucher hat, sofern er nicht bereits zu Wasser eintrifft und die gut ausgestatteten Liegeplätze nutzt, die Möglichkeit, bei einer Vielzahl von Bootsverleihen alles vom Surfbrett bis zum Segelboot zu mieten, um damit Ausflüge in die Umgebung zu unternehmen. Ein besonders interessantes Ziel ist die im Norden der Stadt beidseitig der Havel gelegene, teilweise rekultivierte Zehdenicker Tonstichlandschaft, ein Resultat der industriellen Ziegelproduktion, das sich besonders gut vom Wasser her erschließt.
Die Nähe zum Biosphärenreservat Schorfheide, dem größten zusammenhängenden Waldgebiet Deutschlands, lädt den naturliebenden Wanderer zu Ausflügen ein. Auf besonderen Wunsch veranstaltet die Oberförsterei Kremserfahrten und Rundgänge unter fachlicher Anleitung des Forstpersonals.

**Anfahrt**
Mit dem **Auto** ist Zehdenick von Berlin aus am besten über die A 10 und die B 167 zu erreichen, mit der **Bahn** von Berlin Westkreuz im Zweistundentakt in Richtung Templin.

**Auskünfte**
Fremdenverkehrsbüro Zehdenick
Schleusenstraße 15 / Elisabethmühle
16792 Zehdenick
Tel.+Fax: (033 07) 28 77
http://www.fremdenverkehrsbuero-zehdenick.de
http://www.zehdenick.de

**Klosterführungen**
Pfarrer Rahner i.R.
Tel.: (03307) 31 33 84

**Klosterscheune / Galerie**
Tel.: (033 07) 31 07 77, Fax: 302 95 49
April–Sept. Mi–So 13–18 Uhr
Okt.–März Mi–So 13–17 Uhr

**Ziegeleipark Mildenberg**
April.–Okt. 10–18 Uhr

**Oberförsterei / Forstführungen**
Tel.: (033 07) 24 76

# Ziesar

monasterium beatae mariae virginis
sanctimonialium in seghesere

*Stephan Worch*

## Lage und Entstehung

Unweit des malerischen Fläming, eines eiszeitlichen Höhenzugs im Südwesten der Mark Brandenburg, liegt am Rande des Fiener Bruchs das bereits 948 erstmalig erwähnte Ziesar. Mit der Rückgewinnung Brandenburgs von den Slawen in der Mitte des 12. Jahrhunderts wurde es Tafelgut des Bischofs und die strategisch bedeutende Burg dessen häufiger Aufenthaltsort.

Das 14. Jahrhundert brachte Veränderungen in die Stadt, und das nicht nur durch die Ankunft der Zisterzienserinnen:

Seit 1337 war man im Besitz des Stadtrechtes nach Magdeburger Vorbild. Überdies hatte der Bischof Ziesar zu seiner alleinigen Residenz gewählt, ein Status, der sich für mehr als zweihundert Jahre bis zum letzten Träger dieses Titels erhalten sollte. Das Frauenkloster wurde baulich in die Stadt eingegliedert, indem man mit der teilweisen Übernahme der Gebäude eines Franziskanerkonventes bereits vorhandene Substanz

nutzte. Die Franziskaner waren einige Jahrzehnte zuvor nach Brandenburg übergesiedelt. Insbesondere die städtische Pfarrkirche, die von nun an dem Kloster unterstand, diente als Basis neuer Anbauten. An der westlichen Stadtgrenze gelegen, erstreckte sich der ummauerte Klosterbezirk vom Frauentor an auf der Südseite des Breitenweges.

### Geschichte

Eine Überlieferung der Klostergeschichte ist nur sporadisch vorhanden, stützende Dokumente aus dem Klosterarchiv sind nicht mehr erhalten und möglicherweise sogar schon vor der Säkularisierung beim Stadtbrand von 1514 verlorengegangen.

Die erstmalige Erwähnung des Klosters findet sich im Zusammenhang mit einer Schenkung des in Ziesar residierenden Bischofs Ludwig von Brandenburg aus dem Jahr 1341. Er war auch der Gründer des Konvents, wie man aus einer erzbischöflich-magdeburgischen Urkunde von 1345 erfährt. Obwohl das genaue Gründungsdatum nicht überliefert ist, deutet der Wortlaut verschiedener Urkunden dieser Jahre auf eine Ansiedlung der Nonnen zwischen 1330 und 1340. Wie erwähnt, ist es wahrscheinlich, daß dabei auch Gebäude des vormaligen Franziskanerkonventes genutzt wurden. Die Tatsache, daß Ziesar als einziges Kloster der Diözese Brandenburg von der Prokuration, also der Bewirtungspflicht gegenüber Bischof und Gefolge, ausgenommen war, beweist die gute Verbindung zum Stifter und dessen Nachfolgern.

1354 wurden die Nonnen zuerst als dem Zisterzienserorden zugehörig benannt (»... sanctimoniales ordinis cysterziensis in zegeser ...«). Ihre Anzahl ist unbekannt, sie kann jedoch nicht sehr groß gewesen sein, da der Klosterbesitz zu keiner Zeit umfänglich war. Er konzentrierte sich, von wenigen Ausnahmen abgesehen, auf Ziesar und die unmittelbare Umgebung und war in seiner nur wenig geschlossenen Form durch streuende Erwerbungen und häufige Veräußerungen auch starken Wandlungen unterworfen. So besaß das Kloster beispielsweise zwischen 1361 und

Ziesar um 1710 mit Kloster und Burg, D. Petzold

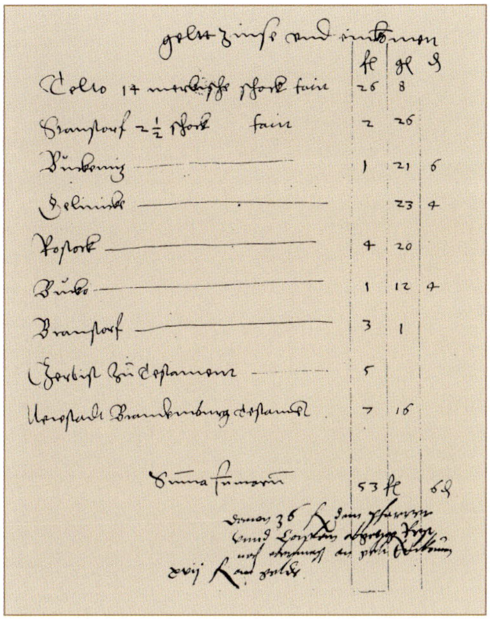

Über die Wirtschaftstätigkeit des Klosters kurz vor seiner Auflösung gibt eine Rechnung des Jahres 1541 Aufschluß: Sie weist als Jahreseinnahme etwa 53 Gulden an Bargeld und 42 Wispel Getreide auf.

| Ortsname | Wispel | Scheffel | Gulden | Groschen | Pfennige |
|---|---|---|---|---|---|
| Brandenburg | | | | | |
| (Neustadt) | | | 7 | 16 | |
| Buckau | | 5 | 1 | 12 | 4 |
| Bücknitz | 13 | 4 | 1 | 21 | 6 |
| Glienicke | 2 | 12 | | 23 | 4 |
| Gloine | | 8 | | | |
| Ketzin | 6 | | | | |
| Köpernitz | 1 | 10 | | | |
| Lübars | | 4 | | | |
| Pramsdorf | | 8 | 3 | 1 | |
| Rottstock | 5 | 6 | | | |
| Stahnsdorf | | | 2 | 26 | |
| Teltow | | | 26 | 8 | |
| Zerbst | | | 5 | | |
| Ziesar | 12 | 21 | | | |
| | 42 | 6 | 53 | | 6 |

Aufschlüsselung der Geld- und Getreideabgaben

1382 aufgrund einer Schenkung kurzzeitig die Seemühle von Ziesar, die es aber wieder im Tausch gegen einige Hebungen aus dessen Besitz an den Brandenburger Bischof abtrat. Mit anderen Teilen der Güter verhielt es sich ähnlich. Vorübergehende Einkünfte aus dem Teltow, dem Havelland oder dem Anhaltischen wurden jeweils wieder veräußert, vielleicht aufgrund ihrer Entlegenheit.

Auch eine Verlegung des Klosters selbst stand mehrfach zur Debatte, allerdings wohl mehr aus Sicherheitserwägungen. So machte Markgraf Ludwig der Römer dem Konvent 1354 das Angebot, vom unbefestigten Ziesar (»loco non munito«) nach Rathenow überzusiedeln, und auch in einer Urkunde des Jahrs 1361 wird noch eine mögliche Verlegung erwähnt. Nichts derartiges wurde jedoch durchgeführt, was vielleicht mit der etwa zu dieser Zeit erfolgten Befestigung der Stadt zusammenhängt.

Verbindungen zu anderen Zisterzienserkonventen sind kaum dokumentiert, es findet sich lediglich die Aufnahme des Zehdenicker Propstes in eine Gebetsgemeinschaft aus dem Jahre 1363. Bis 1429 übte das Kloster das Patronat auch über die Kirche des zauchischen Göhlsdorf aus (verschenkt an das Kloster Lehnin), danach nur noch über die Pfarrkirche von Ziesar, die ja auch die Klosterkirche war.

Der Zeitpunkt der Klosteraufhebung ist nicht mehr genau zu ermitteln, muß aber wohl in den frühen 1540er Jahren angesetzt werden. Unter der Auflage, die Nonnen bis zu ihrem Ableben zu versorgen, scheint es zunächst mit allen Gütern an den Dietrich von Flans gegangen zu sein. 1562 wurde dann Kaspar von Flans durch den Kurfürsten mit dem früheren Klosterbesitz beliehen.

## Die Klostergebäude

Außer der Kirche sind nur noch zwei stumpfwinklig zueinander stehende, stark überbaute zweigeschossige Gebäudeflügel erhalten. Die Kloster und Kirche umgebende Mauer sowie weitere Wirtschaftsgebäude sind verschwunden.

Ehemalige Konventsgebäude, die nach der Auflösung des Klosters umgebaut wurden (Photo: Jan Stradtmann)

**Ost-West-Flügel**

Dieser Teil des ehemaligen Klosters beherbergte vormals eine Schule; vor kurzem wurde er mit Wohnungen ausgebaut. Erhalten haben sich einige Reste einer mittelalterlichen Backsteinstaffelgiebelung.

**Nord-Süd-Flügel**

Heute ist hier die Pfarrei untergebracht. Die Holzbalkendecke und das in der Mitte der Ostseite befindliche Portal mit geradem Sturz und seitlichen Sitznischen stammen aus der Renaissance. Das Gebäude weist einen zweigeschossigen Volutengiebel des frühen 17. Jahrhunderts auf, und über den barocken Fenstern des Erdgeschosses finden sich ebenfalls giebelartige Volutenverzierungen aus Backstein.

**Pfarr- und Klosterkirche (Hl. Kreuz)**

Der aus dem frühen 13. Jahrhundert stammenden Pfarrkirche von Ziesar wurde das Kloster erst später angegliedert. Auch heute noch beherrscht ihre Er-

Nordfassade des Ost-West-Flügels der ehemaligen Konventsgebäude. Links im Bild der (heute zugemauerte) Übergang zur Nonnenempore der Kirche. (Photo: Jan Stradtmann)

Ehemalige Kloster- und heutige Stadtpfarrkirche von Nordosten. In den kommenden Jahren sollen die Türen und große Teile des Dachstuhls saniert werden. (Photo: Jan Stradtmann)

Unten rechts: Westturm der ehemaligen Klosterkirche

scheinung das umgebende Weichbild und erinnert mit ihrer Wehrhaftigkeit an unfriedliche Zeiten in diesem Teil der Mark Brandenburg. Dabei waren die Bedrohungen durchaus vielfältig und die Stadt, abgesehen von der Burg, kaum befestigt. Zu rechnen war immer noch mit Übergriffen der sich der Kolonisierung widersetzenden Slawen (s.a. die Klöster Zinna, Lehnin), aber auch mit kriegerischen Auseinandersetzungen zwischen den ihre Herrschaften vergrößernden Fürsten der Region.

Der ursprünglich massive, einschiffige Granitquaderbau – erhalten hat sich diese Bauweise im dreigeteilten querrechteckigen Westturm – entstand wohl in der Nachfolge des Brandenburger Doms; er wurde mehrfach verändert. So erfolgten Umbauten von Hauptapsis und Chorjoch im zweiten Drittel des 14. Jahrhunderts. Im Frühbarock wurde eine Holztonne eingefügt, und zuletzt gab es 1860–62 »Romanisierungsversuche« des Gebäudes durch Werner, der den Südteil neu ausführte. Die westlich der Kirche liegenden Klosteranlagen waren durch das dreifach gestufte spitzbogige Backsteinportal des nördlichen Querflügels zugänglich.

## Burg Ziesar

Auch außerhalb des Klosters weist Ziesar historisch reichen Boden auf, gibt es doch kaum einen Zeitabschnitt, in welchem das Schicksal der Stadt nicht mit den großen Namen der Mark Brandenburg eng verknüpft war. Jedoch ist es bei der Annäherung aus einiger Entfernung, so zum Beispiel vom malerischen Steinbach her, immer noch das Mittelalter, welches das Stadtbild am meisten prägt: Abgesehen von der oben beschriebenen Klosterkirche erscheint die schloßartig ausgebaute Burg als dominierendes Element der Silhouette.

Die Wehranlage, deren älteste Teile aus dem 13. Jahrhundert stammen, geht auf eine slawische Befestigung zurück. Die Anlage entspricht einer typischen Randhausburg mit freistehendem Bergfried. Der innere Burghof ist umschlossen von der Burgkapelle, dem Torhaus, dem ehemaligen Palas mit angrenzendem, heute zweigeschossigen Gebäudeteil und dem ehemaligen Internatsgebäude im Süden des Hofes, das unter Einbeziehung von Resten der Burgmauer erst um 1860 in seiner heutigen Größe errichtet wurde.

In der Zeit des Auf- und Ausbaus der Anlage hatten märkische Ritter in der Burg ihren Sitz. Im 13. Jahrhundert siedelte sich die bischöfliche Verwaltung des Landes an; im Jahr 1327 wurde sie ständige Residenz

Burg mit Bergfried

Gesamtanlage der Burg mit Bergfried und Storchenturm (Photo: Jan Stradtmann)

Luftaufnahme der Burg von Ziesar, um 1950

der brandenburgischen Bischöfe. Nach der Reformation nahm der Kurfürst die Burg in Besitz und 1571 ließ sie in eine kurfürstliche Domäne umwandeln. Das blieb so bis 1819.

Besonders weit sichtbar ist der fünfunddreißig Meter hohe Bergfried aus dem 15. Jahrhundert. Sein oberer Renaissanceabschluß hat die Form einer Bischofsmütze. Er diente einst als Zuflucht für die Burg-

Burgkapelle und bischöflicher Wohnbau

Blick auf Ziesar

bewohner über einen Zugang in zehn Meter Höhe. Wer sich die einhundertsechsundzwanzig steilen Treppenstufen nach oben bemüht, wird mit einen herrlichen Blick in die Zauchelandschaft belohnt.

Die heute wertvollsten Teile des historischen Komplexes sind die 1470 geweihte, spätgotische Burgkapelle mit ihrer maßwerkgeschmückten südlichen Schaufassade, einem reich verzierten Portal und den gut erhaltenen Freskenmalereien im Inneren. Letztere sind jüngst sorgfältig restauriert worden.

Zu Pfingsten 2005 wurde in der mit über fünf Millionen Euro gründlich sanierten Burg ein »Museum für brandenburgische Kirchen- und Kulturgeschichte des Mittelalters« eröffnet. Die Dauerausstellung »Wege in die Himmelsstadt« befaßt sich u.a. mit der Christianisierung der Region vom 10. bis zum 13. Jahrhundert, der Gründung des heutigen Landes Brandenburg, der bischöflichen Herrschaft bis zum 16. Jahrhundert sowie den Beziehungen zwischen Bischöfen und Markgrafen.

## Touristische Informationen

**Anfahrt**

Man erreicht Ziesar mit dem **Auto** am besten über die A 2, die gleichnamige Ausfahrt ist nur 2 km von der Stadt entfernt. Doch auch die gut ausgebaute B 107 ermöglicht eine bequeme Anreise.

**Weitere Sehenswürdigkeiten in der Umgebung**

- Bischofsresidenz Burg Ziesar
- Kloster Lehnin
- Schloß Eisenhart in Belzig
- die Hakebuden in Treuenbrietzen
- Schloß und Schloßmuseum Reckahn
- Schloß Wiesenburg

**Auskünfte und Führungen**

Tourismusinformation Ziesar
Mühlentor 15a
14793 Ziesar
Tel.: (03 38 30) 65 41 01
http://www.ziesar.de

Kultur- und Heimatverein Ziesar e.V.
Schulstraße 8, 14793 Ziesar
Tel.: (03 38 30) 604 43

**Bischofsresidenz Burg Ziesar**

Mai–Sept. Di–So 10–18 Uhr
Okt.–April Di–So 10–17 Uhr
Tel.: (03 38 30) 122 40
http://www.burg-ziesar.de

# Zinna

Coena b. Mariae

*Oliver H. Schmidt, Marcus Cante*

## Lage und Geschichte

### Lage

Das Land östlich der Elbe war im Mittelalter längst nicht so klar strukturiert, wie man heute anzunehmen geneigt ist. Viele kleine Herrschaftsgebilde waren im 12. Jahrhundert hier entstanden, einige nur kurzzeitig existierend, andere jedoch von langfristiger Bedeutung. Zu letzteren zählte der Besitz des Erzbischofs von Magdeburg im »Land Jüterbog«. Es umfaßte die Region um die heutigen Städte Luckenwalde, Jüterbog und Dahme. Die Stadt Jüterbog wurde als östlicher Vorposten des Erzstiftes zum Zentrum des Fernhandels nach Schlesien, Polen und bis in die Ukraine ausgebaut. Sie wurde auch Sitz der Mutterkirche des Landes, Details dazu finden sich im Kapitel zum Nonnenkloster Jüterbog.

Nördlich der Stadt ergoß sich der Wiesenfluß Nuthe, heute in Potsdam in die Havel mündend, in ein

weites Sumpfgebiet, dessen Besiedlung problematisch war. Ortsnamen wie Werder künden noch von einer einstigen Insellage. Hier befanden sich auch eine slawische Fluchtburg und ein Dorf. Die zuziehenden Siedler deutschen Rechts bevorzugten die südlich Jüterbogs gelegenen fruchtbaren Höhenzüge, die den Ackerbauern besseren Ertrag verhießen.

Die Kolonisten kamen großenteils aus Flandern und der niederdeutschen Ebene, und die Größe ihrer Höfe errechneten sie nach dem Flächenmaß der flämischen Hufe. Diese beiden Umstände verhalfen ihrem Siedlungsraum zu seinem Namen: Fläming.

### Ein Kirchenfürst als Landesherr

Inmitten dieses Nuthesumpfes gründete der Landesherr, Erzbischof Wichmann von Magdeburg, im Jahr 1170 ein Männerkloster der Zisterzienser. Der Name Zinna, vermutlich einer slawischen Gewässerbezeichnung entlehnt, erinnert bis heute an den ursprünglichen Charakter der Landschaft. Er bezeichnete zunächst wohl nicht das Kloster, sondern das nächstgelegene Dorf und ist von diesem auf das Kloster übertragen worden. Dorf Zinna findet sich heute auf keiner Landkarte mehr, es wurde 1938 zwecks Erweiterung des Schießplatzes Jüterbog geräumt. Seine Häuser sind ab 1946 zur Heimat für Umsiedler aus dem nordböhmischen Industriegebiet um Gablonz (Jablonec) geworden – folgerichtig heißt es seitdem Neuheim.

### Ein schwieriger Beginn

Die Herkunft des Gründungskonventes, der 1171 die Klosterstelle besiedelt haben soll, ist nach wie vor ungeklärt. Die Gegend war noch keineswegs befriedet. 1179 brach das Verhängnis in Gestalt aufständischer Pommern und Wenden über die Lande des Magdeburger Erzbischofs herein. Wichmann wurde so seine treue Gefolgschaft für Kaiser Friedrich I. Barbarossa in dessen Konflikt mit dem Welfenherzog Heinrich dem Löwen vergolten. Die Klosterbaustelle wurde verwüstet, der erste Abt soll erschlagen worden sein. Die Entwicklung stockte in der folgenden Zeit, und das Kloster wird 1195 auf dem Generalkapitel in Cîteaux aufgefordert, das Betteln in Jüterbog zu unterlassen.

Links: Münze mit Bildnis des Heiligen Mauritius und des Erzbischofs Wichmann

Rechts: Slawischer Krieger

Jedoch werden dem Kloster von Seiten der Erzbischöfe fortgesetzt Dörfer übereignet.

### Politische Macht und wirtschaftlicher Reichtum

Erst ab 1220 tritt uns Kloster Zinna in gesicherteren Verhältnissen entgegen. 1221 bestätigte der Papst dem Kloster seinen Besitz und seine Rechte. 1226 erfolgte eine Kirchenweihe. Und um 1230 gelang mit dem Ausgreifen der Besitzungen auf den Barnim die endgültige wirtschaftliche Absicherung der Existenz des Klosters, denn der Barnimbesitz, etwa die Region zwischen Erkner und Strausberg umfassend, beinhaltete auch die Kalksteinvorkommen bei Rüdersdorf, deren Ausbeutung ein Monopol des Klosters und die Basis seines Reichtums wurde. Bis heute ist nicht sicher geklärt, wer den Mönchen diese bedeutende Erwerbung ermöglichte, die Wettiner, Askanier oder der Magdeburger Erzbischof. 1247 aber wurde der Besitz von den askanischen Markgrafen als Landesherrn anerkannt. Damit geriet das Kloster Zinna in eine wichtige politische Mittlerrolle zwischen den brandenburgischen Markgrafen einerseits und den Magdeburger Erzbischöfen andererseits. Der Abt mußte auf politischen Ausgleich zwischen diesen beiden Polen bedacht sein, um nicht am eigenen Besitz Schaden zu nehmen. Wir finden ihn bereits um 1300 häufig in der Nähe der Markgrafen, er wurde aber auch zur Streitschlichtung

Die Dörfer des Klosters Zinna auf dem Barnim

Besitzungen und Einkünfte des Klosters Zinna im Lande Jüterbog

zwischen Stadt und Erzbischof nach Magdeburg gerufen. Mit der Etablierung der Hohenzollern in der Mark gestaltete sich das Verhältnis zu Brandenburg sogar noch enger.

Spätestens ab 1285 wird die immense wirtschaftliche Bedeutung des Klosters deutlich. In diesem Jahr erwarb man durch Kauf den Burgort Luckenwalde nebst elf zugehörigen Dörfern. Im Spätmittelalter entwickelte sich Luckenwalde zur Stadt. Der Klosterbesitz erreichte seine größte Ausdehnung ab 1307 durch eine nochmalige Erweiterung nach Norden und betrug nun annähernd 300 km$^2$.

Praktisch sämtliche Mühlen auf Klosterland befanden sich ebenfalls in Klosterbesitz. Mit der Stadt Treuenbrietzen kam es darüber zu erheblichen Auseinandersetzungen, hatten doch die Bürger den Mönchen das Wasser- und Mühlenrecht für ihre technologische Unterstützung beim Bau der Stadtmauer abgetreten – und es bald bitter bereut.

Ein Netz von Stadthöfen in Berlin, Strausberg, Jüterbog, Treuenbrietzen und Wittenberg diente dem Absatz der erwirtschafteten Überschüsse und einem bedeutenden Kapitalverkehr – das Bankwesen steckte ja noch in den Anfängen, und die Klöster verliehen häufig Geld zu Zinssätzen von um die fünf Prozent. Kloster Zinna kam unter den ostelbischen Zisterzen in der Organisation des Handels dem Vorbild der Klöster in den altbesiedelten Gebieten des Reichs am nächsten. Der Stadthof in Jüterbog ist bis heute erhalten, er ist das letzte derartige Zeugnis zisterziensischer Handelstätigkeit in Brandenburg. Leider ist er derzeit nicht öffentlich zugänglich.

### Geistiges und kulturelles Leben

Über das geistige Leben des Konventes sind wir kaum unterrichtet. Schon die Zahl der im Kloster lebenden Mönche ist uns unbekannt, ebenso ihre Herkunft oder ihre Motivation zum Eintritt in die Gemeinschaft. In Zinna ist jedoch gerade auch auf geistig-kulturellem Gebiet Großes geleistet worden. Ob der »Zinnaer Marienpsalter«, das womöglich erste gedruckte Buch des Zisterzienserordens überhaupt, tatsächlich im Kloster hergestellt oder nur von ihm bezahlt worden ist, ließ sich bislang nicht sicher feststellen. Als Psalter

Titelblatt des Zinnaer Marienpsalters

bezeichnet man eine Gebetsart zu Ehren der Muttergottes. Der 1492/93 entstandene Band mit annähernd fünfhundert Abbildungen auf einhundertsechzehn Seiten zeigt auf seinem Titelblatt Kaiser Friedrich III. mit seinem Sohn, dem römischen König Maximilian, die von geistlichen und weltlichen Gefolgsleuten umgeben werden und einer Maria im Strahlenkranz huldigen. Mit einer Mitra, der Kopfbedeckung eines Bischofs, ist Abt Nikolaus von Zinna über seinem Klosterwappen dargestellt, dessen Buchstabenfolge – MORS – Zinna als Gründung aus der Filiationskette der Primarabtei Morimond ausweist. Im Klosterwappen von Morimond sind die Buchstaben des Todes (MORS) um das Kreuz Christi gruppiert. Dieses Kreuz ist MORS und VITA, Tod und Leben, zugleich. Die überwiegende Zahl der von Morimond geführten

Die hl. Ursula als Schutzmantelmadonna

Die Gruppe Anna selbdritt über dem Ausgang beschützt die unter ihr Hindurchgehenden

Stülpe, Altarretabel der Wallfahrtskapelle auf dem Hohen Golm mit Marienfigur

Tochterklöster führt in ihren Wappen Variationen dieses Symbols.

Ein weiteres Zeugnis des klösterlichen Kunstschaffens stellen die erhaltenen Fresken in der Kapelle des Abteigebäudes dar, die um 1440 entstanden sind und zu den bedeutendsten spätgotischen Wandmalereien östlich der Elbe zählen. Dargestellt finden sich: Der heilige Andreas, wohl als Namenspatron des Stifterabts, der zu seinen Füßen steht; die heilige Ursula, die die unter ihrem Mantel versammelte Menschheit vor den drei Grundübeln Krieg, Hunger und Krankheit beschützt, symbolisiert durch die Dreizahl des Pfeilattributes; der heilige Sebastian, Schutzpatron gegen die Pest, damals ein tagesaktuelles Thema in dieser Region; Bernhard von Clairvaux, Schutzpatron der Zisterzienser; der heilige Mauritius, der ägyptische Schutzpatron des Erzbistums Magdeburg, hier gleichzeitig Hoheitszeichen des Landesherrn; die Gruppe Anna selbdritt, also die Drei-Generationen-Abfolge Annas, ihrer Tocher Maria und ihres Enkels Jesus Christus.

Nicht in Zinna selbst, sondern etwa fünfunddreißig Kilometer entfernt befindet sich ein anderes Kunstwerk aus klösterlichem Zusammenhang: Kloster Zinna war von spätestens 1437 an Besitzer einer Wallfahrtskapelle auf dem Hohen Golm, die jährlich an Johannis von Tausenden aufgesucht worden sein muß – es winkte ein vierzigtägiger Ablaß. Die Kapelle verfiel schon ab 1520, doch das Altarretabel mit der zentralen Marienfigur ist erhalten und schmückt heute die Dorfkirche von Stülpe, die auch die Glocke der Golmkapelle noch erklingen läßt. In der Sage ist der Golm bis heute lebendig, so erzählt man von einem angeblich dort vergrabenen Schatz, einem unterirdi-

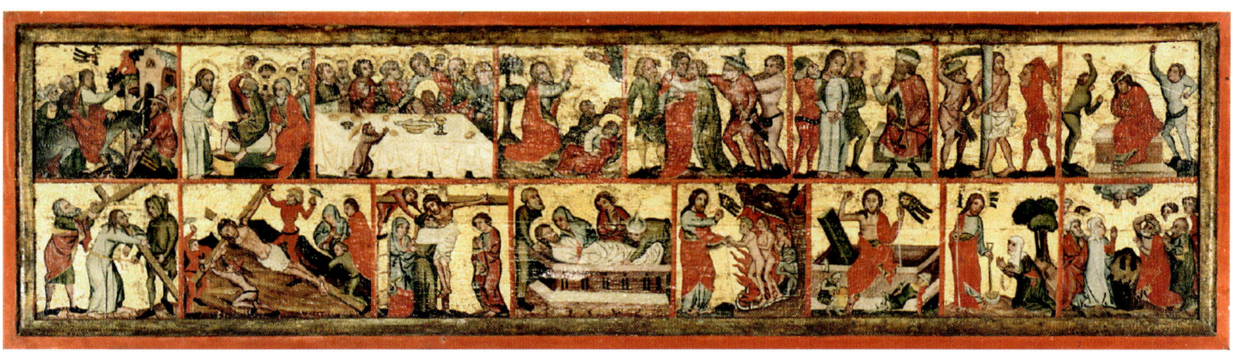

Diese prächtige Tafel mit der Darstellung des Leidensweges Christi befindet sich heute in der Pfarrkirche von Pechüle, kann aber einst den Konversenaltar des Klosters Zinna geschmückt haben (Photo: M. Hilbich)

Dorfkirche Pechüle (Photo: B. Janowski)

schen Gang zum Kloster oder den dort hausenden »Lüchtemännekens«, kleinen Wesen, die den Wanderer nachts in die Irre führen.

Ein zweites Altarretabel (um 1360/70) mit einer Darstellung der Passion Christi, wahrscheinlich aus der Klosterkirche selbst, nennt die Kirche des Dorfes Pechüle zwanzig Kilometer westlich von Zinna ihr eigen.

Von einem weiteren Kunstzweig, der Holzschnitzerei an Chorgestühlswangen, haben sich dagegen in Zinna selbst einige Reste von erstaunlicher Qualität erhalten. Sie lassen sich in das dritte Viertel des 14. Jahrhunderts datieren und wurden Ende des 15. Jahrhunderts ergänzt. Zum einen stehen drei mit Maßwerk verzierte Pultwangen in der südlichen Chorhälfte. Deren Reliefmedaillons stellen sitzende Propheten, die Verkündigung sowie die Auferstehung Christi dar. In der Nordhälfte befinden sich zum anderen zwei fast drei Meter hohe Pultwangen mit großformatigen Reliefs des Benedikt von Nursia und des Bernhard von Clairvaux.

**Reformation und Auflösung**

Im Gegensatz zur stillen Demut dieser Darstellungen stehen Berichte über das verfallende Klosterleben des 15. Jahrhunderts. Es häuften sich die Tage, in denen man »im refectorio eßens und drinckens halber ist frölich gewesen«, wie uns das Landbuch des Klosters aus dem Jahr 1480 anschaulich vor Augen führt. Zinna entfernte sich von den Grundsätzen des Ordens, und einer von nur drei zisterziensischen Studenten, die nach Luthers Thesenanschlag 1517 noch die Universität Wittenberg besuchten, kam von hier. Heinrich Greve promovierte dort 1520 bei Luther persönlich

Chorgestühlswangen in der Zinnaer Klosterkirche

Abdruck des Zinnaer Siegels, um 1490

und wurde 1536 Abt. Nebenbei sei erwähnt, daß in jener Zeit der Räuber Hans Kohlhase (das Vorbild für Kleists Michael Kohlhaas) die Gegend unsicher machte und auch mit dem Vogt des Klosters, einem weltlichen Beamten mit Polizeigewalt, in Konflikt geriet.

1539 war das magdeburgische Land Jüterbog ganz von lutherischen Territorien umgeben, auch die Stadt stand der Reformation freundlich gegenüber. Kloster Zinna war eine der letzten Bastionen des katholischen Glaubens inmitten einer protestantisch gewordenen Welt. Der Erzbischof als katholischer Landesherr versuchte dementsprechend alles, um das Kloster zu erhalten. Greve wurde abgesetzt, der Konvent verjüngt, Inspektoren geschickt, allein, es half nichts. 1553 resignierte der aus dem aufgelösten Lehnin gekommene Abt Valerian und verließ mit den letzten Brüdern das Kloster. Das monastische Leben in Zinna war Geschichte. Die großen Besitzkomplexe gingen an die Landesherren – der Barnimbesitz wurde als Amt Rüdersdorf hohenzollernsche Domäne, die Besitzungen im Land Jüterbog blieben zunächst magdeburgisch, kamen jedoch 1680 als Folge des Dreißigjährigen Krieges ebenfalls zu Brandenburg.

## Baugeschichte und -gestalt

Das heutige Gesicht der einst reichen und großen Klosteranlage ist ganz wesentlich von der Wiederaufbaupolitik Friedrichs des Großen nach dem Siebenjährigen Krieg geprägt.

1764 gründete der König neben der Klosterstelle die Stadt Zinna (seit 1902 offiziell »Kloster Zinna«), die zur Heimat für Weber und andere Handwerker werden sollte, die man vor allem aus der Oberlausitz anwarb. Dem Bau der Stadt, einer Regelsiedlung auf annähernd quadratischem Grundriß mit einem oktogonalen Marktplatz im Zentrum, fiel die Mehrzahl der Klostergebäude zum Opfer, die zur Materialgewinnung für den Siedlungsbau abgebrochen wurden.

Klosterkirche von Südosten. Erkennbar an den weniger sorgfältig bearbeiteten Partien des Mauerwerks ist der Anschluß des Ostflügels der Klausur an das Querhaus. Als typisches Merkmal für Zisterzienserkirchen besitzt auch die in Zinna keinen massiven Turm, sondern nur einen Dachreiter über der Vierung.

## Die Klosterkirche

Bei der Kirche handelt sich um eine dreischiffige spätromanische Pfeilerbasilika mit Querhaus, kurzem Chor und Apsis. An beiden Querhausarmen befinden sich jeweils zwei kleine Nebenkapellen, ebenfalls mit Apsis. Sie dienten vor allem der persönlichen Andacht der Mönche. Alle Apsiden schließen innen halbrund und außen polygonal. Spuren an der Westseite deuten auf eine ehemals vorhandene Vorhalle hin.

Schon vom Grundriß her ist die Kirche ein typischer Zisterzienserbau. Er wird beeinflußt durch die Zweckbestimmung als reine Klosterkirche. Es gab keinen Platz für Pilger oder eine Pfarrgemeinde, auch finden sich keine Umgänge für Prozessionen, dafür aber genügend Nebenaltäre für Einzelandachten sowie Platz für die Gestühle der Mönche und der Konversen. Nicht erhalten ist der Lettner, eine Trennmauer im Langhaus, die den Bereich der Mönche im Osten der Kirche vom Teil der Laienbrüder im Westen voneinander schied. Das Chorgestühl der Mönche, von dem wenige Reste in neuer Zusammenstellung übrig geblieben sind, reichte ehemals über die Vierung hinaus nach Westen. Deshalb wurden die westlichen Wandvorlagen nicht bis zum Boden herabgeführt, sondern abgekragt, eine weitere Eigenart vieler Zisterzienserkirchen.

Wegen der zahlreichen Gebetsverpflichtungen im streng geregelten Zeitplan der Mönche mußte die Klosterkirche gut erreichbar sein. Deshalb stand sie baulich in unmittelbarem Bezug zur südlich sich anschließenden Klausur, dem Lebensbereich der Mönche. Von ihrem Schlafsaal im Obergeschoß des Ostflügels konnten sie durch einen noch heute erkennbaren hochliegenden Zugang direkt ins südliche Querhaus der Kirche gelangen. Auch zum anschließenden Kreuzgang bestand durch das jetzt vermauerte Südportal eine direkte Verbindung. Das Portal auf der Nordseite des Querhauses führte zum Klosterfriedhof. Im Westen findet sich ein eigener Zugang für die Konversen.

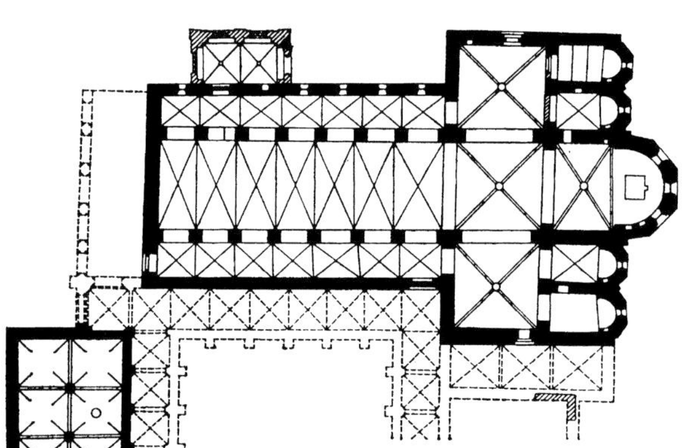

Grundriß der Klosterkirche

Dem betonten Bescheidenheitsideal des Zisterzienserordens entspricht das Fehlen steinerner Türme, die daher von Anfang an verboten waren. Vorhanden ist jedoch ein als Glockenträger notwendiger Dachreiter über der Vierung. Als interessantes Detail sind in Zinna in die Gewölbekappe eingelassene durchbohrte Holzklötze zur Führung der Glockenseile erhalten.

Auf Baudekor, insbesondere figürlichen, wurde weitgehend verzichtet. Um so größer ist die technische Perfektion des Mauerwerks. Bei der Zinnaer Klosterkirche wurden Feldsteine verwendet, ein in der Gegend verfügbares Material. Diese während der letzten Eiszeit mit den Gletschern hierher gelangten, auf den Feldern liegenden spröden Gesteinsbrocken hat man mit bewundernswerter Sorgfalt und Regelmäßigkeit quaderartig bearbeitet. Bezeichnend für die Zisterzienser ist aber auch der ökonomische Einsatz der Mittel. So besitzen Mauerpartien, die durch Dächer oder den Anschluß von Gebäuden ursprünglich nicht sichtbar waren, eine unregelmäßige Oberfläche. Dies ist gut am südlichen Querhaus zu erkennen.

Nicht bekannt ist die genaue Erbauungszeit der Klosterkirche. Eine in der Überlieferung unsichere Weihenachricht von 1179 kann sich nur auf einen Vorgängerbau beziehen. Auch bei der Weihe 1226 dürften allenfalls Teile der bestehenden Kirche vorhanden gewesen sein. Verschiedene Gesichtspunkte sprechen nämlich für eine Vollendung erst um die Mitte des 13. Jahrhunderts. Wegen der wirtschaftlichen Schwäche des Konvents wurden auf den Generalkapiteln des Ordens 1229 und 1230 Pläne einer möglichen Verlegung des Klosters erörtert, die sich erst durch Besitzzuweisungen auf dem Barnim erübrigten. Dadurch scheinen auch wieder größere bauliche Aktivitäten möglich gewesen zu sein. Diese Überlegungen werden durch Ergebnisse der Dendrochronologie, einer Methode zur Bestimmung des Fälljahres des verwendeten Bauholzes durch Analyse der Jahresringe, gestützt. Auffällig sind schließlich einige im Vergleich zum romanischen Habitus des Baues relativ moderne Formen wie die fast durchweg spitzbogigen Fenster und Portale sowie die polygonalen Apsiden. Besonders die sehr großen Fenster der Hauptapsis besitzen eine für romanische Bauten der Region ungewöhnliche Gestalt. In der Wahl der altertümlichen Bauform und der Schmucklosigkeit ist wohl typisch zisterziensisches »Understatement« zu sehen. Durch einige stilistisch jüngere Details und die Perfektion der Steinbearbeitung deuteten die Bauherren zugleich die potentiellen Möglichkeiten an. Gerade im Vergleich mit dem gleichzeitig neu errichteten Magdeburger Dom, dem Sitz des Zinnaer Landesherren, den ein Chorumgang, aufwendige Bauplastik und Wölbungen auszeichnen, wird die zur Schau gestellte Askese deutlich. Unterschiede bestehen ebenso zu den reichgegliederten Backsteinbauten solcher Zisterzienserklöster, die auch Repräsentationsansprüchen fürstlicher Stifterfamilien zu genügen hatten (Lehnin, später Chorin oder Doberan).

Auch wenn die Grundgestalt der Zinnaer Kirche gut erhalten blieb, gingen die folgenden 750 Jahre natürlich nicht spurlos an ihr vorbei. Vielmehr sind die späteren Veränderungen ebenso Teil ihrer wechselvollen Geschichte.

Erst nach und nach ging erfolgte die Einwölbung der Klosterkirche. Sie ist dadurch geradezu ein »Musterbuch« für Wölbungsformen des 13. bis 15. Jahrhunderts. Zum ältesten Bestand gehören die Tonnengewölbe in den äußeren Nebenkapellen. Etwas jünger sind die Kreuzgewölbe mit Bandrippen in den Seitenschiffen. Sie wurden mit zunächst offenbar nicht vorgesehenen plastischen Stuckkapitellen mit Pflanzenmotiven kombiniert. Der Schmuck von Kapitellen ist in Zisterzienserkirchen im allgemeinen zurückhaltend. Bereits Bernhard von Clairvaux hatte erzählende Darstellungen und Fabelwesen auf den Kapitellen ver-

Klosterkirche, Blick nach Westen. Der spätromanische Raum ist bis heute gut erhalten. Spätere Zutaten sind die spätgotische Mittelschiffswölbung und die Ausstattung des 19. Jahrhunderts. (Photo Dieter Möller)

Klosterkirche, Vierung und Chor nach Osten mit barocken Ausstattungsstücken und der Apsisausmalung von Heinrich Heyl aus dem Jahre 1900 (Photo Dieter Möller)

urteilt. Bevorzugt wurden Blattkapitelle und vereinfachte, später sehr naturähnliche Pflanzenkapitelle.

Etwas später entstand die Wölbung des Südquerhauses mit breiten Rippen aus zwei Wülsten und kantigem Stab. Zu einer größeren Baukampagne kam es in den 1330er Jahren, wir wissen nicht, ob durch Bauschäden, Zerstörung oder andere Gründe verursacht. Damals erhielten die Ostteile der Kirche neue Dächer. In der ursprünglichen Form als Kreuzstrebenkonstruktion ist das Chordachwerk bis heute erhalten. Es konnte auf 1338 datiert werden. Auch der Dachreiter geht auf diese Phase zurück.

Durch sein Backsteinmauerwerk ist der nordwestliche Anbau deutlich als spätere Ergänzung erkennbar. Er diente wahrscheinlich als Laien-Vorhalle. Letzte größere Baumaßnahme in der Klosterzeit war die Vollendung der Einwölbung mit dem Einzug von flachen Kreuzrippengewölben im Mittelschiff während des 15. Jahrhunderts. Sie ersetzten die ursprünglichen Holzdecken. An den Schlußsteinen finden sich Darstellungen aus dem Physiologus, einer christlich umgedeuteten, sagenhaften Tierbeschreibung der Antike, so der Pelikan, der seine Jungen mit dem eigenen Blut speist, oder der Löwe, der seinen Nachwuchs durch den Odem des eigenen Atems zum Leben erweckt.

Von der Kirchenausstattung aus der Klosterzeit sind nur noch Reste erhalten. Dazu zählen der Unterbau des Hauptaltars mit seiner profilierten Sandsteinplatte sowie Nebenaltäre in der nördlichen Seitenkapelle und an einem Pfeiler des nördlichen Seitenschiffs nahe der Orgelempore. Vom einstigen Chorgestühl existieren die bereits erwähnten fünf Bank- bzw. Pultwangen mit figürlichen Darstellungen. Ein Fußbodenfeld vor dem Hauptaltar mit Buchstabenfliesen, die den Text der Verkündigung Mariä ergeben, wurde 1897/98 restauriert. Aus dem Spätmittelalter stammen das sandsteinerne Sakramentshäuschen (Mitte 15. Jahrhundert) sowie die Glasfenster mit Darstellungen Benedikts und Bernhards in der Hauptapsis (frühes 16. Jahrhundert). Im einstigen Durchgang zum Kreuzgang im südlichen Seitenschiff wurde der Grabstein des Bischofs und Abtes Nikolaus (†1405) angebracht.

In den Jahrhunderten nach der Auflösung des Klosters kam es lediglich zu Renovierungen und Erhaltungsmaßnahmen. Ein Zeugnis für die Zeit als Amtssitz ist das prächtige Barockepitaph für den Amtsverwalter Johann Jakob von Cratz im nördlichen Querschiffsarm (1706). Die benachbarte äußere nördliche Nebenkapelle wurde als Grablege hergerichtet und durch ein schmiedeeisernes Gitter abgeschlossen, eine schöne ornamentale Arbeit, die bei genauem Betrachten auch eine Auffahrt zum jüngsten Gericht erkennen läßt.

Während Kanzel, Taufstein und Altar von der barocken Neuausstattung künden, verschwanden damals eingebaute Logen und Emporen bei der umfassenden Renovierung 1897/98. Sie prägt mit der neuen Apsisausmalung Heinrich Heyls aus dem Jahr 1900 und weiteren Ausstattungsstücken das Erscheinungsbild des Inneren. Erhalten blieb die 1850/51 von Georg Wilhelm Baer geschaffene Orgel.

**Die Klostergebäude**

Aufgrund späterer Umnutzungen, Modernisierungen, Abbrüche oder Neubebauung blieb kaum eine mittelalterliche Klosteranlage in der ursprünglichen Form erhalten. Dies gilt auch für Zinna. Durch archäologische Untersuchungen, Vergleich mit anderen Klöstern sowie Analyse der noch vorhandenen Baufragmente, alter Pläne und Beschreibungen läßt sich die Gesamtanlage aber in ihren Grundzügen rekonstruieren. Auf Seite 32 dieses Buches findet man einen detaillierten Rekonstruktionsversuch des gesamten Klosterkomplexes, wie er um 1500 ausgesehen haben dürfte.

Zentrum sind Kirche und Klausur, der den Mönchen bzw. Konversen vorbehaltene, für Außenstehende abgeschlossene Kernbereich des Klosters. Die einzel-

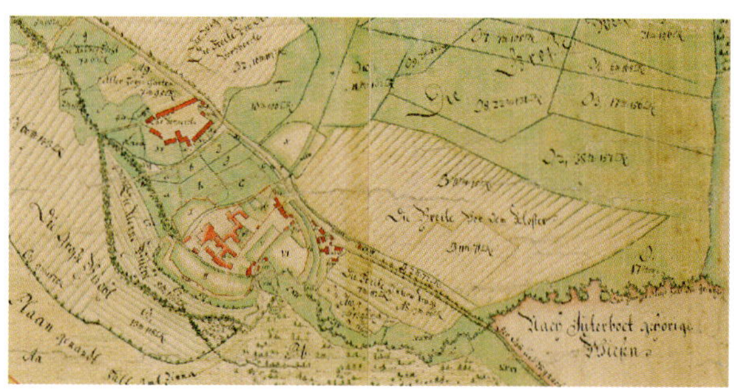

Kloster Zinna und Umgebung, Ausschnitt eines Plans von 1729

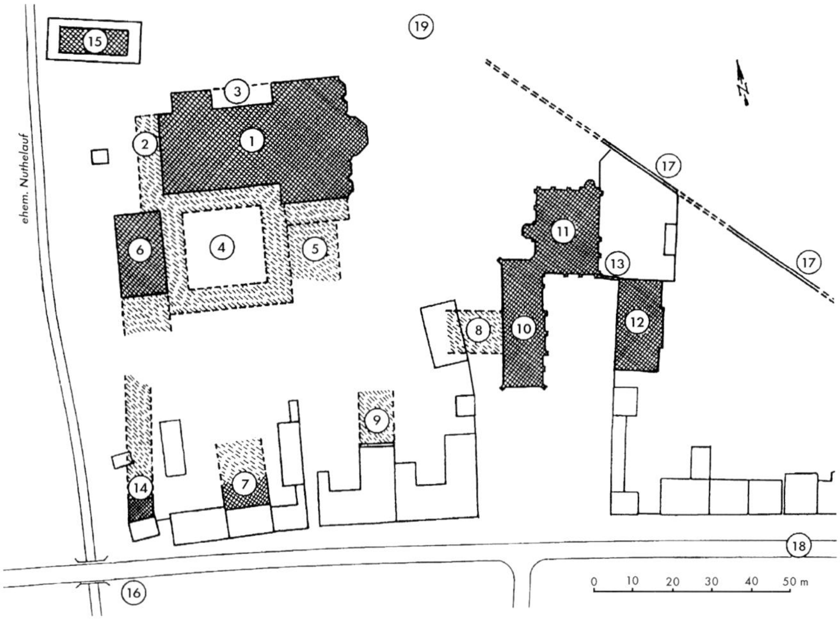


Kloster Zinna, heute noch erhaltene bzw. rekonstruierbare Teile der Klosteranlage (Zeichnung Jelena Findeisen)

1 = Klosterkirche, 2 = ehem. Westvorhalle, 3 = Abtsgrablege, 4 = Kreuzgang, 5 = Ostflügel der Klausur, 6 = Westflügel der Klausur (Konversenhaus), 7 = Südabschluß des Querflügels, 8 = Verbindungsbau, 9 = Südwand des Querflügels am Verbindungsbau, 10 = Siechenhaus, 11 = Abtei, 12 = Pfarrhaus (ehem. evtl. Abtsküche), 13 = ehem. Verbindungstrakt, 14 = Brauhaus, 15 = Fließkeller, 16 = Klostermühle, 17 = Klostermauer, 18 = Lage des Pfortenhauses mit Vogtei, 19 = Friedhof

nen Räume waren in drei Flügeln um den Kreuzgang angeordnet. Erhalten blieb lediglich ein Teil des Westflügels. Auch der Kreuzgang ist vollständig zerstört. Deutlich sichtbar sind aber noch seine Ansatzspuren an der Südmauer der Klosterkirche und am Westflügel der Klausur mit Spuren der ehemaligen Wölbungen.

An das Querschiff der Kirche schloß der Ostflügel der Klausur an, wo sich die wichtigsten Räume des Konvents befanden, die für Versammlungen, Aufenthalt und Ruhe der Mönche dienten. Üblicherweise waren dies die Sakristei mit direktem Zugang von der Kirche, dann Kapitelsaal, Sprechraum (Parlatorium) sowie ein Studien- und Arbeitsraum (Frateria), in der oberen Etage der gemeinsame Schlafsaal (Dormitorium. Grundzüge der Klausur konnten durch Grabungen geklärt werden, Einzelheiten der Baustruktur in Zinna sind aber unbekannt, dab bei Abbrüchen zur Materialgewinnung selbst die meisten Fundamente beseitigt wurden.

Der Kapitelsaal, benannt nach der Lesung von Kapiteln aus der Regel, war nach der Kirche der wichtigste Raum. Mit dem Kreuzgang war dieser Versammlungs- und Beratungsraum des Konvents mittels eines Durchgangs und offener Fenster verbunden, damit die Konversen vom Gang aus mithören konnte. Um den Raum verliefen entlang der Wände Sitzstufen. Den Fußboden bedeckten glasierte Tonfliesen.

Die Dormitorien nahmen neben der Kirche die größte Fläche ein. Sie befanden sich im Obergeschoß und ragten in ihrer Länge häufig aus dem Klausurquadrat heraus. Der Schlafsaal der Mönche hatte je einen Treppenaufgang vom Kreuzgang und aus einem Querschiffarm der Kirche heraus – in der Kirche neben der heutigen Tür noch als Fenster mit Treppenresten erkennbar. Die Dormitoriumswände wurden durch eine dichte Reihe von kleinen Fenstern gegliedert, die jeweils einer Schlafstelle zugeordnet waren.

Verloren ist der Südflügel. In diesem am weitesten von der Kirche entfernten Teil der Klausur befanden sich nach zisterziensischer Gewohnheit Wärmestube (Calefactorium), Küche und Speisesaal (Refektorium). Südwestlich schloß das Brauhaus an (Fragmente erhalten). Eingebaut in das Haus Klosterstraße 6 hat sich der Rest eines im Winkel von 90 Grad weit nach Süden vortretenden, hohen Quertrakts erhalten, wahrscheinlich das Refektorium. Vielleicht handelte es sich um ein spezielles geräumiges Sommerrefektorium, wie es in verschiedenen Klöstern neben dem heizbaren Winterspeisesaal vorhanden war. Ein solches Herausragen dieses Bauteils war für Zisterzienserklausuren

Ruine des 1872 abgebrannten Brauhauses südwestlich der Klausur (heute allein das rechte Ende noch vorhanden), rechts die heutige Klosterstraße, links im Hintergrund die Abtei, noch weiter links (außerhalb des Bildes) die Klosterkirche. Aufnahme von A. Schwartz, 1886

nichts Ungewöhnliches, ebenso wie oft auch beim Ost- und Westflügel. Der noch vorhandene Baurest macht zugleich die beträchtliche Ausdehnung der ursprünglichen Anlage nachvollziehbar. Anders als beim Kapitelsaal befanden sich über dem Refektorium keine Räume, die eine Beschränkung in der Höhe notwendig gemacht hätten. Oft wurde es repräsentativ durch Säulenreihen und Gewölbe gegliedert. Die Lesekanzel bildete einen wichtigen Bestandteil. In Zinna fand später eine Unterteilung in zwei Geschosse statt. Nachrichten in neuzeitlichen Gebäudeinventaren deuten an, daß sich hier oder im Südflügel auch die Bibliothek befand. In der Anfangszeit hatte dafür in den meisten Zisterzienserklöstern ein kleiner Raum neben der Sakristei oder sogar nur eine Wandnische ausgereicht. Gegenüber dem Eingang zum Mönchsrefektorium ragte das achteckige Brunnenhaus in den Hof des Kreuzganges hinein, dessen Grundmauern jüngst freigelegt wurden. Es diente zum Händewaschen vor jeder Malzeit und zur Tonsur.

Von den Gebäuden der eigentlichen Klausur ist nur der nördliche Teil des Konversentrakts im Westen erhalten. Während der im Obergeschoß des Backsteinbaues untergebrachte Schlafsaal der Laienbrüder später verändert wurde, vermittelt die zweischiffige Erdgeschoßhalle mit ihren kuppeligen Gewölben noch einen Eindruck von der einstigen Raumstruktur. Sie diente als Cellarium (Lagerraum für Speise- und Getränkevorräte). Südlich eines Durchgangs dürfte auch in Zinna der Speisesaal der Konversen gelegen haben. Charakteristisch ist die Separierung vom Klausurbereich der Mönche, am erhaltenen Baurest deutlich durch das Fehlen von Fenstern zum Kreuzgang hin erkennbar.

Den besten Eindruck von der einstigen Größe der Klosteranlage erhält man beim Heraustreten aus der Kirche. Rechts befindet sich der Rest des Klausurwestflügels, genau gegenüber erhebt sich der Giebel des ehemaligen Refektoriums und etwas weiter links ein weiterer Backsteingiebel eines Klostergebäudes. Ganz links erkennt man die erhaltenen Gebäude des Siechenhauses und der Abtei. Deren auffällig verputzter Treppenturm wurde um 1653 angefügt.

Im Gegensatz zur Klausur, die im späten 18. Jahrhundert größtenteils abgebrochen wurde, blieb ein östlich davon gelegener, weiterhin genutzter Komplex erhalten. Er besteht aus drei gotischen Backsteinbauten, dem Siechenhaus, der Abtei und dem jetzigen

Pfarrhaus, die eine ehrenhofartige Anlage bilden. Das links stehende Siechenhaus war ehemals durch einen Verbindungstrakt mit der Klausur verbunden. Auch davon zweigte ein Quertrakt ab, dessen südliche Giebelmauer an der Rückseite des Hauses Klosterstraße 8 erhalten blieb. Möglicherweise befand sich hier das Noviziat des Klosters. Das Siechenhaus, vermutlich im frühen 14. Jahrhundert als Hospital (Infirmarium) errichtet, beherbergte ursprünglich im Obergeschoß einen großen, ins Dach hineinreichenden Schlafsaal. Der prächtige Ziergiebel auf der Nordseite weist auf die früher andere Innenstruktur hin. Bei einem spätmittelalterlichen Umbau wurden neue Decken eingezogen, die großen Fenster der nördlichen Giebelseite vermauert und durch einen Treppenvorbau verdeckt. Außerdem entstand der schlichte Südgiebel. Das Gebäude diente seither wohl auch als Gästehaus. Im kreuzrippengewölbten Erdgeschoß können heute die Geheimnisse des »Zinnaer Klosterbruders«, eines bekannten Kräuterlikörs, entdeckt werden.

Den Mittelpunkt des Komplexes bildet die nordöstlich errichtete Abtei. Durch einen abgetreppten Ziergiebel ist die Südseite als Schaufront ausgebildet, heute das Wahrzeichen Kloster Zinnas. Dieser Bau besitzt einen ganz anderen Charakter als die zweihundert Jahre ältere Kirche und bezeugt Macht und Reichtum des Klosters im späten Mittelalter. Durch Datierung der bewahrten mittelalterlichen Dachkonstruktion ins Jahr 1433 konnte die Bauzeit der Abtei ermittelt werden. Seit einer Restaurierung in den 1960er Jahren präsentiert sie sich wieder in der Gestalt des späten Mittelalters und ist als Klostermuseum zugänglich. Mit ihren durchweg gewölbten Räumen, die durch große Fenster belichtet werden, sowie Fußbodenheizung und Kamin hebt sich die Abtei von den damals üblichen Wohnbauten aus Holz und Lehm ab. Sie verdeutlicht die herausgehobene Stellung des Abtes innerhalb der Klostergemeinschaft. Es handelt sich um einen herrschaftlichen Residenzbau, für den es in Nordostdeutschland aus dieser Zeit kaum Vergleich-

Der durch eine Fußbodenheizung erwärmbare Saal im Südosten des Erdgeschosses der Abtei (1665 als Große Hofstube bezeichnet) (Photo Dieter Möller)

Gewölbtes Erdgeschoß des Siechenhauses nach Südosten mit Ausstellung zur Kräuterlikörherstellung (Photo Dieter Möller)

Siechenhaus und Abtei von Süden: repräsentativer Gästebereich des Klosters und heute das Wahrzeichen Kloster Zinnas

bares gibt, da ähnliche Gebäude auf Burgen meist zerstört sind. Allerdings war er nicht nur Wohnsitz des Abtes, sondern diente auch zum Empfang von Gästen und für politische Verhandlungen, schließlich zur Repräsentation des Klosters nach außen. Mit diesen recht weltlichen Funktionen war der Komplex ein Bindeglied zwischen dem inneren Klosterbereich und der Außenwelt. Dazu paßt auch die Lage in der Nähe der Klosterpforte, die sich an der jetzigen Klosterstraße westlich der Einmündung in die Berliner Straße befand.

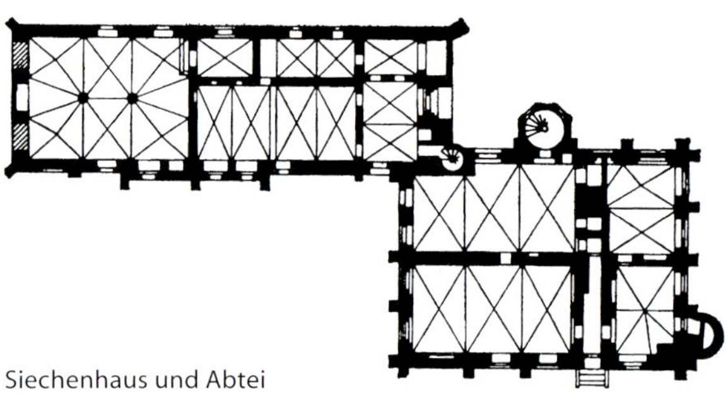

Siechenhaus und Abtei

Unter der Abtei liegt ein außergewöhnlicher Kellerraum mit rundem Mittelpfeiler, der Gastkeller, den der Cellerarius, der Leiter der Klosterwirtschaft, mit Bier und bestem Wein zu versorgen hatte.

Der auffällig verputzte Treppenturm ist ein Anbau aus der Zeit um 1653, als das Abteigebäude als Schloß genutzt wurde. Während des Dreißigjährigen Krieges soll sich die Gemahlin des Schwedenkönigs Gustav Adolf hier eine Zeitlang bei ihrer Verwandten, der Frau des magdeburgischen Landesherrn Christian Wilhelm, aufgehalten haben. Ab 1680 diente der Bau den Hohenzollern als Jagdschloß.

Blick von Nordwesten auf die Abtei mit Treppenturm des 17. Jahrhunderts und das Siechenhaus mit gotischem Ziergiebel (um 1840)

Pfarrhaus, historische Ansicht von Südwesten

Das Museum in der Abtei wird beherrscht von der Abtskapelle mit den Fresken; aber auch das Modell des Klosters in seinen ursprünglichen Dimensionen ist stets von Betrachtern umlagert. Und kein Besucher sollte versäumen, sich die Geschichte der Küche des Abtes erzählen zu lassen!

Dem Komplex zugehörig war ferner das heute als evangelisches Pfarrhaus dienende, ursprünglich durch einen kleinen Verbindungstrakt mit der Abtei verknüpfte Gebäude auf der rechten Seite des Hofes. Es entstand im Laufe zweier mittelalterlicher Bauphasen, beherbergte ehedem wahrscheinlich Abtsküche, Speisenlager und Wirtschaftsverwaltung und wurde im 18. und 19. Jahrhundert stark verändert. In diesem Bereich bewegt sich der Gast auf dem Terrain, das klosterfremden Männern auch im Mittelalter zugänglich war – Frauen dagegen wurden an der Pforte durchweg zurückgewiesen. Hier übte übrigens in nachklösterlicher Zeit der Amtsvogt seine Gerechtsamkeit aus; der Platz war Hinrichtungsstätte (zur Klosterzeit nutzte man den Galgenberg bei Werder). Ein Halseisen an der Südostecke des Gästehauses erinnert an diese Zeit.

Das Klosterareal hatte den Charakter einer kleinen Stadt, deren Struktur durch die Überbauung mit der barocken Plansiedlung allerdings weitgehend verloren ging. Von den schützenden Klostermauern finden sich heute nur noch geringe Reste hinter Abtei und Pfarrhaus. An der am Kloster vorbeiführenden Straße zwischen Jüterbog und Luckenwalde stand das Torgebäude (Pfortenhaus), der Hauptzugang des Klosters. Dessen teilweise gewölbte Räume enthielten Pförtnerwohnung, Torkapelle und Vogtswohnung. Die Ummauerung schloß außer den beschriebenen Bauten auch die Frauenkapelle, Gasthaus (Krug), Badestube sowie, vor allem südwestlich der Klausur, eine Vielzahl von Handwerksbetrieben ein, z.B. Schmiede, Schlachthaus, Schusterei, Backhaus, Kalkhof und Mühle an der Nuthe, außerdem Hopfengarten und Fischteiche. Diese sind wie auch alle übrigen Wasserbauten zerstört. Der nordöstlich anschließende Wirtschaftshof Kaltenhausen mit Schäferei lebt 1902–04 neu errichteten Gutsanlage nach.

Pfarrhaus, Ansicht von Norden

Marktplatz von Zinna mit dem Denkmal Friedrich II. und Försterei

## Weitere Sehenswürdigkeiten

Die Webersiedlung hat bis heute das Ortsbild des 18. Jahrhunderts bewahrt. Beim Gang durch die Straßen fällt es leicht, sich in die Zeit des »Alten Fritz« zurückzuträumen. Weberinnen bei der Arbeit zuzuschauen und Informationen über die Entstehung der Siedlung und das Handwerk der Weberei zu erhalten, ist in der arbeitenden Werkstatt des Museums möglich, die sich in einem »Fabriquanten-Haus« am Ortsausgang nach Jüterbog befindet. Ein empfehlenswerter Verdauungsspaziergang ist die Umrundung des Ortes auf dem Hochwasserschutzwall, der weite Ausblicke in die Ebene der Nuthe ermöglicht und mit Glück auch Eisvögel entdecken läßt.

Der Ort befindet sich inmitten des kultivierten Sumpflandes. Am Nuthelauf entlang führt ein Fußweg in das zwei Kilometer entfernte Dorf Werder, dessen Kirche zu den ältesten Gebäude der Region zählt. Sie bewahrt eine Kirchentruhe des 14. und die originale Dachkonstruktion des 15. Jahrhunderts.

Im etwa eine Stunde Fußweg entfernten Neuhof hat sich eine Zinngießerei niedergelassen, die am Wochenende Besuchern offensteht und auch kleine Angebote zum Selbergießen macht.

Die Stadt Jüterbog ist keine vier Kilometer von Kloster Zinna entfernt (siehe den entsprechenden Abschnitt).

Kloster Zinna wird von der »Flaeming-Skate«, einer kombinierten Rad- und Skaterstrecke von rund 175 Kilometern Länge, berührt. Die zwei bis drei Meter breite, asphaltierte Bahn führt durch Wälder, Wiesen und Felder und tangiert idyllische Dörfer und Städte im Niederen Fläming und Baruther Urstromtal. In den kommenden Jahren soll die gesamte Region von einem Netz von Verbindungswegen überzogen werden, die Rundkurse beliebiger Länge möglich machen.

Häuser der Weberstadt

## Touristische Informationen

### Anreise

**Auto von Berlin:** B 101 Richtung Großbeeren – Trebbin – Luckenwalde – Richtung Jüterbog (ca. 1 Stunde ab Berlin)
**Auto über die A 9:** Abfahrt Brück oder Abfahrt Niemegk nach Treuenbrietzen – B 102 nach Jüterbog – B 101 Richtung Luckenwalde
**Bahn:** Jüterbog ist von Berlin, Potsdam, Cottbus, Wittenberg, Halle und Leipzig leicht zu erreichen. Von Berlin stündlich mit dem RE 4 oder zweistündlich mit dem RB 33 bis Bahnhof Jüterbog, weiter mit Bus, Taxi oder Fahrrad (ca. 4km)

### Auskünfte und Führungen

Museum Kloster Zinna
Am Kloster 6
14913 Kloster Zinna
Tel./Fax: (033 72) 43 95 05
Di–So 10–17 Uhr

Tourismusverband Fläming e.V.
Küstergasse 4
14547 Beelitz
Tel.: (033 204) 62 87–0
Fax: (033 204) 62 87 61
E-Mail: info@reiseregion-flaeming.de
Internet: http://www.reiseregion-flaeming.de
http://www.flaeming-skate.de

Stadtinformation Jüterbog
Kulturquartier Mönchenkloster
Mönchenkirchplatz 4
14913 Jüterbog
Tel./Fax: (033 72) 46 31 13
E-Mail: stadtinfo.jueterbog@t-online.de
Internet: http://www.jueterbog.de

### Sommermusiken

http://www.kloster-zinna-sommermusiken.de

### Webermuseum im alten Zollhaus

Seit 1998 existiert das Webermuseum im alten »Zollhaus«, einem friderizianischen Tuchfabrikantenhaus von 1777. Grundstock sind die alten Handwebstühle der Webermeisterin Roswitha Moxter, die vor einigen Jahren von Thyrow nach Kloster Zinna zog. Auf ihnen wird heute noch (bzw. wieder) gearbeitet wie vor zweihundert Jahren, als diese Beschäftigung Haupterwerbszweig der hiesigen Einwohner war. Wer sehen möchte, wie Wolle und Flachsleinen gesponnen, ein Webstuhl eingerichtet oder die Materialien verwebt werden, ist hier richtig. Die Erzeugnisse des Webermuseums können vor Ort erworben werden.

Berliner Straße 72
14913 Kloster Zinna
Tel.: (033 72) 43 27 39
Di–So 10–17 Uhr

## Begriffserklärungen

| | |
|---|---|
| **Ablaß** | Nachlaß von Sündenstrafen |
| **Apsis** | meist halbkreisförmiges Chorhaupt, Standort des Altars |
| **Basilika** | Kirchenbau, dessen Mittelschiff höher ist, als die Seitenschiffe; durch eigene Fenster beleuchtet. Wenn über den Seitenschiffen Emporen, dann Emporenbasilika. Wenn im Mittelschiff keine eigenen Fenster, dann Pseudobasilika. |
| **Beginen** | im Kloster lebenden, nicht durch Gelübde gebundenen Frauenvereinigung |
| **Chor** | Der Geistlichkeit vorbehaltener Raum vor dem Hochaltar. Dort das Chorgestühl. Der Chor oft nicht von gleicher Breite wie das Schiff: eingezogener Chor. Der Chorumgang führt um den Chor und das Chorhaupt herum; von ihm gehen die Chorkapellen ab. |
| **Dachreiter** | Dem Dachfirst aufsitzendes Türmchen, meist über der Vierung |
| **Dienste** | dünne Säule (eines Bündel- oder Wandpfeilers) |
| **Diözese** | Amtsbereich eines Bischoffs |
| **Diözesan** | Angehöriger einer Diözese |
| **Domäne** | Landgut im Besitz eines Herrscherhauses oder Staates |
| **Domina** | Stiftsvorsteherin, Hausherrin |
| **Dormitorium** | Schlafsaal im Kloster |
| **Eucharistie** | 1. Dankgebet vor dem Abendmahl<br>2. Abendmahl<br>3. Altarsakrament |
| **Familiare** | 1. Angehöriger des Gesindes eines Klosters<br>2. Angehöriger eines kirchenfürstlichen Hofstaates |
| **Filiation** | 1. Einrichtung einer Filialkirche<br>2. Abhängigkeit und Gehorsamspflicht von Ordensmitgliedern |
| **Gaden** | eigentlich Stockwerk, Geschoß, dann auch Zone, z.B. Fensterzone |
| **Grangie** | klösterlicher Wirtschaftshof |

**Hallenkirche** mehrschiffige Kirche, die nur von Fenstern in den Umfassungsmauern beleuchtet wird, da kein Schiff das oder die andern mit einem durchfensterten Obergaden übersteigt

**Hostie** geweihtes, ungesäuertes Abendmahlsbrot in Form einer kleinen Oblate

**Insignien** Kennzeichen herrscherlicher Macht oder ständischer Würde, z.B. Krone, Zepter, Mitra (Bischofsmütze in der kath. Kirche)

**Interdikt** Kirchenstrafe, Verbot gottesdienstlicher Handlungen

**Joch** Teil des Kirchenraumes zwischen vier Pfeilern oder Säulen. Gleichartiges Gewölbeelement, bestimmt häufig vom Grundmaß der Vierung. Die Einteilung in Joche durch die Wandgliederung und durch Gurtbogen verdeutlicht.

**Jochbogen** Gewölbe über einem Joch

**Kapitell** Haupt einer Säule oder eines Pfeilers

**Klausur** den Konventualen (Klosterangehörigen) vorbehaltener, nur beschränkt zugänglicher Teil eines Klosters

**Konvent** Gesamtheit der Angehörigen eines Klosters

**Kreuzgang** Umgang um den Klosterhof innerhalb der Klausur, an einer Seite an die Kirche anschließend

**Krypta** gewölbter Raum unter dem Chor; Ort des Heiligengabs

**Legat** päpstlicher Gesandter für besondere Anlässe

**Lettner** steinerne Schranke, scheidet in Kloster- oder Stiftskirchen die Geistlichkeit von den Laien

**Minuskel** Kleinbuchstabe

**Necessarium** Behältnis für Utensilien

**Obergaden** oberes Stockwerk

**Parament** Stoffgegenstand (Fahne, Decke) für gottesdienstliche Zwecke

**Patene** Teller zur Darreichung der Hostie

**Prämonstratenser** katholischer Orden, benannt nach dem Gründungskloster Premontré

**Predella** (meist verzierter) Sockel des Altaraufsatzes (Flügelaltars), auch Staffel genannt

**Refektorium** Speisesaal im Kloster

**Retabel** Altaraufsatz

**Sakrament**
1. Glaubensgeheimnis
2. göttliches Gnadenzeichen
3. Gottesdienstliche Handlung, bei der göttliche Gnadengaben vermittelt werden, z.B. Taufe, Abendmahl

**Sakristei** Nebenraum in der Kirche für den Geistlichen und die gottesdienstlichen Geräte

**Säkularisation** Überführung kirchlichen Besitzes in weltliche Hand

**Sanktuarium**
1. Heiligtum
2. Altarraum (kath. Kirche)
3. Reliquienschrein

**Schlußstein** formal ausgebildeter Schnittpunkt der Rippen;
Stein im Scheitel des Bogens

**Talent** antike Gewichts- und Münzeinheit

**Triumphbogen** Ehrenbogen; in der mittelalterlichen Kunst der Transversalbogen zwischen Schiff und Vierung

**Tympanon** Türbogenfeld über dem Türsturz

**Vierung** Raumteil der Kirche, in dem sich Langhaus und Querhaus durchdringen

**Visitation** prüfende Besichtigung; Untersuchung

**Vorwerk** von einem Landgut abgeteiltes Gut mit eigenen Wirtschaftsgebäuden

**Wüstung** verlassene Siedlung, aufgegebene Ackerflur

# Ortsregister

## Studien zur Geschichte, Kunst und Kultur der Zisterzienser

Mit der 1996 im Lukas Verlag begründeten und inzwischen mehr als zwanzig Bände umfassenden Studienreihe wurde ein im deutschsprachigen Raum einzigartiges Forum für den interdisziplinären Austausch über die verschiedensten Aspekte der Ordensgeschichte geschaffen. Die preiswerten Bücher wenden sich an jeden, der historisches, theologisches, landeskundliches oder kunstwissenschaftliches Interesse am Thema besitzt. Einige der Titel sind in der Forschung längst als Standardwerke anerkannt.

Oliver H. Schmidt / Dirk Schumann (Hg.)
**Bd. 1: Zisterzienser in Brandenburg**
1996, 2. Aufl. 1997, **vergriffen**, 174 S., 52 s/w Abb.
€ 16,90 ISBN 3-931836-01-0

Dieter Pötschke (Hg.)
**Bd. 2: Geschichte und Recht der Zisterzienser**
1997, 2. Aufl. 2001, 228 S., 53 s/w Abb.
€ 16,90 ISBN 3-931836-05-3

Winfried Schich (Hg.)
**Bd. 3: Zisterziensische Wirtschaft und Kulturlandschaft**
1998, 160 S., 16 s/w Abb. € 16,90 ISBN 3-931836-12-6

Dirk Schumann (Hg.)
**Bd. 4: Architektur im weltlichen Kontext**
2001, 575 S., 255 s/w Abb. € 36,– ISBN 3-931836-14-2

Oliver H. Schmidt / Heike Frenzel / Dieter Pötschke (Hg.)
**Bd. 5: Spiritualität und Herrschaft**
1998, 350 S., 23 Farb- und 55 s/w Abb.
€ 19,80 ISBN 3-931836-09-6

Jens Rüffer
**Bd. 6: Orbis Cisterciensis**
Zur Geschichte der monastischen ästhetischen Kultur im 12. Jahrhundert
1999, 507 S., 110 s/w Abb. € 36,– ISBN 3-931836-21-5

Dieter Pötschke / Christof Römer / Oliver H. Schmidt (Hg.)
**Bd. 7: Benediktiner, Zisterzienser**
1999, 315 S., 70 s/w Abb. € 19,80 ISBN 3-931836-29-0

Dirk Schumann (Hg.)
**Bd. 8: Sachkultur und religiöse Praxis**
**ca. 11/2005**, ca. 300 S., diverse s/w Abb.
ca. € 25,– ISBN 3-931836-33-9

Sven Wichert
**Bd. 9: Das Zisterzienserkloster Doberan im Mittelalter**
2000, 287 S., 39 s/w Abb. € 25,– ISBN 3-931836-34-7

Harald Schwillus / Andreas Hölscher (Hg.)
**Bd. 10: Weltverachtung und Dynamik**
2000, 198 S. € 19,80 ISBN 3-931836-41-X

Gereon Christoph Maria Becking
**Bd. 11: Zisterzienserklöster in Europa**
Kartensammlung
2000, 2. durchgesehene Aufl. 2005, 113 S., 54 Karten
€ 18,– ISBN 3-931836-44-4

Stephan Warnatsch
**Bd. 12.1: Geschichte des Klosters Lehnin 1180–1542**
2000, 610 S. € 36,– ISBN 3-931836-45-2

**Bd. 12.2: Geschichte des Klosters Lehnin 1180–1542 / Regestenverzeichnis**
2000, 267 S. € 25,– ISBN 3-931836-46-0

## Studien zur Geschichte, Kunst und Kultur der Zisterzienser

Gerd Ahlers
**Bd. 13: Weibliches Zisterziensertum im Mittelalter und seine Klöster in Niedersachsen**
2002, 245 S. € 25,– ISBN 3-931836-47-9

Winfried Töpler
**Bd. 14: Das Kloster Neuzelle und die weltlichen und geistlichen Mächte 1268–1817**
2003, 594 S., 8 s/w Abb., 3 Karten
€ 36,– ISBN 3-931836-53-3

Clemens Bergstedt
**Bd. 15: Kirchliche Siedlung des 13. Jahrhunderts im brandenburgisch-mecklenburgischen Grenzgebiet**
2002, 270 S., 15 Karten € 25,– ISBN 3-931836-63-0

Angelika Lozar (Hg.)
**Bd. 16: Das geistliche Erbe**
Wege und Perspektiven der Vermittlung
2003, 159 S., 9 s/w Abb. € 19,80 ISBN 3-931836-85-1

Matthias Untermann
**Bd. 17: Ausgrabungen und Bauuntersuchungen in Klöstern, Grangien und Stadthöfen**
Forschungsbericht und kommentierte Bibliographie
2003, 302 S., 27 s/w Abb. € 25,– ISBN 3-931836-95-9

Georg Schrott
**Bd. 18: »Der unermäßliche Schatz deren Bücheren«**
Literatur und Geschichte im Zisterzienserkloster Waldsassen
2003, 199 S., 12 s/w Abb. € 19,80 ISBN 3-936872-04-X

Winfried Schich (Hg.)
**Bd. 19: Zisterziensische Klosterwirtschaft zwischen Ostsee und Erzgebirge**
Studien zu Klöstern in Vorpommern, zu Himmelpfort in Brandenburg und Grünhain in Sachsen
2004, 413 S., 25 s/w Abb. € 30,– ISBN 3-936872-08-2

Cornelia Oefelein
**Bd. 20: Das Nonnenkloster St. Jacobi und seine Tochterklöster im Bistum Halberstadt**
2004, 225 S., 12 s/w Abb. € 25,– ISBN 3-936872-04-X

Friederike Warnatsch-Gleich
**Bd. 21: Herrschaft und Frömmigkeit**
Zisterzienserinnen im Hochmittelalter
2005, 268 S., 17 s/w Abb. € 25,– ISBN 3-936872-48-1

Harald Schwillus (Hg.)
**Bd. 22: Liebesmystik als Chance und Herausforderung**
Wirkungen von Person und Spiritualität Bernhards von Clairvaux
ca. 01/2006, ca. 120 S., einige s/w Abb.
ca. € 16,90 ISBN 3-936872-35-X

Andreas Behrendt / Peter-Michael Seifried (Hg.)
**Bd. 23: musica mediaevalis**
Raum – Klang – Bild
ca. 01/2006, ca. 350 S., zahlr. s/w und einige Farbabb., 1 CD
ca. € 25,– ISBN 3-936872-53-8

Alkuin Volker Schachenmayr
**Bd. 24: Karl Braunstorfer (1895–1978)**
Abt von Heiligenkreuz und Abtpräses der Österreichischen Cistercienserkongregation
10/2005, 456 S., 31 s/w Abb.
€ 36,– ISBN 3-936872-64-3

**Die Reihe wird fortgesetzt.**

Matthias Friske

## Die mittelalterlichen Kirchen auf dem Barnim

**Geschichte – Architektur – Ausstattung**
**(Kirchen im ländlichen Raum, Bd. 1)**

Die Kirchen auf dem Barnim sind eher gering erforscht; bislang gab es keine umfassende Untersuchung. Matthias Friske unternahm nun erstmals den Versuch, sämtliche Sakralbauten, die in ihrer Bausubstanz als mittelalterlich anzusprechen sind, in einem Katalog zu erfassen und zu analysieren. Dies schloß auch Gebäude wie Hospitalkapellen ein, so daß weit über 100 Kirchengebäude reichhaltiges Material zur Auswertung boten. Zudem zeigte sich im Verlauf der Recherche, daß etliche abgegangene Kirchen archäologisch oder schriftlich rekonstruierbar sind. Auch sie wurden in den alphabetisch gegliederten Katalogteil aufgenommen. Einen besonderen Schwerpunkt bildete dabei die Phase der deutschen Besiedlung des Barnim. Dendrochronologische Ergebnisse ermöglichten teilweise völlig neue Einblicke in die Geschichte dieser brandenburgischen Region.
Dem umfangreichen Katalog schließt sich eine Auswertung an, wo die Einzelbeobachtungen für Baumaterial, Bauteile usw. und die Ausstattungsstücke zusammengefaßt werden.

2001, Broschur, 519 Seiten, 86 Schwarzweißabbildungen, 22 Karten
€ 36,–
ISBN 3-931836-67-3

**Lukas Verlag**
für Kunst- und Geistesgeschichte
Kollwitzstr. 57
D–10405 Berlin

Tel. +49 (30) 44 04 92 20
Fax +49 (30) 442 81 77
E-Mail lukas.verlag@t-online.de
Internet http://www.lukasverlag.com